Die Strafrechtspflege im Königreich Westphalen (1807 bis 1813)

Europäische Hochschulschriften

Publications Universitaires Européennes
European University Studies

Reihe II
Rechtswissenschaft

Série II Series II
Droit
Law

Bd./Vol. 3609

PETER LANG
Frankfurt am Main · Berlin · Bern · Bruxelles · New York · Oxford · Wien

Christian zur Nedden

Die Strafrechtspflege im Königreich Westphalen (1807 bis 1813)

Dargestellt anhand der Praxis westphälischer Gerichte

PETER LANG
Europäischer Verlag der Wissenschaften

Bibliografische Information Der Deutschen Bibliothek
Die Deutsche Bibliothek verzeichnet diese Publikation in der Deutschen Nationalbibliografie; detaillierte bibliografische Daten sind im Internet über <http://dnb.ddb.de> abrufbar.

Zugl.: Freiburg (Breisgau), Univ., Diss., 1999

D 25
ISSN 0531-7312
ISBN 3-631-50702-X

www.peterlang.de

Inhaltsverzeichnis

Vorwort

Diese Arbeit hat die Rechtswissenschaftliche Fakultät der Albert-Ludwigs-Universität Freiburg i. Br. im Frühjahr 1999 als Dissertation angenommen. Ihre Entstehung geht allerdings bis in die frühen achtziger Jahre zurück. Anderweitige berufliche Verpflichtungen haben ihre Fertigstellung dann immer wieder verzögert. Deshalb gilt mein großer Dank Herrn Prof. Dr. Dr. h.c. Karl Kroeschell für seine hart geprüfte Geduld und seine Bereitschaft, die Arbeit als Erstgutachter zu betreuen. Der Abschluß wäre unmöglich gewesen ohne das großzügige Entgegenkommen meines Arbeitgebers, der Continental AG, Hannover, besonders der Herren Dr. Jens P. Howaldt, Hans Löser und Axel Witt, das mir ein dreimonatiges "Sabbatical" erlaubte, das ich als "Visiting Scholar" an der Law School der Stanford University in Stanford, USA, verbrachte. Dean Paul Brest danke ich für die freundliche Aufnahme dort und Professor George Fisher für wertvolle Hinweise zum englischen Jury Trial des 17. und 18. Jahrhunderts. Dank sei auch den vielen Mitarbeitern der von mir aufgesuchten Archive, insbesondere im Niedersächsischen Hauptstaatsarchiv Hannover, im Niedersächsischen Staatsarchiv Wolfenbüttel, im Hessischen Staatsarchiv Marburg, im Geheimen Staatsarchiv Preußischer Kulturbesitz und im ehemaligen Zentralen Staatsarchiv Merseburg für ihre kenntnisreiche Unterstützung. Nicht zuletzt danke ich meiner Frau, Jan Kuzminski-zur Nedden, die mich immer bestärkt und durch gute Ideen geholfen hat, die Arbeit fertigzustellen.

Hannover, November 2002
Christian zur Nedden

I. Einleitung

"Nur sechs Jahre hat es existiert (1807 – 1813) und doch unvergeßliche Vorbilder gesetzt." So beschreibt Hattenhauer die Bedeutung des Königreichs Westphalen für die deutsche Rechts- und Verfassungsgeschichte.[1] Ziel dieser Arbeit ist es, im Bereich der Strafrechtspflege zu untersuchen, inwieweit dieses kurzlebige staatliche Ergebnis napoleonischer Machtpolitik tatsächlich eine Vorbildfunktion gehabt hat.

Das westphälische Zivilrecht, insbesondere die Übernahme des Code Napoléon und des französischen Zivilprozesses ist schon mehrfach eingehend behandelt worden.[2] Die Strafjustiz hat bisher weniger Beachtung gefunden, obwohl das Königreich mit der Einführung von Öffentlichkeit und Mündlichkeit des Verfahrens und von Geschworenengerichten Zeichen gesetzt hat, die sich zumindest rechts des Rheins erst Jahrzehnte später wiederfinden.[3] Walters Arbeit über die "Kriminalpolitik König Jérômes"[4] beschäftigt sich hauptsächlich mit dem westphälischen Strafverfahren und seinen Institutionen, wie sie sich nach den gesetzlichen Vorschriften darstellen. Im Gegensatz dazu liegt der Schwerpunkt der folgenden Untersuchungen auf der Praxis der Strafrechtspflege im Königreich Westphalen.

Hier bieten sich mehrere Ansatzpunkte. Wie immer, wenn sich eine Rechtsordnung schlagartig verändert, stellt sich die Frage, wie die Juristen, die in ihr arbeiten, darauf reagieren. Wie fanden sie, die in diesem Fall fast ohne Ausnahme bis dahin nur den gemeinen deutschen Strafprozeß kannten, für ihn ausgebildet waren, in ihm ihre Erfahrungen gesammelt hatten, sich nun in einem System zurecht, das aus der französischen Revolution hervorgegangen war? Wie einschneidend waren die Veränderungen und wie gingen die Richter und Justizbeamten damit um? Welche Erfahrungen machten sie und die Bevölkerung allgemein mit

---

1 Hattenhauer, Die geistesgeschichtlichen Grundlagen des deutschen Rechts, S. 67.

2 Schubert, Französisches Zivilrecht in Deutschland am Anfang des 19. Jahrhunderts, S. 98 ff., 373 ff., 441 f., 506 ff., 531 ff., 560 f., 577 ff.; Fehrenbach, Traditionale Gesellschaft und revolutionäres Recht.

3 Schubert (Hrsg.), Der Code pénal des Königreichs Westphalen von 1813 mit dem Code pénal von 1810 im Original und in deutscher Übersetzung, erschien erst nach Abschluß dieser Arbeit.

4 Walter, Die Kriminalpolitik König Jérômes im Königreich Westphalen 1807 – 1813. Diss. Marburg 1971.

einer der wichtigsten Neuerungen, des öffentlichen und mündlichen Verfahrens mit der Entscheidung durch eine Laienjury? Wie haben sich diese Erfahrungen schließlich, wenn überhaupt, auf die Rechtsentwicklung nach dem Ende des Königreichs Westphalen ausgewirkt?

Zur Beantwortung dieser Fragen soll zunächst die Entwicklung, die die westphälische Strafrechtspflege im Verlaufe ihrer kurzen Geschichte nahm, beschrieben werden. Dem folgt die Darstellung des westphälischen Strafverfahrens nach den gesetzlichen Vorschriften, wobei auch versucht werden soll, diese in Zusammenhang mit den ihnen vorangehenden französischen zu bringen und zu vergleichen. Im Mittelpunkt steht aber vor allem die Justizpraxis, wie sie den Akten der westphälischen Gerichte und Behörden, zeitgenössischen Entscheidungssammlungen und sonstiger juristischer Literatur aber auch allgemeinen Zeitungen zu entnehmen ist. Im wesentlichen wird das "peinliche Verfahren" im engeren Sinne, d. h. die Verfolgung schwererer Delikte untersucht, über die Kriminalgerichtshöfe unter Mitwirkung von Geschworenen in öffentlicher, mündlicher Verhandlung urteilten. Im Mittelpunkt steht dabei der Prozeß gegen den Braunschweiger Zitronenhändler Conrad Ludwig Claus, der sich im Januar 1812 wegen des Mordes an einem französischen Offizier verantworten mußte. Abgesehen davon, daß dieser Fall zur damaligen Zeit über die Grenzen des Königreichs hinaus[5] und selbst bei Kaiser Napoleon[6] erhebliches Aufsehen erregte und in der braunschweigischen Lokalgeschichte eine gewisse Berühmtheit erlangt hat,[7] lassen sich an ihm exemplarisch einige wesentliche juristische, aber auch politische Merkmale der westphälischen Strafrechtspflege aufzeigen. Im übrigen ist die Sache von Anfang bis Ende außerordentlich gut dokumentiert.[8]

Ansonsten ist die Quellenlage allerdings eher lückenhaft, so daß quantitative Analysen der westphälischen Strafjustiz kaum möglich sind. Dies ist insbesondere auf die Zersplitterung der Primärunterlagen zurückzuführen. Bei der Auflösung des Königreichs gingen die Akten der westphälischen Behörden, wenn sie überhaupt aufbewahrt wurden, an die Staaten, auf deren Territorium sie sich jetzt befanden, wo sie höchst unterschiedliche Schicksale erfuhren.[9] Die Unterlagen

5 Vgl. Bericht in der Allgemeinen Zeitung, Nr. 54 vom 23. Februar 1812, S. 216.

6 S. u. S. 124.

7 Vgl. Mack, Der Proceß Claus, ein Stimmungsbild aus der Franzosenzeit, in: Braunschweigisches Magazin 1898, S. 73 ff.; Zimmermann, Stadt und Land Braunschweig unter königlich westfälischer Herrschaft, in: Jahrbuch des Braunschweigischen Geschichtsvereins, 2. Folge, Bd. 6 (1934), S. 53 ff., S. 73; Spieß, Chronik der Stadt Braunschweig, S. 19; Puhle, Das Herzogtum Braunschweig-Wolfenbüttel im Königreich Westphalen, S. 326 ff.

8 Nds. StA Wolfenbüttel, 8 W Nr. 438 – 443.

9 Die im Niedersächsischen Hauptstaatsarchiv in Hannover gelagerten Akten der Gerichte der westphälischen Aller- und Leine-Departements beispielsweise, darunter

der Regierung und der Zentralverwaltung in Kassel wurden an Kurhessen übergeben, und wanderten nach der preußischen Annektion 1866 nach Berlin. Einen Teil hatten auch schon 1813 russische Truppen erbeutet und nach St. Petersburg gebracht.

auch die der Kriminalgerichtshöfe in Hannover und Göttingen fielen zum größten Teil Feuer- und Wasserschäden des 2. Weltkriegs zum Opfer. Sehr viel umfangreicher sind die Materialien, die im Hessischen Staatsarchiv Marburg (insbesondere für das Werra-Departement mit dem Kriminalgerichtshof in Marburg) und im Niedersächsischen Staatsarchiv Wolfenbüttel (Oker-Departement, Kriminalgerichtshof Wolfenbüttel) liegen.

II. Die Gründung des Königreichs Westphalen und die Einführung des neuen Rechts

A. Die Gründung des Königreichs Westphalen

Die Geschichte des Königreichs Westphalen begann mit dem Frieden von Tilsit im Juli 1807. In den Verträgen zwischen Frankreich und Rußland bzw. Frankreich und Preußen wurde es erstmals erwähnt.[1] Es sollte als Puffer zwischen Frankreich und Preußen dienen. Welche Gebiete zum Königreich Westphalen gehören würden, bestimmten die Verträge nur sehr allgemein. Erst ein kaiserlich-französisches Dekret vom 18. August 1807[2] legte die Bestandteile im einzelnen fest. Mit der Landschaft Westfalen hatte das Königreich außer seinem Namen geographisch kaum etwas gemein. Zwar gehörten auch Teile Minden-Ravensbergs, Paderborn und Corvey dazu; im wesentlichen bestand es aber aus dem ehemaligen Kurhessen, Braunschweig-Wolfenbüttel, den hannoverschen Fürstentümern Göttingen und Grubenhagen und den preußischen Gebieten links der Elbe einschließlich Magdeburgs. Allein die bis dahin preußischen Teile des Königreichs waren ihm vertraglich abgetreten worden. Die übrigen wurden annektiert.

Sofort nach der Gründung des Königreichs Westphalen wurden Deputationen der einzelnen Landesteile nach Paris beordert. Sie sollten dort die Verfassung beraten, die der Kaiser dem neuen Staat zu geben beabsichtigte.[3] Die Ergebnisse dieser Beratungen hatten allerdings keinen Einfluß auf den Inhalt der Verfassung. Die kaiserlichen Staatsräte Cambacérès und St. Jean d'Angely hatten sie bereits nach dem Vorbild der Verfassung für das Herzogtum Warschau ausgearbeitet.[4] Napoleon dekretierte auch den Text der Verfassung. Mitte November 1807 übersandte er ihn an seinen Bruder Jérôme Bonaparte, den er zum König von Westphalen bestimmt hatte. In einem Begleitbrief erläuterte er ihm die Grundsätze ei-

1 Art. 18, 19 des Vertrages zwischen Frankreich und Rußland (Recueil Martens Bd. 8, S. 637 ff.); Art. 6, 8 des Vertrages zwischen Frankreich und Preußen (Recueil Martens, aaO., S. 661 ff.).

2 Rob, Regierungsakten des Königreichs Westphalen, S. 1 f.

3 Thimme, Die inneren Zustände des Kurfürstentums Hannover unter der französisch-westfälischen Herrschaft 1806 – 1813, Bd. 2, S. 6.

4 Kleinschmidt, Geschichte des Königreichs Westphalen, S.10.

nes erfolgreichen Regierens.[5] Am 7. Dezember 1807 wurde die Verfassung im ersten Gesetzesbulletin des Königreichs veröffentlicht.[6]

Ende August 1807 war in Kassel, der Hauptstadt des neuen Staates, bereits ein Regentschaftsrat eingetroffen. Ihm gehörten die französischen Staatsräte Siméon, Beugnot und Jollivet sowie der General Lagrange an. Mit der Verkündung der Verfassung am 7. Dezember wurde der Regentschaftsrat in die provisorische Regierung des Königreichs umgewandelt. Joseph-Jérôme Siméon[7] erhielt das Justiz- und Innenministerium.[8] König Jérôme zog am 10. Dezember feierlich in Kassel ein.[9] Zum Jahreswechsel begann die beabsichtigte Neugestaltung des Landes. Das Königreich wurde nach französischem Vorbild in acht Departements eingeteilt. Diese wiederum bestanden aus Distrikten, die aus mehreren Kantonen gebildet wurden.[10] Die alten Verwaltungseinheiten wurden weitgehend zerschlagen. Auf die bisherigen Landesgrenzen nahm man keine Rücksicht.[11]

B. Die Einführung des neuen Rechts

Der 11. Titel der westphälischen Verfassung vom 7. Dezember 1807 behandelte das Justizwesen. Art. 45 verfügte die Einführung des Code Napoléon vom 1. Ja-

---

5 Brief vom 15. November 1807, Correspondance de Napoléon Ier, Bd. 16, Nr. 13361, S. 196 f.; Constitution du royaume de Westphalie, ebd., Nr. 13362, S. 197 ff.

6 Bulletin des lois et décrets du Royaume de Westphalie 1807/08, Bd.1, S. 2 ff. (In den Bulletins wurden die französische und die deutsche Fassung eines Dekrets nebeneinander abgedruckt. Die Seitenangabe bezieht sich jeweils auf die linksseitig erscheinende französische Version).

7 1749 – 1842; zunächst Anwalt in Aix-en-Provence, seit 1778 Professor an der dortigen Universität. Der Revolution stand er zurückhaltend gegenüber und verbrachte während der Herrschaft des Wohlfahrtsausschusses und des Direktoriums einige Zeit im Exil und in Haft. Nach Bonapartes Staatsstreich vom 18. Brumaire übernahm er Aufgaben in der Gesetzgebung und wurde 1804 vom gerade gekrönten Kaiser Napoleon in den Staatsrat berufen, wo Siméon intensiv an den Diskussionen zum Code civil und zum Projet du Code criminel beteiligt war. Seine Ergebenheit gegenüber Napoleon stand einer Fortsetzung seiner Karriere nach der Rückkehr der Bourbonen nicht im Wege. Auch nach der Revolution von 1830 bekleidete er weiter eine Reihe hoher Ämter, bis er sich erst im hohen Alter zurückzog (vgl. Nouvelle Biographie générale, tome 43, Sp. 1016 ff.; Tulard, Siméon et l'organisation du Royaume de Westphalie, in: Francia 1 (1973), S. 560).

8 Dekret vom 7. Dezember 1807, Bulletin des lois 1807/08, Bd. 1, S. 34 ff.

9 Kleinschmidt, aaO., S. 20.

10 Bulletin des lois 1807/08, Bd. 1, S. 66 ff.

11 Vgl. im einzelnen Knemeyer, Regierungs und Verwaltungsreformen in Deutschland zu Beginn des 19. Jahrhunderts, S. 61 ff.

nuar 1808 an.[12] Art. 46, Satz 1 kündigte an, daß auch im Verfahrensrecht und insbesondere im Strafprozeß eine neue Zeit anbrechen sollte:

"Das gerichtliche Verfahren soll öffentlich seyn, und in peinlichen Fällen sollen die Geschworenen-Gerichte statthaben."

Öffentlichkeit des Verfahrens und Geschworenengericht, in weiten Teilen Deutschlands erst vierzig Jahre später nach langem Kampf durchgesetzte Ziele, im Königreich Westphalen wurden sie bereits 1807 durch die Verfassung dekretiert. Die Deputierten der westphälischen Lande, die nach Paris gerufen worden waren, um über den Entwurf der Verfassung zu beraten, hatten allerdings wenig Begeisterung über die Aussicht auf eine derart fortschrittliche Justiz gezeigt. Sie hatten zu diesem Artikel angemerkt, daß es von äußerster Wichtigkeit sei, das Verfahren schriftlich und auf Deutsch zu führen.[13] Eine Änderung des Textes erfolgte jedoch nicht.

In Art. 49 postulierte die westphälische Verfassung einen weiteren Grundsatz einer den Idealen der französischen Revolution zumindest nach außen verpflichteten Rechtsordnung – die Unabhängigkeit der Gerichte. Die Zeiten der Kabinettsjustiz, des landesherrlichen Bestätigungsrechts und sonstiger Eingriffe sollten vorbei sein.[14] Der folgende Art. 50 hatte in einem früheren Entwurf der Verfassung dieses rechtsstaatliche Prinzip noch unterstrichen, indem er bestimmte, daß die Richter auf Lebenszeit ernannt würden.[15] In der endgültigen Fassung sah er nur eine vorläufige Bestellung auf fünf Jahre vor. Erst dann sollten die Richter ihre Ernennung auf Lebenszeit erhalten, "wenn man ... überzeugt seyn wird, daß sie in ihren Ämtern beybehalten zu werden verdienen." Möglicherweise hat es bei dieser Änderung eine Rolle gespielt, daß jetzt die Notwendigkeit, das bisherige

12 Zu diesem Thema vgl. Fehrenbach, Traditionale Gesellschaft und revolutionäres Recht, S. 79 ff.; Schubert, Französisches Recht in Deutschland zu Beginn des 19. Jahrhunderts, S. 101 f.

13 Lettre avec la quelle l'élite des Deputés du Roy.e de W. a présenté a S. M. Le Roi de W les observations sur quelques articles du projet de constitution pour le dit Royaume, Nds. StA Wolfenbüttel, 8 W Nr. 695, zu Art. 47(!); und Observations, in Robert, Urkundliche Beiträge, S. 52.

14 Dies entsprach auch einem öffentlich geäußerten Wunsch. Ein Beitrag in der Zeitschrift "Der Rheinische Bund" schlug vor, in das (nie verabschiedete) Fundamentalstatut des Rheinbunds den Grundsatz einer unparteiischen Justiz, in die der Souverän sich nicht einmischen dürfe, aufzunehmen (Gedanken über das zukünftige Fundamental-Statut des rheinischen Bundes, in: Der Rheinische Bund Bd. 3 (1807), S. 451 ff., S. 472).

15 Vgl. Konstitution des Königreichs Westphalen, in: Der Rheinische Bund Bd. 4 (1807), S. 472 ff., S. 498, Anm. 27.

Justizpersonal ohne eingehende Überprüfung übernehmen zu müssen,[16] erkannt worden war. Mit der neuen Regelung hatte man jedenfalls Zeit, dessen Arbeit in Ruhe zu beobachten.

1. Die Gerichtsverfassung

Art. 46 Satz 2 der Verfassung ließ deutlich erkennen, daß ihr Urheber auch bei der Einführung der neuen Strafjustiz keine Zeit verlieren wollte:

"Diese neue peinliche Jurisprudenz soll spätestens bis zum ersten Julius 1808 eingeführt seyn."[17]

Schon am 27. Januar 1808 wurde im Bulletin des lois das Dekret veröffentlicht, "welches die Verfassung der Gerichtshöfe enthält."[18] Die in ihrer groben Struktur bereits in Art. 47 der Verfassung beschriebene Organisation der Strafjustiz lehnte sich, wie kaum anders zu erwarten, dem französischen Vorbild an. Allerdings war man dort gerade dabei, wichtige Veränderungen vorzunehmen. Die westphälische Gerichtsverfassung übernahm deshalb noch manche Einrichtung, die kurze Zeit später in Frankreich abgeschafft wurde. Zum Teil enthielt sie aber bereits Neuerungen, die der Code d'instruction criminelle links des Rheins erst Ende 1808 einführte.

Die Gerichtsorganisation spiegelte weitgehend die Verwaltungsgliederung wieder. In Kassel wurde ein Appellationsgericht für das gesamte Königreich eingerichtet.[19] Auf der Ebene der Distrikte gab es das "Tribunal 1. Instanz",[20] und in jedem Kanton wurde ein Friedensrichter bestellt.[21] Jedes Departement erhielt einen Kriminalgerichtshof mit Sitz im Hauptort.[22] Von dieser Regel wurden allerdings zwei Ausnahmen gemacht: Im Weser-Departement (Hauptort Osnabrück) wurde Herford zum Sitz des Gerichtshofes bestimmt und im Oker-Departement

16 Vgl. u., S. 18.
17 Diese Fristsetzung war im ersten Entwurf der Verfassung noch nicht enthalten (vgl. Verfassung des Königreichs Westphalen, in: Der Rheinische Bund Bd. 4, S. 497, Anm. 25).
18 Bulletin des lois 1808. Bd.1, S. 281 ff..
19 1. Tit., Art.1. Nachdem das Königreich 1810 um die nordhannoverschen Landesteile erweitert worden war, wurde das Oberappellationsgericht in Celle als zweiter Appellationshof übernommen. Zu diesem Zeitpunkt beschränkte sich allerdings die Zuständigkeit der Appellationshöfe nur noch auf das Zivilrecht (vgl. u. S. 17 f.).
20 3. Tit., Art.1.
21 6. Tit., Art.1.
22 Dekret vom 27. Januar 1808, 2. Tit., Art.1.

(Hauptort Braunschweig) Wolfenbüttel. Der Maire von Wolfenbüttel, von Rodenberg, hatte die allgemeine Huldigung am 1. Januar in Kassel benutzt, um durch entsprechende Vorstellungen bei König und Ministern der Stadt die Justizbehörden zu erhalten.[23]

Am Beispiel der Einrichtung von ständigen Kriminalgerichtshöfen zeigt sich besonders deutlich die Abhängigkeit der westphälischen Gesetzgebung vom Verlauf der Diskussion über die Reform des Strafverfahrens in Frankreich. In diesem Punkt folgte die westphälische Gerichtsverfassung noch einem wesentlichen Grundsatz der Gesetzgebung der französischen Revolution – der strengen Trennung zwischen der Zivil- und der Strafjustiz. Der Code d'instruction criminelle ging davon ab und sah vor, daß Richter der Appellationsgerichtshöfe in die Departements zur Abhaltung regelmäßiger Assisen abgeordnet wurden. Die entscheidenden Erörterungen dieses Themas im französischen Staatsrat fanden aber erst im Februar 1808, also nach Erlaß der westphälischen Gerichtsverfassung statt.[24] Selbst die Vorschrift des Art. 3, 1. Tit., des Dekrets zur Gerichtsverfassung, nach der zumindest die Präsidenten der Kriminalgerichtshöfe "aus den Richtern des Apellations-Gerichts erwählt" werden sollten, wurde nie in die Tat umgesetzt.[25]

Ein westphälischer Kriminalgerichtshof sollte mit einem Präsidenten und zwei beisitzenden Richtern besetzt sein. Außerdem war ihm ein Generalprokurator zugeordnet.[26] Zu einem Tribunal 1. Instanz gehörten ein Präsident, fünf Richter und ein königlicher Prokurator. Jeder der fünf Tribunalsrichter sollte der Reihe nach, jeweils für drei Monate das Amt des Instruktionsrichters versehen. D.h., er hatte die Aufgabe, die Untersuchung der im Distrikt "begangenen Verbrechen zu führen, die Beweise zu sammeln und sie an den General-Prokurator des Criminalgerichts einzusenden, damit dieser, wenn eine Anklage statt hat, die Sache weiter verfolgen könne".[27]

Angaben über die sachliche Zuständigkeit der Gerichte waren spärlich. Für die Tribunale 1. Instanz fehlten sie ganz, wenn man einmal von der Vorschrift über die Instruktionsrichter absieht. Die Kompetenz der Kriminalgerichtshöfe ließ sich nur aus ihrer Bezeichnung herleiten. In dem sie betreffenden Abschnitt hieß es lediglich, daß die Appellation gegen ihre Urteile nur bis zum 1. Juli 1808

23 Zimmermann, Stadt und Land Braunschweig unter königlich westfälischer Herrschaft, in: Jahrbuch des Braunschweigischen Geschichtsvereins, 2. Folge, Bd. 6 (1934), S. 53 ff., S. 72.
24 Esmein, Histoire de la procédure criminelle, S. 524.
25 S. u., S. 19.
26 Dekret vom 27. Januar 1808, 2. Tit., Art.3.
27 Ebd., 3. Tit., Art. 6.

statthaft sein solle.[28] An diesem Tag mußte nach der Verfassung ja die Verhandlung von Strafverfahren vor Geschworenengerichten eingeführt sein.

Ein Termin für das Inkrafttreten der neuen Gerichtsverfassung wurde im Dekret vom 27. Januar 1808 noch nicht genannt. Ein kurze Zeit später erlassenes Dekret setzte dafür den 1. März 1808 fest.[29]

Nach dem Grundsatz, daß die Justiz "in dem ganzen Umfange Unserer Statten nur in Unserm Namen und von Unsern Gerichtshöfen verwaltet werden" kann, [30] hatten allerdings alle Patrimonialgerichte ihre Tätigkeit schon mit der Bekanntmachung des Dekrets vom 27. Januar 1808 einzustellen. Nicht ausdrücklich im Dekret geregelt war das Schicksal der Juristenfakultäten des Königreichs als Spruchkollegien. Dies führte offenbar dazu, daß selbst die neuen Gerichte noch Akten an sie zur Entscheidung oder Begutachtung versandten. Es bedurfte Schreiben von Siméon an die Justizbehörden[31] und des Appellationsgerichtshofs[32] in Kassel an die Fakultäten, um die Unzulässigkeit dieser Praxis klarzustellen, soweit es Angelegenheiten in der Zuständigkeit der westphälischen Gerichte betraf. Die Juristenfakultäten blieben aber tätig in Sachen, die ihnen von außerhalb des Königreichs vorgelegt wurden. Nur im Kriegsjahr 1813 sank die Anzahl der Vorgänge erheblich.[33]

2. *Besetzung der Gerichte*

Leider gibt es nur sehr wenige Unterlagen darüber, wie die neue Regierung die Personen aussuchte und bestimmte, die bei den Gerichten tätig werden sollten. Bereits am 19. Oktober 1807 hatten die Behörden der nunmehr zum Königreich Westphalen gehörenden Landesteile ein Rundschreiben Siméons erhalten, in dem sie aufgefordert wurden, Listen der in der Justiz tätigen Beamten aufzustellen. Außer nach den persönlichen Daten wurde nach der Dauer ihres Dienstes, ihrem Betragen und sonstigen Bemerkungen über sie gefragt.[34] Kenntnisse der französischen Sprache oder gar des französischen Rechts waren offenbar kein Thema.

---

28 Ebd., 2. Tit., Art.6.

29 Dekret vom 17. Februar 1808, Bulletin des lois 1808, Bd.1, S. 381 ff.

30 Dekret vom 27. Januar 1808, Allgemeine Verfügungen, Art. 3.

31 Schreiben vom 28. April 1808, Hess. StA Marburg, 265.8 Prokurator Marburg, Nr. 46.

32 Buchda, Die Spruchtätigkeit der hallischen Juristenfakultät in ihrem äußeren Verlauf, 1. Teil, in: ZRG (GA) 62 (1942), S. 210 ff., S. 244 f.

33 Buchda, aaO., S. 233 zu Halle und Marburg; Klugkist, Die Göttinger Juristenfakultät als Spruchkollegium, S. 28 zu Göttingen.

34 GStA PK, V. HA Königreich Westphalen, Rep. 5 D Nr. 3, Bl. 6 f.

Durch königliches Dekret vom 15. Februar 1808 erfolgte die Ernennung der Justizbeamten.[35] Soweit ersichtlich, griff man weitgehend auf die Beamten der bestehenden Justiz- und Verwaltungsbehörden zurück. Im Werra-Departement etwa wurde auch die bisher geltende Hierarchie beibehalten. Der Direktor der Regierung zu Marburg, Ries, wurde Präsident des Kriminalgerichtshofes, die Regierungsräte Ungewitter und Scheffer wurden Kriminalrichter und der Regierungsrat von Hanstein Generalprokurator. Das Distriktstribunal in Marburg wurde mit ehemaligen Regierungsassessoren aus Kassel und Marburg besetzt. In Hersfeld und Eschwege finden sich keine Mitglieder der früheren "höheren" Justiz- und Verwaltungsebene. Dort wurden Amtleute aus den zu diesen Distrikten gehörenden ehemaligen Ämtern zu Tribunalsrichtern ernannt.[36]

Präsident des Kriminalgerichtshofs des Fulda-Departements wurde der Kasseler Oberschultheiß und Kriminalrichter Johann Heinrich Beermann.[37] In Wolfenbüttel wurden die Mitglieder der dortigen Justizkanzlei an den Kriminalgerichtshof berufen.[38] Da es in hannoverschen Zeiten im Leine-Departement keine dort ansässige höhere Gerichtsbarkeit gegeben hatte, mußten die Richter auch hier unter der Beamtenschaft auf der Amtsebene gesucht werden. Unter dem ehemaligen Regierungsrat Mettingh als Präsident wurden der Amtsschreiber Böhmer aus Göttingen und der Amtmann Schultze aus Holzminden zu Kriminalrichtern ernannt. Generalprokurator wird der Amtsschreiber Quensell aus Dransfeld.[39] Der bisherige hannoversche Gerichtsschulze, Konsistorialrat Kaufmann, wurde 1810 nach der Eingliederung Nordhannovers in das Königreich Westphalen Präsident des dort neu eingerichteten Kriminalgerichtshofs des Aller-Departements.[40]

3. *Beginn der Tätigkeit*

Anfang März 1808 nahmen die neuen Gerichte unter großen praktischen Schwierigkeiten ihre Tätigkeit auf. Die wichtigste Aufgabe bestand offenbar zunächst darin, die organisatorische Grundlage für einen geregelten Justizbetrieb zu schaffen. Die Friedensgerichte, die wichtige Aufgaben im Zivil- und Strafverfahren

---

35 Thimme, Die inneren Zustände, Bd. 2, S. 222.
36 Publicandum (o. Datum), Hess. StA Marburg, 265.8 Prokurator Marburg, Nr. 46.
37 Justi (Hrsg.), Strieders Grundlage zu einer Hessischen Gelehrten- und Schriftsteller-Geschichte, Band 18, S. 31 ff.
38 Vgl. z.B. unten S. 69 f.
39 Thimme, Die inneren Zustände, Bd. 2, S. 223.
40 Hausmann, Erinnerungen aus dem achtzigjährigen Leben eines hannoverschen Bürgers, S. 76.

übernehmen sollten, wurden erst drei Wochen später eingerichtet. Bei vielen Gerichten fehlte es an geeigneten Räumlichkeiten.[41]

Das größte Problem war das Fehlen von einheitlichen Gesetzen, die die Gerichte hätten anwenden können, insbesondere einer Prozeßordnung. Bis zu ihrer Einführung mußten die alten Gesetze weiter gelten. Da bei der Einteilung der Departements und Distrikte keine Rücksicht auf die bisherigen Landesgrenzen genommen worden war, mußten manche Gerichte nun nach drei oder vier verschiedenen Rechten vorgehen. Im Distrikt Einbeck beispielsweise galten nebeneinander braunschweigisches, hannoversches, preußisches, altes hildesheimisches und corveysches Recht. Der Tribunalspräsident von Strombeck beendete diese Verwirrung, indem er – mit Einverständnis aller Beteiligten – kurzerhand nur noch "nach dem Wesen des gemeinen Deutschen Prozesses ganz einfach" verhandelte.[42]

Ein solches Vorgehen setzte allerdings erhebliche persönliche Souveränität voraus. Bei den meisten Justizbeamten überwog jedoch die Unsicherheit. Als Beispiel mag der Tribunalsrichter Ebert aus Eschwege dienen. Vor kurzem war er noch Amtmann im hannoverschen Uslar gewesen. Nun hatte man ihn an das Distriktstribunal berufen und als ersten beauftragt, die Geschäfte des Instruktionsrichters zu führen. Am 7. April 1808 schrieb er einen Brief an den Generalprokurator des Werra-Departements, der die Schwierigkeiten lebendig werden läßt:

"... Ich war bisher hannöverischer Staatsdiener, kenne die dortige Criminalverfassung, aber nicht die Hessische, und unsere neue westfälische Verfassung scheint mir noch nicht geeignet, daß die Verhältnisse der wechselseitigen Behoerden untrüglich daraus gefolgert werden könnten. So muß ich bekennen, daß ich zwar weiß, daß jeder Tribunals-Richter der Reihe nach drei Monath die Instruction der Criminal Sachen führen, die Beweise sammlen, und sie an den Generalprokurator einsenden soll; aber ich weiß erst die Grenze nicht, wo die Instruction der Tribunale anheben solle, da dem Friedensrichter dieselben Geschäfte zugeteilt zu seyn scheinen, und Seite 305 des Bulletins Nummer 15[43] es heißt, daß vom Tribunals Mitgliede die Instruction nur vorzubereiten sey. Ich weiß ferner nicht, wo das Ende der Instruction des Tribunals seyn soll. Ferner was wird unter Beweise sammlen verstanden? Sämtliche Indicia, Zeugen, Urkunden u.s.w. aufsuchen; oder umfaßt das Beweis sammlen auch die Prüfung der aufgesuchten und gefundenen Beweismittel; umfaßt es die Confrontation der Zeugen unter sich, mit den Zeugen, mit den Beschaedigten, u.s.w.; umfaßt es die Beeidigung der Zeugen. Ich weiß ferner nicht, ob die Instruction welche den Tribunalen obliegt, auch die Befugnis der Specialinquisition umfaßt. Darf von uns in der Specialinquisition zu strengen Mitteln, die Wahrheit herauszubringen, ge-

41 Strombeck, Darstellungen aus meinem Leben und meiner Zeit, Bd. 2, S. 5 ff.
42 Ebd., S. 9.
43 Gemeint ist das Dekret vom 27. Januar 1808, 6. Tit., Art. 7.

schritten werden? ... Um unserer Verfassung ein Sistem in Criminal Fällen anzupassen, bildete ich es mir so:
der Friedensrichter habe den ersten Angriff, und alles was wir zur General Inquisition rechnen. Darauf kömmt die Sache an das Tribunal; dieses instruiert die Sache mit Einverständnis des Generalprokurators specialiter bis zum Spruch. Dann kömmt die Sache zum Spruch an das Criminal Gericht. ..."[44]

Nicht nur der Richter Ebert in Eschwege war verwirrt. Deshalb erließ Justizminister Siméon am 8. April 1808 ein Circularrescript, das die Aufgaben des Instruktionsrichters und sein Verhältnis zum Friedensrichter erklären sollte.[45] Nach den Anweisungen des Rundschreibens war dieser nur für solche Strafverfolgungsmaßnahmen zuständig, die am Ort einer Tat unmittelbar erforderlich waren und deren Erfolg durch die Verzögerung vereitelt worden wäre, hätte man erst den Instruktionsrichter aus dem Hauptort des Distrikts herangezogen.

Die Praxis hielt sich offenbar nicht immer an dieses Verfahren. Anfang Mai 1808 war beispielsweise ein gewisser Gundlach aus dem Kanton Lichtenau im Distrikt Eschwege wegen eines in Marburg verübten Pferdediebstahls in seinem Heimatort verhaftet worden.[46] Drei Wochen lang führte der dortige Friedensrichter die Untersuchungen. Dazu gehörte unter anderem ein artikuliertes Verhör des Beschuldigten.[47] Weder in Eschwege noch in Marburg wurde ein Instruktionsrichter eingeschaltet. Die Untersuchungsakten erhielt der Generalprokurator, der dann auf ihrer Grundlage seinen Strafantrag beim Kriminalgerichtshof stellte. Die Richter erstatteten Gutachten und Voten, und Gundlach wurde zu 6 Wochen Turmstrafe verurteilt. Der Friedensrichter in Lichtenau eröffnete ihm die Entscheidung in seinem Gefängnis.

Die Verteilung der Aufgaben zwischen Instruktionsrichter und Friedensrichter beschäftigte den Justizminister deshalb trotz des Reskripts vom 8. April 1808 noch länger. Manchmal erfolgten individuelle Anweisungen an einzelne Beamte.[48] Im Dezember 1808 und November 1809 wurden zwei weitere Circularrescripte erlassen, die sich mit diesem Thema befaßten.[49]

Solange man weiter die Regeln des Inquisitionsprozesses anwandte, blieb auch die Rolle des Generalprokurators und der königlichen Prokuratoren im Ver-

44 Hess. StA Marburg, 265.8 Prokurator Marburg, Nr. 46.

45 GStA PK, V. HA Königreich Westphalen, Rep. 5 A Nr. 7, Vol. I, Bl. 122; Nds. StA Wolfenbüttel, 8 W Nr. 139.

46 Acta in Untersuchungssachen wider Franz Gundlach, Hess. StA Marburg, 265.8 Prokurator Marburg, Nr. 26.

47 Inquisitionsprotokoll, ebd. Bl. 2.

48 Vgl. z.B. Brief des Justizministers an den Friedensrichter Hoerle, Hess. StA Marburg, 265.8 Prokurator Marburg, Nr. 50.

49 Siehe dazu im Einzelnen unten, S. 42.

fahren unklar. Der 4. Titel des Dekrets vom 27. Januar 1808 bestimmte, daß es das "Geschäft" der Generalprokuratoren und der königlichen Prokuratoren sei, "in allem was die öffentliche Ordnung ... betrifft" Anträge beim Gericht zu stellen.[50] Sie sollten also das "ministère public" bei den Gerichten versehen. Worin bestand diese Aufgabe nun im Strafverfahren?

Eines der ersten Verfahren vor dem Kriminalgerichtshof in Marburg zeigt die Unsicherheit. Die Untersuchung gegen Dorothee Krug wegen Kindestötung hatte schon im Herbst 1807 begonnen.[51] Am 22. November erstattete der Assessor Bauer eine erste Relation.[52] Anfang März 1808 übernahm der Richter Ungewitter für den Kriminalgerichtshof die Angelegenheit. Er ergänzte die Relation, und die beiden anderen Mitglieder des Kriminalgerichtshofes votierten. Dazu gab der Generalprokurator von Hanstein eine "Erklärung" ab, in der er der Entscheidung der Richter zustimmte.[53] Diese Erklärung unterschied sich nur in der Überschrift von den Voten der Richter. Wie im Fall Gundlach zu sehen, änderte der Generalprokurator in der Folgezeit sein Vorgehen und stellte Anträge schon bevor die Richter ihre Entscheidung getroffen hatten.

Da in den ersten Monaten der neuen Gerichtsverfassung der Inquisitionsprozeß praktisch beibehalten wurde, war es kaum möglich, dem Gebot des Art. 46, ein öffentliches Verfahren durchzuführen, nachzukommen. Abgesehen davon, daß dazu oft die notwendigen räumlichen Voraussetzungen fehlten;[54] welche Untersuchungsmaßnahmen hätte man öffentlich abhalten sollen? Beim Kriminalgerichtshof des Werra-Departements beschränkte man sich deshalb darauf, dem Angeklagten das Urteil "in sessione" bekannt zu geben.[55] War der Angeklagte nicht verfügbar, wie im Falle Gundlach,[56] genügte auch die Bekanntgabe im Gefängnis.

Die Zuständigkeit der Kriminalgerichte in Strafsachen war in dieser Anfangszeit unbegrenzt. Eine Abstufung nach der Schwere des vorgeworfenen Delikts oder der zu erwartenden Strafe erfolgte noch nicht. Der Kriminalgerichtshof mußte sich mit einer Übertretung der Sabbatordnung genauso beschäftigen wie

---

50 Art. 1, Ziff. 1.

51 Relatio cum votis die pto. infanticidii inhaftierte Dorothee Krug von Schreinsberg betr., Hess. StA Marburg, 265.3 Kriminalgericht Marburg, Nr. 54.

52 Ebd., Bl. 3.

53 Ebd., Bl. 5.

54 S. o., S. 20.

55 Vgl. z.B. Relatio Dorothee Krug betr. (Fn. 51); Acta in Untersuchungssachen wider 1) Johannes Grauch aus Rosenthal wegen Excesses, 2) des Bürgermeisters Stückert Ehefrau und des Kammerers Theisen Ehefrau daselbst wegen Übertretung der Sabbatordnung, Notiz vom 14. Juni 1808, Hess. StA Marburg, 265.3 Kriminalgericht Marburg, Nr. 58.

56 S. o., Fn. 46.

mit einer Kindestötung. Das Maß der verhängten Strafen reichte von Geldbußen über eine Tracht Prügel bis zur Todesstrafe.

4. Die Einführung der Geschworenengerichte

Artikel 6 des 2. Titels des Dekrets über die Gerichtsverfassung hatte noch einmal den Verfassungsauftrag wiederholt, daß am 1. Juli 1808 die Geschworenengerichte eingeführt sein sollten. Führt man sich die Schwierigkeiten vor Augen, die die Neuorganisation der Justizbehörden in den ersten Monaten ohnehin schon bereitet hatte, mußte dieses Vorhaben als recht kühn erscheinen. Man war denn auch am 1. Juli weit davon entfernt, die ersten Verhandlungen vor Geschworenen durchführen zu können.

Am 8. Juli erging ein Rundschreiben des Justizministers an die Präfekten der Departements, in dem sie aufgefordert wurden, innerhalb von vierzehn Tagen, eine Liste von mindestens dreihundert Bewohnern ihres Departements aufzustellen, die als Geschworene geeignet seien.[57] Das Schreiben begann mit der Feststellung, daß die Einführung der Geschworenengerichte notwendigerweise verschoben worden sei.[58] Den Präfekten wurde die Wichtigkeit ihrer Aufgabe vorgehalten: "C'est à vous MM à designer les citoyens qui seront appellées à remplir un des ministères les plus importantes de la societé."

Da zu diesem Zeitpunkt außer dem Grundsatz, daß Kriminalsachen durch Geschworenengerichte entschieden werden sollten, keine weiteren gesetzlichen Regelungen für diese Institution bestanden, beschrieb das Rundschreiben zunächst die wesentlichen Grundzüge des neuen Verfahrens. Insbesondere wurde darauf hingewiesen, daß die Geschworenen nur über Tatsachen zu befinden hätten, nicht über Rechtsfragen. Dann folgte eine nähere Erklärung der Qualifikationen, die ein zukünftiger Geschworener aufweisen sollte: "Les habitants les plus considérables, soit par leurs fonctions, soit par leurs lumières, soit par leurs richesse ..." sollten in die Liste aufgenommen werden.

Das Circulaire deutete auch an, daß es nicht nur organisatorische Ursachen für die Verschiebung der Einführung der Geschworenengerichte gab. Es sprach von der Einrichtung als "... maintenu malgré quelque opposition et aprés une discussion approfondie." Die Einwände der Deputierten der Landesteile, die zur Beratung der Verfassung nach Paris gerufen worden waren,[59] waren damit wohl

57 GStA PK, V. HA Königreich Westphalen, Rep. 5 D Nr. 6, Bl. 2 ff.
58 "Cette disposition necessairement ajourneé ...", ebd.
59 S. o., S. 15.

kaum gemeint. Widerstand gegen das Geschworenengericht hatte vor allem der Justizminister selbst geleistet.

Siméon war schon seit langer Zeit ein Gegner der Geschworenengerichte. Bereits 1804, bei der Diskussion des Projét du Code Criminel im französischen Staatsrat, hatte er vehement gegen die Beibehaltung dieser Einrichtung Stellung bezogen.[60] Seine Gründe entsprangen sowohl rechtstheoretischen Erwägungen als auch der praktischen Erfahrung. Warum, fragte er, sollten Zivilsachen von Berufsrichtern entschieden werden, Strafsachen aber, bei denen es um Leben und Freiheit des Angeklagten gehe, von Laien?[61] Ihnen fehle die notwendige Erfahrung in der Beurteilung von Sachverhalten.[62] Sie müßten sich für ihre Entscheidung nicht gegenüber der Öffentlichkeit verantworten.[63] Schließlich habe das Volk auch "mit den Füßen" gegen Geschworenengerichte abgestimmt. Von 100 Personen, die zum Dienst als Geschworener aufgerufen würden, versuchten sich 24 ihrer Pflicht zu entziehen.[64]

Seine Argumente hatten einige der anderen Mitglieder des Staatsrats, darunter auch den Kaiser, beeindruckt.[65] Trotzdem hatte der Staatsrat damals "en principe" beschlossen, die Geschworenengerichte beizubehalten. Möglicherweise meinte Napoleon, daß ihre Abschaffung zu diesem Zeitpunkt noch zu großen Widerspruch in der Öffentlichkeit hervorgerufen hätte.[66] Es blieb jedoch auch bei dieser Entscheidung, zumindest für die Urteilsjury, als der Staatsrat im Januar und Februar 1808 die Beratung des Code d'instruction criminelle wieder aufnahm. Siméon beteiligte sich allerdings nicht mehr unmittelbar an den Diskussionen, nachdem er Justizminister von Westphalen geworden war.

Vor seinem Abgang dorthin versuchte er noch einmal, beim Kaiser wenigstens in Westphalen die Einführung der Geschworenengerichte zu verhindern. Immerhin konnte er sich gegenüber Napoleon darauf berufen, daß dieser in Italien auf ihre Einrichtung verzichtet hatte. Vergeblich – Art. 46 der Verfassung, wonach in Kriminalsachen Geschworenengerichte entscheiden sollten, wurde nicht mehr geändert.[67]

---

60 Sitzung vom 16. Prärial des Jahres XII (5. Juni 1804), in Locré, La législation civile, commerciale et criminelle de la France ou commentaire et complément des Codes Français, Bd. 24, S. 12 ff.
61 Ebd., S. 14.
62 Ebd., S. 16.
63 Ebd., S. 17.
64 Ebd., S. 19.
65 Ebd., S. 45.
66 Esmein, Histoire, S. 521.
67 Brief Siméons an Charles de Villers vom 1. Dezember 1812, abgedruckt bei Isler (Hrsg.), Briefe an Charles de Villers, S. 251 ff.

Die weitere Verzögerung bei der Einführung der Geschworenengerichte rührte offenbar teilweise daher, daß Siméon noch im Frühsommer 1808 erneut bei Napoleon dagegen intervenierte. Dies teilte der Generalprokurator des Fulda-Departements, Bode, aus Kassel zumindest seinem Kollegen von Hanstein in Marburg in einem Brief vom 2. Juni 1808 mit.[68] Erfolg war dem Justizminister auch jetzt nicht beschieden. Vermutlich schätzte Napoleon den positiven Eindruck der Einführung dieser Institution höher ein als etwaige juristische Nachteile. Das Königreich Westphalen sollte Geschworenengerichte erhalten, damit seine Bürger auch im Strafverfahren die Vorzüge des neuen Staates schätzen lernten.[69]

5. *Die Verabschiedung der Peinlichen Prozeßordnung*

Zunächst bedurfte es allerdings noch der gesetzlichen Grundlage für das Verfahren vor den Geschworenen. Federführend bei der Erarbeitung der zukünftigen "Peinlichen Prozeßordnung" des Königreichs Westphalen war neben Siméon der Staatsrat von Leist.[70] Er stellte den Entwurf Ende Juli 1808 in der Sektion für Inneres und Justiz des Staatsrats vor.[71] Allerdings wollte man dieses wichtige Gesetz nicht nur vom Staatsrat beschließen und durch königliches Dekret einführen lassen. Wie auch die neue Zivilprozeßordnung und eine "Munizipalpolizeigerichtsordnung" sollte die Peinliche Prozeßordnung von der ersten Ständeversammlung des Königreichs verabschiedet werden.

Mit großem Pomp hatte der König am 2. Juli 1808 den "Reichstag" eröffnet.[72] Zwei Tage später begann man mit der Arbeit. Kommissionen wurden ge-

---

68 Hess. StA Marburg, 265.8 Prokurator Marburg, Nr. 46.

69 Begleitbrief des Kaisers an König Jérôme zur westphälischen Verfassung vom 15. November 1807, Correspondance de Napoléon Ier, Bd. 16, Nr. 13361, S. 196 f.

70 Rob, Regierungsakten des Königreichs Westphalen, S. 30. Justus Christoph Leist, 1770 – 1858; seit 1795 erst Privatdozent dann Professor für Staats- und Kirchenrecht in Göttingen. Bereits 1808 in den westphälischen Staatsrat berufen wurde er 1809 Generaldirektor des öffentlichen Unterrichts. Nach dem Ende des Königreichs war er zunächst als "einer der eifrigsten Anhänger der Französischen und Westphälischen Verfaßung" von einer Wiederanstellung in hannoverschen Diensten ausgeschlossen. Das änderte sich schon 1814 und 1837 wurde er von König Ernst August zum Staatsrat ernannt, um ein dem König günstiges Rechtsgutachten im Streit um die Aufhebung des Staatsgrundgesetzes zu "leisten" (ADB, Bd. 18, S. 226 ff.; Rothert, Das gelehrte Hannover, Bd. 2, S. 553; Haase, Politische Säuberungen, S. 173 ff.).

71 Rob, ebd.

72 Vgl. die ausführliche Schilderung der Zeremonien bei Strombeck, Bd. 2, S. 14 ff.

wählt, die die Gesetzentwürfe mit dem Staatsrat beraten sollten. Präsident der Kommission für die Kriminalgesetzgebung wurde der ehemalige Rat an der Justizkanzlei in Osnabrück und Vertraute Justus Mösers, Ludwig von Bar.[73] Konflikte der Stände mit der Regierung waren offenbar selten.[74]

In seiner Rede zur Lage der Nation, die Siméon am 7. Juli 1808 im Auftrag des Königs hielt, ging er auch auf die zu erwartenden Veränderungen im Strafprozeß ein. Zweifel an der Institution der Jury äußerte er bei dieser Gelegenheit selbstverständlich nicht. Im Gegenteil hob er beispielsweise ihre Vorzüge gegenüber den starren Beweisregeln des gemeinen Prozesses hervor.[75] Am 17. August 1808 legte Leist den Ständen die endgültige Fassung der Peinlichen Prozeßordnung vor.[76] Er pries die wesentlichen Fortschritte gegenüber dem alten Prozeß: die Öffentlichkeit des Verfahrens und die Trennung zwischen Ankläger und Richter. Besonders hob auch er die Einführung der Entscheidung durch Geschworene hervor. Dabei bemühte er sich, den Deputierten zu zeigen, daß es sich bei dieser nicht um etwas Fremdes handele, das den Westphalen von den französischen Eroberern aufgedrückt werde. Im Gegenteil, das Modell für die Geschworenen seien die Schöffen im alten Germanien: "C'est donc une chose mémorable que le Créateur de notre Constitution nous ait rendu, pour les matières criminelles, une institution indigène en quelque sorte, que le droit ecclésiastique et le droit Romain a fait disparaître entièrement."[77] Die Ständeversammlung stimmte dem Gesetz zu und am 19. August 1808 wurde es veröffentlicht.[78]

Wahrscheinlich um den Gerichten etwas Zeit zur Vorbereitung auf die Einführung des neuen Verfahrens zu geben, wartete man damit bis zum Januar 1809. Am 16. dieses Monats sollten in den Kriminalgerichtshöfen des Königreichs zum

---

73 Rob, aaO., S. 19; Lengemann, Parlamente in Hessen, S. 115. Ludwig v. Bar (1763 – 1844) war 1807 als Mitglied der osnabrückischen Deputation in Paris gewesen. Im Oktober 1808 wurde er in den Staatsrat in die Sektion für Inneres und Justiz berufen. Nach Wiederherstellung Hannovers nahm er seine frühere Tätigkeit an der Justizkanzlei in Osnabrück wieder auf. Von 1815 bis 1823 war er Präsident der dortigen Regierung. 1814 wurde er in die Erste Allgemeine Ständeversammlung des Königreichs Hannover gewählt, der er ab 1815 auch als deren Präsident vorstand (ADB, Bd. 2., S. 44 f.; Lengemann, aaO., S. 114 f.).

74 Strombeck, aaO., S. 34 ff., berichtet über den heftigen Streit zwischen Staatsrat und Ständen über das Gesetz über die Grundsteuer.

75 Siméon, Exposé de la situation du royaume de Westphalie, S. 23.

76 Leist, Discours sur le projet de loi relatif à la procedure criminelle, prononcé dans la Séance de l'Assemblée des Etats Westphaliens, le 17 Août 1808.

77 Leist, aaO., S. 13.

78 Bulletin des lois 1808, Bd. 3, S. 2 ff.

ersten mal Verhandlungen vor Geschworenen stattfinden.[79] In Wolfenbüttel beispielsweise waren vorher aber noch praktische Schwierigkeiten zu überwinden. Der Sitzungssaal des Kriminalgerichtshof war räumlich nicht geeignet, um bei der Verhandlung Publikum zuzulassen.[80] Beim Kriminalgerichtshof des Weser-Departements gab es ebenfalls zu wenig Platz. Durch den großen Andrang an Zuschauern wurde die Barriere beschädigt, die sie von den Verfahrensbeteiligten trennen sollte.[81]

6. *Materielles Strafrecht*

Art. 111 PPO behandelte ein Problem der westphälischen Strafrechtspflege, auf das Leist schon bei der Vorstellung der Peinlichen Prozeßordnung vor den Reichsständen[82] hingewiesen hatte: Es gab kein einheitliches Strafgesetzbuch für das Königreich. Leist hatte zwar angekündigt, daß bald mit der Fertigstellung dieses Werkes zu rechnen sei.[83] Justiz und Öffentlichkeit haben aber bis zum Ende Westphalens vergeblich gewartet.

Es gibt nur wenige Unterlagen, die Anhaltspunkte dafür liefern, warum die Arbeiten an einem Strafgesetzbuch so lange gedauert haben. In den Reden vor der zweiten Versammlung der Reichsstände Anfang 1810 wurde das Projekt eines Strafgesetzbuches jedenfalls nicht erwähnt. Offenbar sollte zunächst die Reform des Verfahrensrechts abgeschlossen werden.[84] Zu berücksichtigen ist auch, daß der Justizminister und seine höheren Beamten noch in erheblichem Umfang mit der Vermittlung des neuen Strafverfahrens in der Praxis, insbesondere aber mit den Fragen und Problemen beschäftigt waren, die sich aus der Einführung des Code Napoléon und der Zivilprozeßordnung ergaben.[85] Gerade Siméons Beitrag war sicher unverzichtbar, um den Entwurf eines Strafgesetzbuchs voran-

79 Schreiben des Justizministers an die Präsidenten der Kriminalgerichtshöfe vom 19. Dezember 1808, in Bezug genommen in: GStA PK, V. HA Königreich Westphalen, Rep. 5 D Nr. 19, Bl. 11.
80 Schreiben des Präsidenten Hurlebusch an den Justizminister vom 24. Dezember 1808, ebd.
81 Bericht des Kriminalgerichtshofs vom 22. März 1809, GStA PK, V. HA Königreich Westphalen, Rep. 5 D Nr. 19, Bl. 40.
82 Leist, Discours, S. 4.
83 Ebd., S. 5.
84 Der vorerst letzte Baustein war die Korrektionsgerichtsordnung, die am 18. März 1809 per Dekret erlassen (Bulletin des lois 1809, Bd. 1, S. 622 ff.) und dann noch einmal am 14. Februar 1810 als Gesetz von den Reichsständen verabschiedet wurde (Bulletin des lois 1810, Bd. 1, S. 174 ff.).
85 Schubert, Französisches Recht, S. 101 f. u. 105 f.

zubringen. Hinzu kam vermutlich, daß man in diesem Fall das endgültige Ergebnis der Diskussion über den neuen Code pénal in Frankreich abwarten wollte. Aus dem September des gleichen Jahres, d.h. einige Monate nach der Bekanntmachung des Code pénal am 1. März, finden sich in Akten des Justizministeriums Notizen Siméons zu Änderungen am "Code des délits et des peines,"[86] die für eine Einführung in Westphalen notwendig wären, und ein Anschreiben an den Staatsrat Coninx dazu.[87]

Nach Siméons Meinung hätte der Code pénal mit einigen kleinen Änderungen wie der Code Napoléon unmittelbar übernommen werden können. So wäre es wahrscheinlich möglich gewesen, recht schnell das Strafgesetzbuch zu verabschieden. Wie aus Siméons Bericht hervorgeht, der den Entwurf begleitete, als er schließlich im Spätsommer 1813 dem König zur Genehmigung vorgelegt wurde,[88] folgte man diesem Vorschlag des Justizministers nicht. Nach Ansicht "fast aller der gelehrtesten Männer" sollte der Code pénal nicht als Gesetz sondern nur als Modell übernommen werden, auf dessen Grundlage die Sektion der Justiz einen Entwurf erarbeitete.[89] Siméons Kommentar zu diesem Vorgehen liest sich wie der eines weisen Vaters, der seine Kinder ihren eigenen, längeren Weg gehen läßt und darauf vertraut, daß sie – mit seiner Hilfe – zum richtigen Ergebnis kommen, dieses aber als ihr eigenes sehr viel höher schätzen werden.[90]

Die Beratungen eines westphälischen Strafgesetzbuches im Staatsrat begannen so erst im Januar 1811.[91] Den Entwurf, den der Staatsrat nach mehr als eineinhalb Jahren vorlegte, bezeichnete Siméon als eine "zweite Auflage" des Code pénal.[92] Seine Aussage allerdings, die Änderungen beschränkten sich weitgehend auf Umstellungen der Reihenfolge einiger Regelungen, ist zwar nicht falsch, wird dem Entwurf aber nicht ganz gerecht. Zunächst enthält er ergänzende Vorschriften, die aus dem Code d'instruction criminelle stammen, in der westphälischen Peinlichen Prozeßordnung jedoch nicht übernommen worden waren. Teilweise handelt es sich dabei um Regelungsgegenstände, die aus heutiger Sicht eher dem

86 Mit diesem Titel war hier nicht das französische Gesetz vom 3. Brumaire des Jahres IV gemeint sondern der Code pénal von 1810, der in der Gesetzesvorlage die gleiche Überschrift hatte (vgl. Lascoumes u.a., Au nom de l'ordre, Anhang, S. 371).

87 GStA PK, V. HA Königreich Westphalen, Rep. 5 D Nr. 17, Bl. 81 f. und 83.

88 GStA PK, V. HA Königreich Westphalen, Rep. 1 C II Nr. 28, Bl. 1 ff.

89 Ebd.

90 "J'ai pensé qu'il faut laisser faire à Son Conseil un code qui sera bon comme celui de France dont il sera une imitation, et qu'on aimera mieux parce qu'on aura fait et qu'on croira, si non l'avoir perfectionné au moins l'avoir approprié au génie de la nation" (ebd., Bl. 1 f.).

91 Auszug aus dem Register der Beratungen des Staatsrats, GStA PK, V. HA Königreich Westphalen, Rep. 1 C II Nr. 40, Bl. 2.

92 GStA PK, V. HA Königreich Westphalen, Rep. 1 C II Nr. 28, Bl. 1.

materiellen als dem Prozeßrecht zuzuordnen sind, so daß der westphälische Entwurf insoweit moderner wirkt als das französische Vorbild.[93] Auch die Umstellungen sind erkennbar nicht aus kosmetischen Gründen vorgenommen worden, sondern dienen einer strengeren Unterscheidung zwischen "allgemeinem Teil" und den Vorschriften über die einzelnen Delikte.[94]

In seinem Bericht wies Siméon nur auf einen inhaltlichen Unterschied zwischen dem westphälischen Entwurf und dem Code pénal hin – die Definition der Militärstraftaten.[95] Daneben gibt es aber weitere, nicht unbedeutende Abweichungen. Auffallend ist die größere Milde des Entwurfs. So war die Brandmarkung von Verbrechern im Gegensatz zum Code pénal[96] nicht mehr vorgesehen. Möglicherweise machte sich in diesem Punkt der Einfluß König Jérômes bemerkbar. Er hatte Anfang 1812 die Verurteilung eines Mitglieds der "Großen Bande"[97] zur Brandmarkung durch Begnadigung aufgehoben.[98] Einige Monate später beantwortete der Generalprokurator beim Kriminalgerichtshof in Marburg eine Anfrage des Gießener Hofgerichtsrats von Grolman[99] nach der Form des Brandmarkens in Westphalen dahin, daß diese Strafe zwar nicht abgeschafft sei,

93 Z.B sind in den Art. 5 – 7 des Entwurfs ("EStGB") die Anwendbarkeit des Gesetzes auf im Ausland und von Ausländern begangenen Taten (vgl. Art. 5 – 7 CIC) und in den Art. 63 – 67 EStGB die Verjährung (Art. 635 ff. CIC) geregelt.

94 Ein Beispiel ist Art. 50 EStGB, der am Ende des Kapitel II "Des peines en matière correctionelle" die Gerichte ermächtigt, auf eine mildere als die gesetzlich vorgeschriebene Strafe zu erkennen, wenn der durch ein "délit" (d.h., ein mit korrektioneller Strafe bedrohtes Vergehen) verursachte Schaden geringer als 24 F war. Die Parallelvorschrift im Code pénal, Art. 463 steht als "Disposition générale" am Ende des 3. Buches, wo die einzelnen Delikte beschrieben sind, und wirkt dort wie nachträglich eingefügt (Dies war nicht der Fall; vgl. Locré, Législation Bd. 31, S. 51, 79, 99, 108, 117).

95 Nach dem westphälischen Entwurf sollte die Art der Tat entscheidend sein (Art. 9 u. 10 EStGB), während in Frankreich jedes von einer Militärperson begangene Delikt von der Militärgerichtsbarkeit geahndet wurde. Zur Begründung führte Siméon einmal die größere Nähe der westphälischen Regelung zum gemeinen Recht und zum anderen den Umstand an, daß die deutschen Militärgerichte bei allgemeinen Delikten der Soldaten allzu große Nachsicht übten (ebd., Bl. 2).

96 Art. 20.

97 Bettenhäuser, Räuber- und Gaunerbanden in Hessen, in: Zeitschrift des Vereins für hessische Geschichte und Landeskunde, Bd. 74/75 (1964/65), S. 275 ff., S. 331 f.

98 Hess. StA Marburg, 265.8 Prokurator Marburg, Nr. 35.

99 Adolf v. Grolman (1773 – 1855), Bruder Karl v. Grolmans und Verfasser der "Aktenmäßigen Geschichte der Vogelsberger und Wetterauer Räuberbanden" und des "Wörterbuch der in Teutschland üblichen Spitzbuben-Sprache".

aber nach dem Willen des Königs nicht mehr angewendet werde.[100] Verschärfungen der Todesstrafe gab es ebenfalls nicht mehr.[101]

Bei der Behandlung der Kindestötung war der westphälische Entwurf nicht nur dem Code pénal sondern auch anderen zeitgenössischen Strafgesetzen einen Schritt voraus. Er bedrohte dieses Delikt nur noch mit lebenslangem Zuchthaus.[102] Hier mag die Erfahrung eine Rolle gespielt haben, daß Geschworene kaum dazu zu bringen waren, eine Angeklagte dieses Verbrechens für schuldig zu befinden, wenn es mit der Todesstrafe geahndet wurde.[103] Eine gewisse Eigenständigkeit gegenüber dem Code pénal zeigt der Entwurf auch bei den Regelungen zum Rückfall,[104] zur Schuld als Voraussetzung der Strafbarkeit,[105] zum Irrtum[106] und zur Mittäterschaft.[107] Insgesamt kann man nur bedauern, daß dieses Gesetzbuch nicht mehr in Kraft gesetzt wurde, denn damit hätte Westphalen tatsächlich ein Beispiel geben können.[108]

Da dies nicht der Fall war, beschränkte sich die westphälische Gesetzgebung zum materiellen Strafrecht auf das Militärstrafgesetzbuch,[109] auf akzessorische Strafvorschriften, beispielsweise in den Steuergesetzen[110] oder im Dekret, "wodurch der Werth der im Königreiche Westphalen coursierenden Münzen und die Strafen wegen des Nachmachens dieser Münzen festgesetzt werden",[111] und die Regelung von Einzelbereichen, insbesondere mit Bezug auf die Sicherheit des

---

100 Hess. StA Marburg, 265.8 Prokurator Marburg, Nr. 46.

101 Art. 13 Code pénal sah eine Schärfung bei "parricide" vor.

102 Art. 278 EStGB. Art. 300 Code pénal sah nach wie vor die Todesstrafe vor.

103 Vgl. u., S. 118.

104 Art. 62 EStGB hat wesentlich engere Voraussetzungen und mildere Rechtsfolgen als die entsprechende Vorschrift im Code pénal.

105 Art. 80, 81 EStGB.

106 Art. 82 EStGB.

107 Art. 88 EStGB.

108 Zum westphälischen Strafgesetzbuch jetzt eingehender Schubert (Hrsg.), Der Code pénal des Königreichs Westphalen von 1813 mit dem Code pénal von 1810 im Original und in deutscher Übersetzung, Einleitung, S. 7 ff.

109 Dekrete vom 12. März 1808, Bulletin des lois 1808, Bd. 1, S. 584 ff., und vom 23. Juli 1808, Bulletin des lois 1808, Bd. 2, S. 334 ff. auch das Dekret "über die Militair-Conscription" vom 25. April 1808 (Bulletin des lois 1808, Bd. 2, S. 54 ff.). Die Schnelligkeit, mit der diese Gegenstände geregelt wurden, zeigt, welche Prioritäten die westphälische Regierung setzte.

110 Z.B. Dekrete vom 17. Januar 1809, "betreffend die Verwaltung, den Verkauf und Besteuerung des Salzes, Bulletin des lois 1809, Bd. 1, S. 54 ff., und vom 15. Februar 1809 "wegen Verwaltung und Erhebung der Consumptionssteuern, Bulletin des lois 1809, Bd. 1, S. 342 ff.

111 Dekret vom 11. Januar 1808, Bulletin des lois 1808, Bd. 1, S. 164 ff.

Staates.[112] Im übrigen hatten die Gerichte nach Art. 111 PPO weiter die "alten Gesetze, welche an dem Ort, wo das Verbrechen begangen worden ist, gelten, zur Anwendung zu bringen". Es blieb bei der Zersplitterung des materiellen Strafrechts, gerade in Departements und Distrikten, die aus Teilen verschiedener früherer Staaten zusammengesetzt waren.

Leist hatte die Folgen dieses Zustands schon in seiner Rede zur Peinlichen Prozeßordnung beklagt. Die Bestrafung der gleichen Tat konnte je nach Ort ihrer Begehung im Königreich Westphalen sehr unterschiedlich ausfallen. Eine Verheimlichung von Schwangerschaft und Geburt beispielsweise wurde vom Kriminalgerichtshof des Werra-Departements nach gemeinem Recht[113] und "Gerichtsgebrauch" mit zwei Jahren Zuchthaus geahndet,[114] während die Kollegen in Halle Catherine Weber nach §§ 957, 959, Titel 20, 2. Teil ALR zu zehn Jahren verurteilten.[115]

Auch innerhalb desselben Departements konnte es erhebliche Unterschiede geben. Im Oker-Departement mußte ein Dieb, der auf ehemals hannoverschem oder braunschweig-wolfenbüttelschem Gebiet ein Pferd stahl, nach dem dort geltenden Recht[116] mit der Todesstrafe rechnen. Beschränkte er sich auf das frühere Fürstbistum Hildesheim, seit 1803 preußisch, drohten ihm nach ALR und der Verordnung wegen Bestrafung der Diebstähle von 1799 lediglich sechs Monate bis drei Jahre Zuchthaus und Züchtigung.[117]

Dem Kriminalgerichtshof in Wolfenbüttel waren die hannoverschen und braunschweigischen Verordnungen zu hart. Auf Grund ihrer Bestimmtheit sah man aber keine Möglichkeit, von ihnen abzuweichen.[118] Deshalb bemühte sich das Gericht, eine Tat nach Möglichkeit dem Anwendungsbereich dieser Verord-

---

112 Z.B. Art. 4 des Dekrets vom 5. April 1809 (vgl. unten, S. 90); Dekret vom 5. Februar 1812, die "Westphalen, welche gegen Westphalen die Waffen tragen, und die Westphalen, welche, aus dem Auslande zurückgerufen, nicht nach Westphalen zurückkehren werden", Bulletin des lois 1812, Bd. 1, S. 156 ff.

113 Vgl. Tittmann, Handbuch 2. Teil, § 213, der ein bis zwei Jahre Zuchthaus für angemessen hält, aber anmerkt (Fn. lit. p), daß andere vier, sechs, acht oder zehn Jahre vorschlagen.

114 Hess. StA Marburg, 265.3 Kriminalgericht Marburg, Nr. 51, Untersuchungsacten wider Juliane Hundertmark.

115 Körte in Caspari, Rede an das Geschworenen-Gericht des Saale-Departements, zur Vertheidigung der Catharine Elisabeth Weber, Fn. S. 28; Pfeiffer, Rechtsfälle, S. 118 ff.

116 Hannover: Edikt gegen die Pferdediebe vom 22. November 1708 (vgl. dazu Krause, Strafrechtspflege, S. 71); Braunschweig-Wolfenbüttel: Verordnung vom 20. August 1706.

117 §§ 1140,1143, Titel 20, 2. Teil ALR; § 7 Verordnung von 1799.

118 Hurlebusch, Erörterungen, S. 89. Zu den Versuchen hannoverscher Gerichte, in diesen Fällen die Todesstrafe zu vermeiden, vgl. Krause, aaO., S. 115, Fn. 77 u. S. 117.

nungen zu entziehen, und bewies dabei beachtliche Kreativität. 1810 befanden die Geschworenen einen Angeklagten für schuldig, ein Pferd von einer Weide auf dem Huthberg im Harz gestohlen zu haben. Dieser Huthberg lag zwar im ehemaligen Braunschweig-Wolfenbüttel, hatte aber bis 1788 zum sogenannten Communion-Harz gehört. Dieses Gebiet hatte seit dem Vergleich zwischen den braunschweig-lüneburgischen Häusern von 1635 unter der gemeinsamen Verwaltung von Hannover und Wolfenbüttel gestanden. In der Communion hatten weder braunschweigische noch hannoversche Gesetze, die nach 1635 erlassen worden waren, Geltung erlangt, so daß im Strafrecht allein die zuvor eingeführte Carolina maßgeblich war. Da der Kriminalgerichtshof nun festgestellt hatte, daß die braunschweigische Verordnung gegen den Pferdediebstahl im früheren Communionsgebiet nach deren Aufhebung nicht noch einmal bekanntgemacht worden war, kam er zu dem Schluß, die Verordnung sei dort nicht in Kraft getreten, und verurteilte den Angeklagten nach der Carolina nur wegen einfachen Diebstahls zu 18 Monaten Zuchthaus.[119]

Das Gericht in Wolfenbüttel schreckte auch nicht vor dem zurück, was Leist als eine der schlimmsten Folgen des zersplitterten Rechts mit ungleichen und unverhältnismäßigen Strafen beschrieben hatte[120] – dessen selbständige Fortentwicklung durch den Richter. Den Hausdiebstahl, d.h. den Diebstahl beim Dienstherren, der nach einer besonderen hannoverschen Verordnung grundsätzlich mit dem Tode und nur unter bestimmten Voraussetzungen ausnahmsweise mit lebenslangem Karren oder Zuchthaus zu bestrafen war,[121] ahndete der Kriminalgerichtshof nur mit zeitiger Freiheitsstrafe, wenn die beiden Bedingungen für die Anwendung der Ausnahmeregelung kumulativ gegeben waren. Er berief sich dabei auf die ähnlich milde neuere Strafgesetzgebung in Preußen und Österreich und die eigene Praxis.[122]

Die Vorschrift des Art. 111 PPO, das am Tatort geltende materielle Recht anzuwenden, übernahmen westphälische Gerichte auch in Fällen, wo ein Verbrechen außerhalb des Königreichs begangen worden war. Die Tatsache, daß es sich

---

119 Hurlebusch, aaO., S. 90, 92. Die Argumentation des Kriminalgerichtshofs ist auch insofern bemerkenswert, als die braunschweigischen und hannoverschen Verordnungen gegen den Pferdediebstahl auf weitgehend parallelen Bemühungen beruhten, die vermutlich dazu dienen sollten, dieses Problem grenzüberschreitend zu bekämpfen (vgl. Krause, aaO., S. 70 f.).

120 Leist, Discours, S. 4.

121 Krause, aaO., S. 78.

122 Hurlebusch, aaO., S. 72 f., der dazu anmerkt, man sei der eigenen Überzeugung gefolgt, da man "der milden Regierung der dortigen Lande das Urtheil zur Genehmigung oder Verwandlung in eine geringere Strafe nicht vorlegen konnte". Allerdings ist zweifelhaft, ob der hannoversche Landesherr, hätte man ihn denn tatsächlich gefragt, für diese Milde empfänglich gewesen wäre (vgl. Krause, aaO.).

bei dem Täter nicht um einen Westphalen sondern um einen Ausländer handelte, hielt sie nicht davon ab. 1811 entschied der westphälische Staatsrat als Kassationshof, daß ein ausländisches Mitglied einer Räuberbande von den westphälischen Gerichten wegen eines im Ausland verübten Verbrechens bestraft werden könne. Es sei "herkömmlicher Brauch" und ergebe sich aus der "Natur der Sache", gegen die ganze Bande an einem Ort zu verhandeln und zu urteilen.[123] Eine nähere Begründung lieferte der Staatsrat für diese Auffassung nicht. Offensichtlich überwogen pragmatische Erwägungen der Strafverfolgung das Bedürfnis nach theoretischer Herleitung.[124] Der Kriminalgerichtshof des Werra-Departements hatte deshalb bei nächster Gelegenheit keine Bedenken, auch über einen einzelnen Straßenraub, der auf dem Gebiet Sachsen-Meiningens geschehen war, zu verhandeln, nachdem ein Versuch, die Beschuldigten dorthin auszuliefern, mangels Interesse auf der anderen Seite gescheitert war. Allerdings mußte nun der Generalprokurator bei der Regierung Sachsen-Meiningens anfragen, wie das Verbrechen dort bestraft wurde. Obwohl die Antwort nicht mehr rechtzeitig eintraf, wendete das Gericht Art. 126 der Carolina an, da man vermutete, daß diese auch in Sachsen-Meiningen noch galt.[125]

Die mangelnde Einheit des materiellen Strafrechts und die daraus folgende Unübersichtlichkeit mag auch die Ursache gewesen sein, wenn vorhandene westphälische Strafvorschriften im Einzelfall nicht herangezogen wurden. Im ersten Geschworenenprozeß in Marburg Anfang 1809 ging es um Falschmünzerei. Als anzuwendendes Gesetz nannte die Anklageurkunde Art. 111 der Carolina,[126] obwohl schon ein Jahr vorher das oben erwähnte Dekret diesen Gegenstand geregelt hatte.

---

123 Beschluß vom 21. September 1811 auf ein Kassationsgesuch gegen das Urteil des Kriminalgerichtshof in Marburg gegen die "Neustädter" Bande, Jurisprudence Westphalienne Bd. 1, S. 300 ff.

124 Vgl. zur Diskussion Grolman, Grundsätze der Criminalrechtswissenschaft, § 107 (S. 141) u. § 166 (S. 233 f.).

125 Hess. StA Marburg, 265.8 Prokurator Marburg, Nr. 2, Acten wider Caspar Muth und George Heß. Die drei Tage nach der Verhandlung eintreffende Antwort aus Sachsen-Meiningen bestätigte die Vermutung.

126 Hess. StA Marburg, 265.8 Prokurator Marburg, Nr. 12, Untersuchung gegen den Barchentweber Bartholomäus Handschumacher und den Zimmermann und Schneidemüller Justin Klotzbach, beide zu Stadtlengsfeld, wegen Verbreitung falscher Münzen.

C. Juristische Literatur und wissenschaftliche Beschäftigung mit dem neuen Recht

Die Darstellung der Einführung des westphälischen Rechts hat bereits gezeigt, daß die dortigen Juristen kaum Kenntnisse des neuen Strafverfahrens hatten. Wie im Zivil- und Zivilprozeßrecht[127] standen mit Ausnahme Siméons und einiger hoher Beamter seines Ministeriums[128] keine "Entwicklungshelfer" aus Frankreich oder dem linksrheinischen Deutschland zur Verfügung. Im Strafprozeßrecht kam hinzu, daß der Code d'instruction criminelle in Frankreich erst parallel mit der westphälischen Peinlichen Prozeßordnung eingeführt worden war, und man noch keine Erfahrungen damit gesammelt hatte. So gab es 1808 keine deutschsprachige und kaum französische Literatur, aus der sich die westphälischen Juristen über das französische oder gar über das eigene Strafverfahren hätten informieren können. Ihnen standen lediglich der Gesetzestext und die mehrfach abgedruckten Erläuterungen des Staatsrats von Leist vor den Reichsständen zur Verfügung.

Dieser Zustand änderte sich im wesentlichen[129] erst 1810 mit dem Erscheinen des "Magazins für das Civil- und Criminalrecht des Königreichs Westphalen", herausgegeben von Georg Heinrich Oesterley[130] und Ernst Spangenberg.[131] Hier entstand ein Forum, wo Kenntnisse vermittelt[132] und Erfahrungen mit der neuen Strafprozeßordnung ausgetauscht werden konnten,[133] auch wenn der Schwer-

127 Schubert, Französisches Recht, S. 63.

128 Für Fragen des Straf- und Strafprozeßrechts waren insbesondere die Chefs der ersten und zweiten Division des Ministeriums, Fourmont und Chenard zuständig (Almanach royal 1811, S. 92 f.

129 1809 veröffentlichte F.C. Flaxland, Advokat und vereidigter Übersetzer in Straßburg, "Codex des französischen Criminalpozesses", eine Übersetzung des Code d'instruction criminelle, der in einer Einleitung auch kurz die französische Gerichtsverfassung beschrieb.

130 1774 – 1847. Seit 1804 Privatdozent in Göttingen und Sekretär der Universität, wurde er 1808 erster Greffier und 1809 Richter am dortigen Tribunal erster Instanz. 1814 erhielt er die Stelle des Vizesyndikus der Universität, von 1821 bis zu seinem Tode war er Rat im Universitätsgericht. Neben seiner praktischen Tätigkeit beschäftigte er sich immer auch wissenschaftlich (bis 1821 als Privatdozent) und literarisch (ADB, Bd. 24, S. 513; Ebel, Catalogus Professorum Gottingensium, S. 30 u. 65).

131 Geb. 1784 als zweiter Sohn des Göttinger Professors Georg August Spangenberg. 1809 wurde er Greffier beim Distriktstribunal in Göttingen, dann Tribunalsrichter in Verden und ab 1812 Generalprokurator bei der Cour impériale in Hamburg. 1815 ging er als Assessor zur Justizkanzlei nach Celle und wurde 1824 dort zum Oberappellationsrat ernannt; gest. 1833 (ADB, Bd. 35, S. 41 f.; Ebel, aaO., S. 65).

132 Z.B. durch Abdruck der Circularschreiben des Justizministers oder durch Fourmonts Aufsatz über das ministère public (Bd. 1, S. 393 ff.).

133 Vgl. die Berichte von Generalprokuratoren über einzelne Strafprozesse in Bd. 1, S. 163 ff., 543 ff.; Bd. 2, S. 394 ff.

punkt der Beiträge im Zivilrecht lag. Beachtlich war auch die im gleichen Jahr vom Tribunalsrichter Elard Johannes Kulenkamp veröffentlichte Abhandlung "Über die gerichtliche Polizei und das Verfahren vor den Municipalpolizeigerichten und Correktionstribunalen nach französischen und westphälischen Gesetzen". Da das Vorverfahren in Westphalen allerdings bisher kaum geregelt war, stützte er seine Ausführungen weitgehend auf die entsprechenden Vorschriften des Code d'instruction criminelle.[134] Er entwickelte aber auch eigene Gedanken, beispielsweise zur Frage, ob Personen, die in der Hauptverhandlung nach Art. 56 PPO nicht als Zeugen auftreten konnten, in der Voruntersuchung vernommen werden durften.[135]

Anton Bauers[136] "Abriß der Gerichtsverfassung des Königreichs Westphalen"[137] sollte den "Organismus der ... westphälischen Gerichtsverfassung" darstellen – "als Hülfsmittel des Studiums des Code Napoléon als auch zum Gebrauch der Geschäftsmänner, ja selbst zur Belehrung der Bürger".[138] Soweit er sich mit der Strafjustiz beschäftigte, enthielt er sich, abgesehen von kurzen Anmerkungen zu den Vorzügen des Anklageprozesses[139] und zum Geschworenengericht, eigener Kommentare. Sehr viel tiefer ging Gottfried Philipp von Bülow in seinem dreibändigen Werk "Erläuternde Bemerkungen über das Verfahren in Strafsachen nach westphälischen Gesetzen".[140] In der Einleitung beschrieb er zunächst detailliert die Geschichte der französischen Gesetzgebung seit der Revolution bis zum Code d'instruction criminelle und zum Code pénal, um seinen Le-

134 S. 33. Das trug ihm die Anmerkung Bauers ein, sein Werk sei mit Vorsicht zu gebrauchen (Abriß der Gerichtsverfassung, S. 60, Fn. lit. a). Ähnlich zurückhaltend äußerte sich der Generalprokurator von Hanstein in Marburg, Kulenkamps Vorgesetzter bei dessen Tätigkeit als Instruktionsrichter (vgl. Hess. StA Marburg, 265.8 Prokurator Marburg, Nr. 27, Acta den Johann Conrad Müller betr., Schreiben vom 17. September 1811: "... ob ich gleich diesem Schriftsteller [Kulenkamp] keine Autorität einräume.").

135 S. u., S. 79.

136 Geb. 16. August 1772, gest. 1. Juni 1843; seit 1797 Professor in Marburg; 1808 Beisitzer des Spruchkollegiums; Ritter des Ordens der westphälischen Krone; ab 1812 Professor in Göttingen; 1815 Hofrat; 1823 bis 1826 Mitglied der hannoverschen Kommission zur Abfassung des Entwurfs eines Strafgesetzbuches und einer Strafprozeßordnung (ADB, Bd. 2, S. 139 f.; Strieder, Hessische Gelehrten und Schriftsteller-Geschichte, S. 22 ff.; Bloy, Anton Bauer und seine Mitwirkung an der Entstehung des Criminalgesetzbuches für das Königreich Hannover, in: Loos (Hrsg.), Rechtswissenschaft in Göttingen, S. 190 ff.).

137 Marburg 1811.

138 Bauer, Abriß der Gerichtsverfassung, S. VI.

139 AaO., S. 32 (unter Bezugnahme auf die eigenen "Grundsätze des Criminalprocesses" von 1805).

140 Braunschweig 1811.

sern so den Geist näher zu bringen, aus dem die westphälischen Vorschriften entstanden waren. Auch er pochte jedoch auf die Eigenständigkeit des westphälischen Rechts und sprach sich dagegen aus, die französischen Gesetze "wie ein Hülfsrecht" zu betrachten.[141]

Die westphälische Literatur zum Strafprozeßrecht war, mit Ausnahme von Bauers Abriß, von Praktikern für die tägliche Arbeit ihrer Kollegen geschrieben.[142] Das galt auch für die Entscheidungssammlungen, die ab 1812 veröffentlicht wurden.[143] Die Akten der Gerichte zeigen, daß gerade Werke wie die von Kulenkamp oder Bülow gelesen und bei der Klärung von Streitfragen dankbar herangezogen wurden. Eine weitere wissenschaftliche Auseinandersetzung mit der Materie fand in Westphalen nicht statt. Von den bekannteren Professoren der einheimischen Universitäten gab es neben Bauers keine Abhandlungen zum Strafprozeßrecht. Da auch sie sich erst mit den neuen Gesetzen vertraut machen mußten, war deren Geltungsdauer vermutlich zu kurz, um schon eine eingehende Beschäftigung damit zu erwarten. Ob die Zurückhaltung auch mit der Sorge zusammenhing, wie etwaige kritische Äußerungen aufgenommen werden würden, läßt sich nur spekulieren.[144]

Ab 1809 wurde das westphälische Recht auch an den Universitäten gelehrt. Oesterley las in Göttingen über die "Theorie des bürgerlichen und peinlichen Processes des Königreichs Westphalen", ein Dr. Quentin lehrte ebenfalls, aller-

---

141 Bd. 1, S. 20.

142 Zu erwähnen sind noch das " Handbuch zur Kenntnis des im Königreiche Westphalen neu eingeführten Strafrechts in alphabetischer Ordnung entworfen" (erster Band (mehr nicht erschienen), Kassel 1811), vom Präsidenten des Kasseler Kriminalgerichtshofs, Beermann, das u.a. dazu dienen sollte, "dem Staatsbeamten ... eine schnelle Ansicht der neuergangenen Strafgesetze oder doch wenigstens eine Erleichterung des Nachschlagens derselben, zur Zeitersparnis" zu gewähren, und Paul Wigands in zwei Auflagen erschienenes "Systematisches Handbuch für die Friedensrichter des Königreichs Westphalen, sowie ihre Sekretäre und Suppleanten" (Kassel 1813; 1. Aufl. (1810) als "Versuch einer systematischen Darstellung der Amtsgeschäfte und des Wirkungskreises der Friedensrichter"), das sich zum Strafverfahren weitgehend auf die Wiedergabe der Rundschreiben des Justizministers beschränkte.

143 Jurisprudence Westphalienne, collection d'arrêts remarquables de la Cour de cassation au royaume de Westphalie au points de questions de droit intéressantes, 2 Bde., Quedlinburg 1813; Rechtsfälle zur Erläuterung der Gerichtsverfassung und Prozeßordnungen Westphalens, hrsg. von Burchard Wilhelm Pfeiffer, Bd. 1, Hannover 1812.

144 An der im übrigen Deutschland sehr lebhaften Diskussion über den Code Napoléon (vgl. Schubert, Französisches Recht, S. 312 ff.) nahmen die westphälischen Professoren ebenfalls kaum teil.

dings unentgeltlich, die "Theorie des westphälischen Criminal-Processes"[145] und auch Meister ergänzte seine Vorlesung über das peinliche Recht "in Hinsicht auf die neue Gesetzgebung".[146] In Marburg las Robert über das "Prozeßrecht des westphälischen Königreichs".[147]

Für die Berücksichtigung des westphälischen Rechts im Lehrplan der Universitäten war es auch höchste Zeit. Ein Dekret vom 29. November 1809[148] hatte die Voraussetzungen für die Tätigkeit an einem westphälischen Gericht festgesetzt. Der Bewerber mußte ein dreijähriges juristisches Studium an einer Universität nachweisen, das auch den Code Napoleon und die westphälischen Prozeßordnungen umfassen sollte, wenn es bei deren Bekanntmachung andauerte.[149] Hinzu kamen eine schriftliche und mündliche Prüfung beim jeweiligen Gericht.[150] Im Vordergrund der Ausbildung und Prüfung stand interessanterweise nach wie vor das römische Recht. Angehende Assessoren sollten im wesentlichen darüber befragt werden. Nur wer Richter oder General- bzw. königlicher Prokurator werden wollte, mußte seine Kenntnisse des in Westphalen geltenden Rechts zeigen.[151] Für die zukünftigen Sachwalter ("avocats") und Anwälte ("procureurs") genügte der Nachweis, daß sie im Verlaufe eines dreijährigen Studiums unter anderem Vorlesungen über die peinliche und korrektionelle Prozeßordnung "mit anhaltendem Fleiße" besucht hatten.[152]

---

145 Göttingische Gelehrte Anzeigen 1809, S. 430.

146 Göttingische Gelehrte Anzeigen 1809, S. 428.

147 Hermelink/Kaehler, Die Philipps-Universität zu Marburg, S. 504.

148 Dekret, wodurch die Eigenschaften bestimmt werden, die erforderlich sind, um zu einer Stelle in einem Gerichtshofe oder Tribunale ernannt zu werden, Bulletin des lois 1809, Bd. 3, S. 580 ff.

149 Ebd., Art. 6.

150 Ebd., Art. 7.

151 Ebd., Art. 9.

152 Dekret vom 23.Mai 1810, welches die Bedingungen festsetzt, die erforderlich sind, um als Sachwalter angenommen, oder zum Anwalte ernannt zu werden, Bulletin des lois 1810, Bd. 2, S. 62 ff., Art. 1.

III. Der Fall Claus

A. Das Königreich Westphalen bis zum Jahre 1811

Bis zum Anfang des Jahres 1809 ging der Aufbau des Königreichs ohne größere Schwierigkeiten vonstatten. Die Angst vor subversiven Umtrieben hatte die Regierung allerdings noch im September 1808 veranlaßt, eine Generaldirektion der Hohen Polizei, d.h. eine politische Geheimpolizei zu schaffen.[1] Die finanziellen Probleme des Landes begannen sich ebenfalls bereits abzuzeichnen.[2] Dann brachte der Ausbruch des französischen Krieges mit Österreich große Unruhe auch nach Westphalen. Als Bruder des Kaisers und Mitglied des Rheinbundes mußten sich Jérôme und sein Königreich selbstverständlich daran beteiligen. Ein erheblicher Teil seiner Armee und der bisher dort stationierten französischen Truppen waren nun außer Landes, und diejenigen, die sich mit der napoleonischen Herrschaft über Westphalen nicht abfinden wollten, schöpften wieder Hoffnung. Zunächst gab es Anfang April 1809 den Streifzug von Freischärlern unter dem ehemaligen preußischen Leutnant von Katte in der Altmark.[3] In kurzer Folge erschütterten dann der Aufstand in Nordhessen unter dem Obersten von Dörnberg[4] und Unruhen in Marburg[5] die ehemals kurhessischen Landesteile. Schließlich durchzogen erst das Schillsche Korps[6] und später der Herzog von Braunschweig[7] mit seiner schwarzen Schar den Nordosten des Königreichs. Obwohl keines dieser Ereignisse die Existenz des Staates ernsthaft gefährdete, hin-

---

1 Dekret vom 18. September 1808, Bulletin des lois 1808, Bd. 3, S. 196 ff. Vgl. im übrigen unten, S. 44.

2 Brief des französischen Gesandten Baron Reinhard an Champagny vom 16. März 1809, der von Informationen Siméons über das im Vorjahr erwirtschaftete Defizit berichtet (Du Casse, Les rois frères, S. 247); Kleinschmidt, Geschichte, S. 109 f.

3 Kleinschmidt, Geschichte, S. 226 f.; Heitzer, Insurrectionen zwischen Weser und Elbe, S. 158 ff.

4 Scherer, Zur Geschichte des Dörnbergischen Aufstandes 1809, in: HZ 84 (1900), S. 257 ff.; Kleinschmidt, Geschichte, S. 239 ff.; Heitzer, Insurrectionen, S. 161 ff.

5 Varges, Der Marburger Aufstand von 1809, in: Zeitschrift für Hessische Geschichte, Bd. 27 (1892), S. 352 ff.; Muras, Der Marburger Aufstand 1809, passim; Kleinschmidt, Geschichte, S. 296 ff.

6 Kleinschmidt, Geschichte, S. 262 ff.; Heitzer, Insurrectionen, S. 166 ff.

7 Kleinschmidt, Geschichte, S. 299 ff.; Heitzer, Insurrectionen, S. 175 ff.

terließen sie doch deutliche Spuren. Das Mißtrauen zwischen Regierung und Regierten wuchs und auch die Strafjustiz war davon betroffen.[8]

Seine "Blütezeit" erlebte das Königreich Westphalen wohl im Jahre 1810. Abgesehen von den sich ständig ausweitenden Finanzproblemen[9] gab es innenpolitisch keine wesentlichen Schwierigkeiten. Im Januar trat Frankreich die bis dahin französisch verwalteten Teile Hannovers an Westphalen ab.[10] Mit knapp 1150 Quadratmeilen und etwa 2,1 Millionen Einwohnern erreichte das Königreich seine größte Ausdehnung.[11] Doch schon im Dezember desselben Jahres ließ Napoleon die Abtretung einseitig wieder rückgängig machen. Ein Senatusconsult vom 13. Dezember annektierte große Teile Nordhannovers und darüber hinaus fast das gesamte westphälische Weser-Departement.[12] Westphalen war gezwungen, sich zu fügen und diese Maßnahme in einem Vertrag im Mai 1811 anzuerkennen.[13]

B. Die Tat

Braunschweig im Jahre 1811 ist eine unruhige Stadt. Der französische Gesandte am westphälischen Hof, Baron Reinhard, der sich gerade einige Zeit dort aufgehalten hatte, um die Stimmung zu erkunden, hat sie im Bericht an seinen Außenminister als das "Moscou Westphalien" bezeichnet.[14] Der Maire von Münchhausen hat es Mitte September für notwendig erachtet, eine erst sechs Wochen vorher erlassene Verordnung, die das "Zusammenlaufen der Jugend und erwachsener Müßiggänger und deren laute Zudringlichkeit bei Verhaftungen und Transportierung der Verhafteten... bei unausbleiblicher schwerer Gefängnisstrafe oder körperlicher Züchtigung untersagt", noch einmal zu wiederholen.[15] Die Stadt

8 Siehe dazu insbesondere unten, S. 90 ff.

9 Thimme, Die inneren Zustände, Bd. 2, S. 542 ff.; Kleinschmidt, Geschichte, S. 372.

10 Vertrag vom 14. Januar 1810, Nouveau Récueil Martens, Bd. 1 (1808-1814), S. 235 ff.

11 Westfalen in Hinsicht auf Größe und Volksmenge, in: Westfalen unter Hieronymus Napoleon, hrsg. von Hassel und Murhard, Erster Jahrgang, Bd. 1 (1812), Oktoberheft 1812, S. 41 ff., 44, 47.

12 Sénatus-consulte organique portant que la Hollande, les Villes anséatiques, le Lauembourg etc. font partie intégrante de l'Empire français, Bulletin des lois de l'Empire français, 4e série, tome treizième (1811), S. 559 ff.

13 Vertrag vom 10. Mai 1811, Nouveau Récueil Martens, aaO., S. 350 ff.

14 Brief Reinhards an den Außenminister Maret, Herzog von Bassano, vom 19. Januar 1812, Mémoires et correspondances, Bd. 5, S. 186.

15 Bericht der Allgemeinen Zeitung vom 27. Oktober 1811, S. 1198.

stöhnt unter der Last der Einquartierung von fast 20.000 Mann des 3. französischen Kürassierregiments und 30.000 westphälischer Soldaten.[16]

Der 2. Dezember 1811 ist ein Montag. Es ist schon lange dunkel, kurz vor acht Uhr abends. Vor zwei Tagen war Vollmond, deshalb werden die Straßenlaternen an diesem Abend in Braunschweig nicht angezündet.[17] Auf dem Bohlweg, vor dem Schloß, sind noch einige Passanten unterwegs.

Plötzlich blitzt es hinter einem Fenster im dritten Stock des Hauses Nr. 2045 auf, und ein Schuß kracht. Als der westphälische Husarenrittmeister von dem Busche und der Baron Kattendyk wenige Augenblicke später die Haustür erreichen, springt ein Mann heraus auf die Straße und läuft in Richtung Katharinenkirche davon.[18] Der Perückenmacher Lampe ist noch etwa 100 Schritte vom Haus entfernt, als er den Schuß hört. Er geht hinein und steigt die Treppe in den dritten Stock hinauf. Im Vorraum findet er die ihm bekannte Ehefrau des Zitronenhändlers Claus. Sie kniet auf dem Boden und hält in ihren Armen einen französischen Offizier, der stark blutet, aber noch lebt. Bei ihnen steht ein anderer französischer Soldat. Lampe zieht es vor, sich zu entfernen.[19]

Innerhalb weniger Minuten hat sich jedoch eine große Anzahl von Neugierigen am Ort des Geschehens versammelt.[20] Der Polizeikommissar Haase ist benachrichtigt worden, daß sich ein französischer Offizier im Haus des Brauers Lehmann im Bohlweg erschossen habe. Als Haase dort ankommt, findet er das Opfer tot, "in seinem Blute schwimmend."[21] Von den Anwesenden hört der Polizeikommissar, daß der Zitronenhändler Claus den Offizier getötet haben soll. Haase macht sich sofort auf, um den Verdächtigen zu verhaften.

Inzwischen übernimmt am Tatort der Leutnant Remond vom 3. französischen Kürassierregiment das Kommando. Er befiehlt, die Leiche in die Stube von Frau Claus zu tragen, wo sie auf den Tisch gelegt wird. Dann läßt er den Uniformrock und die Stiefel ausziehen und den Degen abschnallen. Offenbar ist der Leutnant in Sorge, daß die Sachen abhanden kommen könnten. Ein Kürassier muß sie in sein Quartier bringen.[22] Nach kurzer Zeit kehrt der Polizeikommissar Haase unverrichteter Dinge zurück. Man hat Claus nicht gefunden. Auch der Generalpoli-

---

16 Stand November 1811, Öffentliche Anzeigen für das Oker-Departement. vom 13. Dezember 1811, S. 3475.

17 Öffentliche Anzeigen für das Oker-Departement. vom 6. November 1811, S. 3079, und vom 7. Dezember 1811, S. 3423.

18 Aussagen vom 3. Dezember, Nds. StA Wolfenbüttel 8 W Nr. 438, No. 13.

19 Ebd.

20 Die Zeugin Rohden spricht in der Hauptverhandlung von zweihundert Menschen. Protokoll über die Zeugenabhörung, Nds. StA Wolfenbüttel, 8 W Nr. 441, No. 126.

21 Nds. StA Wolfenbüttel, 8 W Nr. 438, No. 1.

22 Aussage in der Hauptverhandlung, Nds. StA Wolfenbüttel, 8 W Nr. 441, No. 126.

zeikommissar Guntz [23] ist eingetroffen, und gemeinsam beginnen sie mit den Ermittlungen.

C. Das Vorverfahren nach westphälischem Recht

Hatten die Behörden Kenntnis von einem Delikt erhalten, so oblag es der "gerichtlichen Polizei", der "police judiciaire", die Untersuchung bis zu einer eventuellen Anklageerhebung zu führen. Der Begriff "police judiciaire" war im französischen Recht erstmals im Code des délits et des peines von 1795 gebraucht worden. Der Projét du Code criminel von 1804 gab die folgende Definition:

"La police judiciaire recherche les délits et les contraventions que la police administrative n'a pu empècher de commettre, en rassemble les preuves et en livre les auteurs aux tribunaux chargés de les punir."[24]

Die Tätigkeit der gerichtlichen Polizei und das von ihr zu beobachtende Verfahren erfuhren in Westphalen lange keine gesetzliche Regelung. Wie oben ausgeführt, bestimmte der Art. 6 im 3. Titel des Dekrets über die Gerichtsverfassung lediglich, daß bei jedem Distriktstribunal ein Instruktionsrichter zu bestellen sei. Außerdem wurden dem Friedensrichter gewisse Pflichten bei der Untersuchung von Verbrechen und Vergehen auferlegt.

Die Munizipalpolizeigerichtsordnung vom 6. August 1808 befaßte sich eingehend mit der Untersuchung von sogenannten Polizeivergehen, d.h. Delikten, die lediglich eine Höchststrafe von acht Tagen Gefängnis oder eine Geldbuße von zwanzig Franken erwarten ließen.[25] Die Verfolgung dieser Vergehen wurde den Polizeikommissaren und den Maires und ihren Adjunkten übertragen. Die Regelungen der Peinlichen Prozeßordnung setzten erst bei Abschluß der Ermittlungen an, bei der Entscheidung des Distriktstribunals, ob ein peinliches Verfahren einzuleiten sei.

Bis zum 5. Mai 1813 mußten die westphälischen Juristen auf das "Dekret die gerichtliche Polizey betreffend"[26] warten. In der Zwischenzeit bildeten Circular-

23 Zu Guntz und Haase und ihrer Tätigkeit bei der hohen Polizei Thimme, Neue Mitteilungen zur Geschichte der hohen Polizei des Königreichs Westfalen, in: Zschr. d. Hist. Vereins f. Nieders. 1898, S. 81 ff. (108 ff.).

24 Livre I, chap. I, Art. 9. Im westphälischen Dekret vom 5. Mai 1813 (s. u.), 1. Titel, Art. 1, wird diese Definition fast wörtlich übernommen.

25 Art. 1 MunPolGO.

26 Bulletin des lois 1813, Bd. 1, S. 360 ff.

rescripte des Justizministers vom 8. April[27] und 29. Dezember 1808[28] die Grundlage für das Vorgehen der Behörden. Diese Anweisungen wurden ein knappes Jahr später durch ein weiteres Rundschreiben vom 29. November 1809[29] noch einmal ergänzt.

Der Justizminister beschrieb das Verfahren der gerichtlichen Polizei von der Kenntnisnahme eines Verbrechens bis zur Abfassung der Anklageschrift. Seine Ausführungen beschränkten sich aber nicht auf eine bloße Sammlung von Vorschriften. Sie sollten vielmehr den westphälischen Juristen auch den Sinn und Zweck dieses Verfahrens vermitteln. Diese sollten das Verfahren aus dem Geist der neuen Rechtsordnung heraus verstehen lernen.

Schon der erste Satz des Circularrescripts vom 29. Dezember 1808 zeigte, worin Siméon einen der Hauptvorteile der neuen Strafrechtspflege sah:

> "Eines der größten Gebrechen der peinlichen Rechtspflege in dem Königreiche war bisher deren Langsamkeit."[30]

Dieses Übel sei nun aber "größtentheils beseitigt".[31] Um diesen Erfolg zu festigen und zu vergrößern, müsse die Voruntersuchung eines Deliktes möglichst beschleunigt werden. Der Justizminister wies auch einen Weg, wie dieser Zweck erreicht werden könne. Die Beamten müßten sich immer vor Augen halten, daß "an die Stelle der so schwierigen Überführung des Angeklagten, wie sie der Rechtsgelehrte dem Buchstaben des Gesetzes gemäß verlangte, die innere Überzeugung der Geschworenen" getreten sei.[32] Ziel der Untersuchung sollte nicht mehr der Beweis nach den Regeln des gemeinen Prozesses sein. Es genüge, wenn man einen Laien mit den vorhandenen Beweismitteln von der Schuld des Angeklagten überzeugen zu können glaube.

Die Rundschreiben gaben zum konkreten Verfahren der gerichtlichen Polizei weitgehend die Vorschriften des französischen Code d'instruction criminelle wie-

---

27 GStA PK, V. HA Königreich Westphalen, Rep. 5 A Nr. 7 Vol. I, Bl. 122; Nds. StA Wolfenbüttel, 8 W Nr. 139; Hess. StA Marburg 265.8 Prokurator Marburg Nr. 46.

28 Circulaire du Ministre de la Justice et de l'Interieur sur la police judiciaire et l'instruction criminelle. 29 Décembre 1808, GStA PK, V. HA Königreich Westphalen, Rep. 5 A Nr. 7 Vol. I, Bl. 2 ff.; auch als paralleler Abdruck auf Französisch und Deutsch sowie im Moniteur Westphalien 1809, S. 19 f., 24, 29 f., 34 f. veröffentlicht.

29 Veröffentlicht in: Magazin für das Civil- und Criminalrecht des Königreichs Westphalen (Oesterley's Magazin) 1810, S. 428 ff.

30 Circulaire vom 29. Dezember 1808, Druckfassung, S. 3.

31 Ebd., S. 5.

32 Ebd., S. 5.

der. Infolge des vorläufigen Charakters der Schreiben wurden jedoch eine Reihe von Detailregelungen ausgelassen.

Die königlichen Prokuratoren und die Instruktionsrichter sollten die Hauptrollen im Vorverfahren spielen. Neben ihnen gab es die "Hilfsbeamten der gerichtlichen Polizei", die Friedensrichter, Gendarmerieoffiziere, Polizeikommissare, die Maires und ihre Adjunkten. Sie alle waren befugt, Anzeigen über Verbrechen aufzunehmen. Gleichzeitig waren sie verpflichtet, eine Sache sofort an den königlichen Prokurator abzugeben, nachdem sie "die den Umständen nach erforderlichen Handlungen vorgenommen" hatten.[33]

Insbesondere der Friedensrichter sollte keine Sonderstellung unter den Hilfsbeamten einnehmen, auch wenn der oben erwähnte Art. 6 im 3. Titel des Dekrets über die Gerichtsverfassung darauf hinzudeuten schien.[34] Das Rundschreiben vom 29. Dezember 1808 sagte unmißverständlich, daß den Friedensrichtern "eine weitere Untersuchung der Vergehen und Verbrechen so wenig, als den anderen genannten Personen, gestattet" sei.

Trotz dieser klaren Worte sah sich das Justizministerium genötigt, das Circularrescript vom 29. November 1809 zu erlassen, das sich noch einmal vornehmlich mit den Aufgaben des Friedensrichters im Vorverfahren befaßte. "Als ganz unabänderliche Regel" wurde darin festgestellt, daß die Friedensrichter

"darauf sich jedesmal beschränken müssen, über alles was schriftlich aufgezeichnet werden muß und kann, Protokolle aufzunehmen; sich der Werkzeuge, der Beweisstücke und der Personen, welche des Verbrechens verdächtig sind, zu bemächtigen: dieselben zu vernehmen und die an Ort und Stelle gegenwärtigen Zeugen, welche im Stande sind, theils über die Thathandlung selbst, theils über die Personen Nachrichten zu geben, abzuhören. Haben nun die Friedensrichter auf diese Art die Spuren eines Verbrechens und die ersten Aufklärungen über dessen Existenz und Urheber gesammelt: so müssen sie das Ganze binnen 24 Stunden an den Königlichen Prokurator ihres Distriktes schicken, welcher sodann den Instructionsrichter auffordert, die Untersuchung anzufangen."[35]

Den Instruktionsrichtern wurde verboten, in ihrer Zuständigkeit stehende Untersuchungsmaßnahmen an die Friedensgerichte zu delegieren. Eine Ausnahme von dieser Regel war nur erlaubt, wenn Zeugen verhört werden sollten, die außerhalb des Kantons des Instruktionsrichters wohnten. Auch dann mußte dieser jedoch eindeutig die Leitung des Verfahrens in seinen Händen halten.[36]

Als weitere Hilfsbeamte der gerichtlichen Polizei wurden die Polizeikommissare erwähnt. Die Generalpolizeikommissare waren in erster Linie Beamte der

33 Ebd., S. 9.
34 Ebd., S. 11.
35 Circulaire v. 29 November 1809, Oesterley's Magazin 1810, S. 430 f.
36 Ebd., S. 432.

"hohen", der politischen Polizei. Im Königreich Westphalen hatte man zunächst gemeint, die Präfekten und die ihnen nachgeordneten Verwaltungsbehörden seien mit Unterstützung örtlicher Polizeikommissare in der Lage, die Sicherheit des Staates und seiner Bürger zu gewährleisten.

Steigende Angst der Regierung vor Unruhen und ständige Warnungen Napoleons an Jérôme in dieser Richtung führten jedoch dazu, daß am 18. September 1808 eine "Generaldirektion der hohen Polizei" eingerichtet wurde.[37] Den letzten Anlaß zu dieser Maßnahme bot ein abgefangener Brief des Freiherrn vom Stein, in dem von einem nahe bevorstehenden Volksaufstand in Westphalen die Rede war.[38]

Der Generaldirektor der hohen Polizei wurde dem Innen- und Justizminister unterstellt. Seine Aufgabe sollte es sein, "über die Aufrechterhaltung der öffentlichen Ordnung und Ruhe zu sorgen und für die Vollziehung der die allgemeinen Polizei betreffenden Gesetze und Verordnungen Sorge zu tragen."[39] Dem Generaldirektor unterstanden die Generalkommissare, die in der Regel für das Gebiet eines Departements, manchmal auch zwei, zuständig waren.[40] Ihnen wiederum waren hinsichtlich der Aufgaben der hohen Polizei die Polizeikommissare unterstellt.[41]

Der erste Generaldirektor der hohen Polizei, Bercagny, war schon nach gut einem Jahr gezwungen, von seinem Amt zurückzutreten. Nicht zuletzt waren seine Agenten von den Aufständen des Jahres 1809 völlig überrascht worden.[42] Der Posten wurde nicht neu besetzt, die Generalkommissare wurden den Präfekten unterstellt, und die politische Überwachung wurde stark eingeschränkt.[43]

Wachsende Sorgen über neue Unruhen veranlaßten die Regierung jedoch im Frühjahr 1811, die politische Polizei wieder zu stärken. Die Zuständigkeit für die hohe Polizei wurde deshalb dem Generalinspekteur der Gendarmerie, dem General Bongars, übertragen.[44] Ihm wurden die Generalkommissare nun nachgeordnet,[45] während der Generalinspekteur selbst nur dem König verantwortlich war.

37 Bulletin des lois 1808, Bd. 3, S. 196 ff.

38 Thimme, Die inneren Zustände, Bd. 2, S. 168; ders., Neue Mitteilungen zur Geschichte der hohen oder geheimen Polizei des Königreichs Westfalen, in: Zeitschrift des Historischen Vereins für Niedersachsen 1898, S. 81 ff. (S. 86).

39 Dekret vom 18. September 1808, Art. 2.

40 Ebd., Art. 3.

41 Ebd., Art. 9.

42 Thimme, Die inneren Zustände, Bd. 2, S. 173; ders. , Neue Mitteilungen, aaO., S. 89.

43 Thimme, Die inneren Zustände, aaO., S. 174 ff.; ders. , Neue Mitteilungen, aaO., S. 90.

44 Dekret vom 20. April 1811, Art.1 (Bulletin des lois 1811, Bd.1, S. 152).

45 Ebd., Art.2.

Bis zum Ende des Königreichs Westphalen war die hohe Polizei denn auch eifrig bemüht, tatsächliche und eingebildete Gefahren für die Staatssicherheit aufzuspüren und zu bekämpfen.[46]

D. Die Ermittlungen

Die Anwesenheit des Generalkommissars Guntz ist ein erstes Anzeichen dafür, daß die Tötung eines französischen Offiziers die Behörden in Braunschweig in große Aufregung versetzt hat. Auseinandersetzungen, bei denen französische Militärs zu Schaden gekommen sind, haben schon früher den Zorn Napoleons ausgelöst.[47] Polizeikommissar Haase und Guntz beginnen die Untersuchung mit der Vernehmung der Hausbewohner. Der Hauseigentümer, der Brauer Lehmann, sagt als erster aus. Er hat in seiner Wohnstube im Parterre gesessen, als er den Schuß hörte, und ist sofort in die Diele hinausgetreten. Wenige Augenblicke später sei der Zitronenhändler Claus schnell die Treppe hinuntergekommen und auf die Straße hinausgelaufen. Dabei habe Claus gerufen: "Nun ist der Hund tot!" Er selbst ist in den dritten Stock hinaufgestiegen und hat dort den französischen Kapitän "mit dem Tode ringend" gefunden. Gleich habe er einen Arzt geholt, aber die Hilfe sei zu spät gekommen.

Weiter gibt Lehmann an, daß Frau Claus mit dem Offizier "sehr intimen Umgang" gepflegt habe. Ihr Mann ist vor acht Tagen aus der gemeinsamen Stube im Hause ausgezogen. Seitdem habe der Kapitän sie täglich besucht.[48] Lehmanns Angaben werden durch seine Haushälterin, eine Frau Rohden, bestätigt. Sie lebt bei Lehmann und tritt gegenüber der Polizei zunächst als seine Ehefrau auf.[49]

Nach Lehmann wird Frau Claus selbst vernommen. Sie gibt zu, daß ihr Mann sie vor acht Tagen verlassen hat und zu seiner Mutter auf den Meinhardshof gezogen ist. Sie hat daraufhin beim Tribunal in Wolfenbüttel die Scheidungsklage wegen "pflichtwidriger Verlassung" eingereicht. Der Kapitän "Genaille" habe sie ab und zu besucht. Auch an diesem Abend habe er bei ihr gesessen und ein "Pfeifchen Toback" geraucht. Dann sei ihr Mann gekommen und habe nach seinen Gabeln verlangt. Um einen "wüthenden Auftritt" zu vermeiden, sei sie sofort

46 Der schreckenerregende Ruf, den die hohe Polizei in der Bevölkerung Westphalens genoß, scheint ihre tatsächliche Wirksamkeit allerdings bei weitem übertroffen zu haben (vgl. Bemerkungen über die hohe Polizei im ehemaligen Königreich Westfalen, in: Zschr. d. Hist. Vereins f. Nieders. 1898, S. 138 ff. u. Thimme, Neue Mitteilungen, aaO., S. 91).

47 Du Casse, Les rois frères, S. 224.

48 Nds. StA Wolfenbüttel, 8 W Nr. 438, No. 2.

49 Ebd., No. 3.

hinuntergegangen und habe noch ein Bierglas mitgenommen, um es im Hof auszuspülen. Bei ihrer Rückkehr in den dritten Stock habe sie den Kapitän "überall von Blut triefend" und "auf Händen und Füßen kriechend" gefunden.[50]

Zur selben Zeit, als Haase und Guntz diese Aussagen aufnehmen, wird auch der Friedensrichter Herdtmann[51] über die Vorfälle informiert. Er ist für den Nordstadtkanton von Braunschweig zuständig, in dem der Bohlweg liegt. Gegen halb zehn Uhr abends erscheinen die Polizeidiener Eilers und Wahle beim Friedensrichter und melden die Ermordung eines französischen Kürassiers. Eilers setzt noch hinzu, daß er gehört habe, ein anderer Kürassier hätte es getan. Kurz darauf bringt ein anderer Polizeidiener ein Schreiben des Präfekten von Henneberg an den Friedensrichter. Er fordert Herdtmann zu "schleuniger Untersuchung" des Falles auf.[52]

Als der Friedensrichter jedoch erfährt, daß Polizeikommissar Haase bereits mit der Untersuchung begonnen hat, scheint er es nicht sehr eilig zu haben, in den Fall einzugreifen. Er läßt seinen Greffier Bornhardt rufen und nimmt erst einmal ein Protokoll über die Meldung auf.[53] Gegen elf Uhr begeben sich die beiden schließlich zum Tatort. Da sie dort Haase und Guntz tätig finden, zieht Herdtmann es vor, "bloß Zuschauer" zu bleiben. Haase ist offenbar wenig erbaut davon, daß ihm die Verantwortung überlassen bleibt. In einer Aktennotiz beklagt er Herdtmanns Haltung. Kurze Zeit später beendet er die Untersuchung vor Ort. Weitere Zeugen sind nicht vernommen worden. Den französischen Artilleriebrigadier beispielsweise, der neben Frau Claus einquartiert ist, und der als einer der ersten bei dem Sterbenden war, behelligt man nicht. Am nächsten Morgen ist er bereits abgereist.

Doch vorher kommt es noch zu einer überraschenden Wendung: Der Zitronenhändler Claus, den man in der ganzen Stadt vergeblich gesucht hatte, ist gegen viertel nach elf in der Wohnung seines Schwagers Heuer verhaftet worden, als er seine Tochter dort abholen wollte. "Unter starcker Militair Bedeckung" hat man Claus in das Gefängnis im Rathaus abgeführt.[54]

Haase meint, damit seinen Teil an der Untersuchung geleistet zu haben. Er schließt mit der Bemerkung: "Nachdem ich nun diese Untersuchung bis zu der

---

50 Ebd., No. 2.

51 Johann August Herdtmann (1765 – 1821) studierte an der Universität Helmstedt und war dann Polizeisekretär in Braunschweig. 1808 wurde er zum Friedensrichter ernannt und blieb es bis 1813. Danach war er Stadtrat in Braunschweig, wurde aber 1821 in den Ruhestand versetzt (Stadtarchiv Braunschweig, G IX 6 Nr.1, Familie Herdtmann; Matrikel der Universität Helmstedt, 1785 I).

52 Nds. StA Wolfenbüttel, 8 W Nr. 438, No. 7.

53 Ebd., No. 8.

54 Ebd., No. 5.

mir als Polizei Commissair vorgeschriebenen Gänze geführt, trug ich dem Polizeidiener Sander jun. auf, solche morgen früh dem betreffenden Herrn Friedens-Richter Herdtmann zur Fortsetzung zu überbringen."[55]

Am nächsten Morgen zeigt sich, daß es Haase nicht allein darum geht, die Zuständigkeitsregelungen für das Vorverfahren einzuhalten. Vielmehr legt sein Verhalten die Vermutung nahe, daß er die Verantwortung für diesen undankbaren Fall los werden möchte. Er läßt dem Friedensrichter nämlich lediglich mitteilen, er sei "mit Unpässlichkeit befallen".[56] Die Akten liegen auf der Präfektur, Herdtmann kann die Untersuchung sofort aufnehmen.

Der Friedensrichter begibt sich wieder an den Tatort. Ein Polizeidiener bringt ihm drei Gegenstände, die man bei der Leiche gefunden hat: den Kopf einer Tonpfeife, einen runden, schwarzen Hut und einen hölzernen Ladestock. Generalkommissar Guntz allerdings hat nicht die Absicht, das Verfahren so schnell aus der Hand zu geben. Er ist schon vor Herdtmann im Lehmannschen Hause eingetroffen und hat zunächst die ursprünglich angesetzte Obduktion der Leiche des Kapitäns abgesagt. Statt dessen hat er befohlen, den Inculpaten Claus vorzuführen, um mit ihm das "Hauptverhör" durchzuführen.

Claus ist 38 Jahre alt, aus Braunschweig gebürtig. Er bestätigt, daß er vor etwa zehn Tagen seine Frau verlassen habe, weil sie trotz seiner Proteste mit dem französischen Kapitän Umgang gepflegt habe. Claus bestreitet aber, am vorigen Abend im Lehmannschen Hause gewesen zu sein. Er sei gegen Mittag kurz dort gewesen, habe jedoch Nachmittag und Abend im Bardenwerperschen Brauhause am Schweinemarkt[57] hinter der Alten Waage verbracht. Dafür könne er eine große Anzahl von Zeugen benennen.

Der Friedensrichter hält ihm vor, daß Lehmann, seine Haushälterin und sogar seine eigene Frau das Gegenteil behauptet hätten. Claus bleibt bei seinen Angaben. Seine Frau wolle sich an ihm rächen, weil er ihre gemeinsame Tochter nicht herausgebe. Sie müsse sich mit Lehmann und der Rohden abgesprochen haben. Man legt Claus den Pfeifenkopf, den Hut und den Ladestock vor. Claus hat sie angeblich noch nie gesehen.

Ein Versuch ergibt, daß der Hut paßt. Bei dieser Gelegenheit wird eine Wunde an Claus' rechtem Zeigefinger entdeckt. Könnte sie der Bügel einer Pistole beim Abfeuern verursacht haben? Claus findet auch hier eine unschuldige Erklärung. Lehmann wird gerufen und mit Claus konfrontiert. Lehmann ergänzt seine früheren Angaben mit Details über seine erste Begegnung mit Claus am Abend der Tat. Claus ist unbeeindruckt. Er bleibt dabei, daß Lehmann lügt.

55 Ebd., No. 3.
56 Ebd., No. 9.
57 Der heutige "Wollmarkt".

Weder eindringliches Zureden noch die Konfrontation mit dem Belastungszeugen veranlassen Claus, die Tat zu gestehen. Vielleicht deshalb halten Friedensrichter Herdtmann oder der Generalkommissar Guntz die Anwendung älterer Beweismethoden für angebracht. Claus wird in die Stube nebenan geführt, wo der Leichnam des Kapitän Gaignemaille auf dem Tisch liegt. Vergeblich: "Der Inculpat, welcher hiebey sorgfältig beachtet wurde, hat gar keine Verlegenheit blikken lassen."[58]

Claus wird ins Gefängnis zurückgebracht. Der Generalkommissar läßt den Friedensrichter allein. Herdtmann beginnt, Claus' Alibi zu überprüfen. Er läßt einige von den Personen rufen, die nach Claus' Angaben zur selben Zeit wie er im Bardenwerperschen Brauhaus waren. Manche von ihnen wollen Claus zur Tatzeit in der Gaststube gesehen haben, andere sind sich ihrer Sache nicht so sicher. Alle stimmen in ihren Aussagen darin überein, daß ihnen an Claus' Verhalten nichts besonderes aufgefallen ist.[59]

Am nächsten Vormittag wird schließlich die Leiche seziert. Die Ärzte stellen fest, daß der Kapitän Gaignemaille durch einen Schuß in den Mund getötet worden ist. Eine Ladung gehacktes Blei hat den Unterkiefer zerschmettert und den Oberkiefer und die Arterien im Zungenbereich verletzt, so daß Gaignemaille verblutet ist.[60] Nach der Obduktion werden Claus und seine Frau aus dem Gefängnis vorgeführt. Frau Claus zeigt "Gerührtheit" beim Anblick des Leichnams.[61]

Beide werden über ihre Beziehungen zu Gaignemaille befragt. Es stellt sich heraus, daß es schon vierzehn Tage vor der Tat zu einem schwereren Zwischenfall gekommen ist. Claus hatte sich damals mit seiner Frau in ihrer Stube eingeriegelt. Gaignemaille ist gekommen und hat die Tür gewaltsam aufgebrochen. Dann hat er Claus seinen Degen an die Kehle gesetzt und ausgerufen: "Coquin, vous étes mort!" Claus hat das Weite gesucht, und Gaignemaille mußte seine Wut an der Einrichtung auslassen. Die Spuren davon sind immer noch zu sehen.[62]

Obwohl Generalkommissar Guntz nicht mehr unmittelbar an der Untersuchung beteiligt ist, zeigt sich schnell, daß das Interesse der höheren Behörden ungebrochen ist. Am nächsten Tag wird der Friedensrichter vom Präfekten Henneberg aufgefordert, ihm einen Auszug aus dem Protokoll über das Verhör mit Claus zukommen zu lassen. Er will es dem General Morio geben, dem Groß-

---

58 Nds. StA Wolfenbüttel, 8 W Nr. 438, No. 11.

59 Protokoll vom 3. Dezember, Nds. StA Wolfenbüttel, ebd., No. 13, 14, 15.

60 Protokoll der Sektion vom 4. Dezember, ebd., No. 20. Die bei der Sektion gefundenen Bleistücke sind noch in den Akten vorhanden (ebd., No. 21).

61 Nds. StA Wolfenbüttel, ebd., No. 20.

62 Ebd.

stallmeister des Königs, der sich auf der Durchreise nach Kassel befindet.[63] Am Hofe soll man sehen, daß in Braunschweig mit allen Kräften an der Aufklärung des Mordes an einem französischen Soldaten gearbeitet wird.

Am selben Tag erhält der Friedensrichter schließlich auch ein Schreiben des königlichen Prokurators Rhamm aus Wolfenbüttel. Rhamm meint, daß seine Anwesenheit in Braunschweig oder die des Instruktionsrichters zur Weiterführung der Untersuchung wohl überflüssig sei. Denn bei Herdtmann sei der Fall ja in guten Händen. Deshalb macht er nur einige Vorschläge zum weiteren Vorgehen und ermahnt den Friedensrichter, möglichst schnell ein Ergebnis vorzulegen.

Herdtmann setzt die Untersuchung am nächsten Tag im Haus Meinhardshof Nr. 2749 fort, wo Claus während der Woche vor der Tat bei seiner Mutter gewohnt hat. Die Aussage von Johanne Voigtländer, der Tochter eines anderen Mieters, verstärkt die Zweifel an Claus' Behauptung, er sei seit dem späten Nachmittag ununterbrochen im Bardenwerperschen Brauhaus gewesen. Sie will Claus am Abend der Tat im Haus begegnet sein. Er habe sie um eine Lampe gebeten. Später sei sie zu ihm gegangen und habe sich die Lampe wieder abgeholt. Claus habe in seiner Kammer gesessen und noch mit ihr gescherzt.[64]

Freitag, Sonnabend und Sonntag verbringt der Friedensrichter hauptsächlich mit der Vernehmung weiterer Gäste aus dem Brauhaus. Der Instrumentenmacher Birno behauptet, daß er gewiß um kurz vor acht Uhr noch mit Claus an einem Tisch gesessen hat. Kurz darauf habe er auf seinem Weg in ein anderes Gasthaus die Glocke der Brüdernkirche die Stunde schlagen hören. Das Protokoll läßt erkennen, daß Herdtmann nicht erbaut ist ob der Bestimmtheit, mit der Birno seine Angaben macht. Aber er kann ihn nicht davon abbringen.

Andere Aussagen sind ebenfalls dazu angetan, den Verdacht gegen Claus zumindest zu erschüttern. Der Müllergeselle Spellge ist einer von den Neugierigen gewesen, die sich nach dem Schuß im Lehmannschen Hause versammelt haben. Dort hatte er gehört, daß Claus die Tat begangen habe. Im Gegensatz zur Polizei

---

63 Morio war schon vor der westphälischen Zeit ein enger Vertrauter Jérôme Bonapartes. 1811 hatte ihm der König die Grafenwürde verliehen. Nur drei Wochen nach seinem Aufenthalt in Braunschweig, am 24. Dezember 1812, wurde er von einem französischen Hufschmied erschossen, der sich hinter seinen deutschen Mitarbeiter zurückgesetzt fühlte (Brief Reinhards vom 25. Dezember 1811, Du Casse, Les rois frères, S. 391 f.; Kleinschmidt, S. 462 ff.). Reinhards Bericht über diesen Vorfall enthält eine Aussage, die bezeichnend ist für die Stimmung in Kassel, gerade nach der Tötung Gaignemailles in Braunschweig: "Tous, Français et Allemands trouvent un adoucissement au chagrin que cause cette catastrophe en ce que l'assassin n'est pas un Allemand. Tous frémissent de l'idée des conséquences qu'aurait pu entraîner le même coup si l'on avait pu l'attributuer à l'esprit de parti." (Du Casse. aaO., S. 392).

64 Nds. StA Wolfenbüttel, 8 W Nr. 438, No. 26.

wußte Spellge, wo man Claus am ehesten findet. Er ist sofort zu Bardenwerper gegangen und hat schon in der Tür laut verkündet: "Herr Jesus! Claus soll seinen Capitain todtgeschossen haben!" Claus soll äußerst gelassen reagiert haben. "Ji sind ja nich klauk!" hat er nur gesagt.[65]

Die Liste der Gäste aus Bardenwerpers Brauhaus, die der Friedensrichter vernimmt, wird länger und länger. Jeder nennt wieder neue Namen von Personen, die am Montagabend dort anwesend gewesen sein sollen. Die Fragen sind immer wieder die gleichen: Wann haben sie Claus gesehen, wie war er gekleidet, hat er einen Hut getragen, hat er Pfeife geraucht. Viel neues erfährt der Friedensrichter dabei nicht. Die meisten können nur unbestimmte Angaben machen.[66]

Inzwischen ist mehr als eine Woche seit dem Mord vergangen. Es ist Freitag, der 13. Dezember. Herdtmann konfrontiert Claus mit Johanne Voigtländer und anderen Mietern des Hauses auf dem Meinhardshof. Doch auch ihnen gegenüber streitet Claus ab, daß er am Abend der Tat in seiner Kammer gewesen sei. Herdtmann versucht Claus vor Augen zu führen, daß die Beweise gegen ihn überwältigend seien. Alle Belastungszeugen seien bereit, ihre Aussagen zu beeiden, während es hinsichtlich seines Alibis viele Widersprüche gäbe. Claus bleibt weiter bei seinen Behauptungen.

Der Friedensrichter fragt Claus und seine Frau nach ihrer Ehe und danach, wie sich ihre Beziehung zu Kapitän Gaignemaille entwickelt hat. Etwa zwölf Jahre lang sind die beiden jetzt verheiratet. Sie haben oft die Wohnung gewechselt, wohl wegen Claus' unbeständiger Erfolge mit seinem Geschäft. Laut Frau Claus haben sie eine "verträgliche Ehe" geführt. Nur wenn er betrunken gewesen sei, habe ihr Mann sie manchmal geschlagen.

Claus meint, bis vor knapp zwei Jahren habe ihm seine Frau keinen Anlaß zur Klage gegeben. Damals sei das 21. Französische Regiment in Braunschweig einquartiert worden. Ein Bekannter habe dann ihm hinterbracht, daß sich seine Frau mit einem Kapitän Chabrier abgebe. Im Frühjahr desselben Jahres sei das 3. Kürassierregiment eingerückt, zu dem der Kapitän Gaignemaille gehört habe.

Zu dieser Zeit hat er in seiner Wohnung einen Ausschank gehabt. Gaignemaille ist häufiger zum Schnapstrinken gekommen, ohne daß Claus sich etwas dabei gedacht hat. Im Juni 1811 habe ihn schließlich Gaignemailles Ehefrau darauf aufmerksam machen müssen, daß ihr Mann mit seiner Frau ein Verhältnis habe. Dieser "sträfliche Umgang" seiner Frau sei so allgemein bekannt geworden, daß man ihnen deshalb sogar die Wohnung gekündigt habe.

Ende September ist Gaignemaille dann nach Stöckheim umquartiert worden. Im Oktober ist ihm Frau Claus zunächst für ein Wochenende und dann für vier

65 Nds. StA Wolfenbüttel, 8 W Nr. 439, No. 34.
66 Ebd., No. 36, 39, 40, 43.

Tage gefolgt. Eines Abends hat Claus genug gehabt: Er sei nach Stöckheim hinaus gegangen, um seine Frau vom Maire festnehmen zu lassen. Als er zu Gaignemailles Stube gekommen sei, habe er seine Frau gerade aus dem Bett springen sehen. Dann habe sich der Kapitän mit dem blanken Säbel auf ihn gestürzt. Mehrmals habe er ihn mit der flachen Klinge geschlagen und später mit einer Pistole auf ihn geschossen.[67]

Trotz dieser Ereignisse war es dem Friedensrichter damals gelungen, die Eheleute noch einmal zu versöhnen. Doch dieser Zustand währte nicht lange. Mitte November ist Gaignemaille nach Braunschweig zurückgekehrt. Claus hat seine Frau daraufhin in der Stube, die sie jetzt bei Lehmann bewohnen, eingeschlossen. Er hat sie wohl auch geschlagen. Schließlich hat sich Gaignemaille ein Zimmer direkt neben dem Claus'schen gemietet und seine Besuche wieder aufgenommen. Daraufhin ist Claus dann zu seiner Mutter gezogen.[68] Der Rest der Geschichte ist bekannt.

Während Friedensrichter Herdtmann versucht, mehr Licht in die Affäre zu bringen, haben sich die Behörden aus Wolfenbüttel wieder gemeldet. Der Prokurator des Königs fordert die Akten an.[69] In Wolfenbüttel will man die Sache nun offensichtlich selbst übernehmen. Die Überstellung wird vorbereitet. Möglicherweise ist man auch in Sorge über die Sympathiebekundungen, die Claus in Braunschweig erfährt. Die Bardenwerperschen Biergäste haben Geld für ihn gesammelt.[70] Vielleicht würden sich die aufrührerischen Braunschweiger sogar zu einem Befreiungsversuch versteigen. Jedenfalls mahnt der Präfekt, den Transport nach Wolfenbüttel möglichst unauffällig durchzuführen,[71] und der Prokurator des Königs fordert zu "höchster Aufmerksamkeit" auf.[72] Herdtmann kommt der Aufforderung nach Übersendung der Akten unverzüglich nach, setzt die Untersuchung allerdings unbeirrt fort. Claus bleibt vorerst in Braunschweig.

Die Reihe der Zeugen aus dem Bardenwerperschen Brauhaus reißt nicht ab. Auf achtzig ist ihre Zahl inzwischen angewachsen. Claus hat neue Namen genannt, und auch einige der Befragten erinnern sich an Personen, die bisher noch nicht ausgesagt haben. Daneben versucht der Friedensrichter noch immer, die Herkunft des hölzernen Ladestocks festzustellen. Die westphälischen und die französischen Truppen benutzen eiserne, sie kommen nicht in Betracht. Am

---

67 Der Amtmann Metzner, Gaignemailles damaliger Wirt, bestätigt Claus Erzählung später in der Hauptverhandlung (Protokoll der Aussage vom 30. Dezember, Nds. StA Wolfenbüttel, 8 W Nr. 441, No. 100).

68 Nds. StA Wolfenbüttel, 8 W Nr. 439, No. 56 f.

69 Ebd., No. 49.

70 Ebd., No. 44.

71 Schreiben vom 16. Dezember, ebd., No. 62.

72 Schreiben vom 18. Dezember, Nds. StA Wolfenbüttel, 8 W Nr. 440, No. 63.

Sonnabend, dem 21. Dezember geht Herdtmann deshalb zu einem Fachmann, dem Büchsenmacher Rasch. Er wohnt in der Straße Hinter den Brüdern, wo er auch sein Geschäft betreibt.

Der Friedensrichter zeigt Rasch den Ladestock. Der Büchsenmacher erklärt, daß er zu einer einfachen Pistole gehören müsse. Fast nebenbei und ohne große Hoffnung auf eine positive Antwort[73] fragt Herdtmann, ob Rasch denn jemals eine Pistole an den Zitronenhändler Claus verkauft habe. Rasch bejaht! Am Montag vor 14 Tagen – also am Tag der Tat – sei Claus gegen sieben Uhr abends zu ihm gekommen. Er könne sich deshalb an den Tag so genau erinnern, weil sie am nächsten Tag geschlachtet hätten. Claus habe erklärt, er wolle ein Paar Pistolen für einen Bekannten in Celle kaufen. Weil er, Rasch, aber nur Einzelstücke gehabt habe, habe sich Claus zunächst mit einer Pistole zufrieden gegeben. Es sei eine einfache Pistole mit einem hölzernen Ladestock gewesen, die Claus sofort bezahlt habe. Ob der Ladestock, den der Friedensrichter ihm vorgelegt habe, der an Claus verkaufte sei, könne er allerdings nicht sagen.[74]

Nach dieser überraschenden Wendung meint Herdtmann, das Seine zur Aufklärung der Tat getan zu haben. Am Sonntag verfaßt er einen Bericht über die Untersuchungsmaßnahmen und die Ergebnisse. Noch einmal hebt er hervor, daß gewisse Versäumnisse nicht ihm, sondern den Polizeibeamten anzulasten seien, die als erste am Tatort waren. Er ist jedoch der Ansicht, daß Claus der Tat "fast mit Evidenz" überführt sei.[75] Am Montag werden Claus und seine Frau der Gendarmerie übergeben, die sie mit allen Akten und Beweisstücken sicher und ohne Zwischenfälle nach Wolfenbüttel bringt. Dort sperrt man sie auf dem Philippsberg ein.

E. Die Praxis des Vorverfahrens

Der Umstand, daß es in Westphalen bis März 1813 keine gesetzlichen Regeln für das Verfahren der gerichtlichen Polizei gab, mußte sich auf dessen Gestaltung in der Praxis auswirken. Bülow riet den damit befaßten Justizbeamten in seinen "Erläuternden Bemerkungen über das Verfahren in Strafsachen nach westphälischen Gesetzen", "die bisherigen, aus der Natur der Sache und dem Zwecke abgeleiteten Grundsätze [zu] befolgen, dabei aber nicht aus den Augen [zu] setzen, daß die öffentliche Verhandlung der Sache ... stets noch bevorsteht."[76] Inwieweit

73 Bericht an den Prokurator des Königs vom 22. Dezember, ebd., No. 80.
74 Protokoll vom 21. Dezember, ebd., Nr. 75.
75 Bericht an den Prokurator des Königs vom 22. Dezember, ebd., No. 80.
76 Bülow, Erläuternde Bemerkungen, Bd. 1, S. 46.

gerade dieser letzte Vorbehalt tatsächlich beherzigt wurde, wird noch zu sehen sein.

1. Zuständigkeiten

Wie oben berichtet, beschäftigten sich die wenigen allgemeinen Anweisungen, die das westphälische Justizministerium zum Vorverfahren erließ, eingehend mit der Verteilung der Aufgaben und den Zuständigkeiten bei den Ermittlungen. Bereits die Circularverordnung vom 29. Dezember 1808 hatte klargestellt, daß im wesentlichen der Instruktionsrichter die Untersuchung führen sollte. Die Friedensrichter und die übrigen Hilfsbeamten der "police judiciaire" sollten nur die unbedingt notwendigen einleitenden Maßnahmen ergreifen.[77]

In Neustadt im Werra-Departement bedurfte es eines besonderen Anstoßes, bis diese Anweisung richtig verstanden wurde. Im März 1809 hatte man in Fritzlar drei Männer wegen des Verdachts des Pferdediebstahls verhaftet.[78] Der Friedensrichter führte gemeinsam mit dem Gendarmeriebrigadier das erste Verhör. Er setzte auch in den nächsten Tagen die Ermittlungen fort. Inzwischen hatte allerdings das Justizministerium über die Gendarmerie von den Verhaftungen gehört. Anfang April erhielt der Friedensrichter einen Brief vom Justizminister persönlich. Darin wurde der Friedensrichter unmißverständlich aufgefordert, die Abgabe der Sache nicht unnötig zu verzögern.[79] Trotzdem dauerte es noch etwa zwei Wochen, bis der zuständige Tribunalsrichter in Marburg die Akten zur weiteren Untersuchung erhielt.[80]

Vorfälle wie dieser sind es sicher gewesen, die das Justizministerium veranlaßten, das Circularrescript vom 29. November 1809 zu erlassen. Noch einmal wurde erklärt, welche Rolle der Instruktionsrichter und welche der Friedensrichter übernehmen sollte. Insbesondere wurden die Instruktionsrichter ermahnt, nicht ohne Grund Aufgaben auf die Friedensrichter zu übertragen.

Der Fall Claus zeigt, daß diese Verordnung auch zwei Jahre nach ihrem Erlaß nicht immer eingehalten wurde. Nach den Vorstellungen des Justizministeriums sollte der Beamte, der die Ermittlungen eingeleitet hatte, die Akten spätestens

77 S. o., S. 43.
78 Hess. StA Marburg, 265.3 Kriminalgericht Marburg, Nr. 48, Acta ctra. Ricus Fuhrmann, Conrad Fuhrmann und Heinrich Weitzel.
79 Schreiben vom 6. April 1809, ebd.
80 Für die Verhafteten und das Verfahren gegen sie spielte die Verzögerung allerdings keine große Rolle. Sie wurden als Mitglieder der "Neustädter Bande" erst im Mai 1811 angeklagt. Einer der Beteiligten, Ricus Fuhrmann, war inzwischen in der Haft gestorben (Hess. StA Marburg, 265.8 Prokurator Marburg, Nr. 20).

nach zwei Tagen abgeben. Friedensrichter Herdtmann leitete dagegen noch Ende Dezember 1811 die Untersuchung gegen Claus. Hier lag die Verantwortung für dieses Vorgehen eindeutig beim Prokurator des Königs, der ja schon sehr früh die Ansicht vertreten hatte, daß seine unmittelbare Mitwirkung und die des Instruktionsrichters überflüssig sei.[81] Dabei mögen die politisch brisanten Begleitumstände des Falles eine nicht unerhebliche Rolle gespielt haben. Die höheren Beamten wollten vielleicht vermeiden, "sich die Finger zu verbrennen".

Wurden hier also Aufgaben wieder delegiert und dadurch die Bemühung um eine Zentralisierung des Verfahrens unterlaufen, ging man im Werra-Departement in manchen Fällen den entgegengesetzten Weg. Dort brachte häufig nicht der Instruktionsrichter, sondern ein Mitglied des Kriminalgerichtshofs die Ermittlungen zum Abschluß. Der Generalprokurator von Hanstein beschrieb dem Tribunalsrichter Kulenkamp in einem Schreiben vom Oktober 1810 das Verfahren. Kulenkamp hatte angefragt, ob der Instruktionsrichter eine Untersuchung "erschöpfen" müsse, auch wenn abzusehen sei, daß ein "peinliches" Verbrechen vorliege. Hanstein antwortete ihm:

"Beim Criminal-Gerichts-Hof allhier sind wir zufrieden, wenn nur das corpus delicti gleich gehörig constatiert ist, und wünschen oft eine schnellere Abgabe, weil offenbar von dem Criminal-Richter, der sich blos allein mit diesen Untersuchungen beschäftigt, und die Übersicht über unsere Distrikte hat, in denen oft Verbrechen von größeren Banden ausgeführt eingreifen, die Untersuchung mit mehr Erfolg geführt werden kann."[82]

Die Auskunft des Generalprokurators zeigt, daß hier die Ermächtigung des Kriminalgerichtshofs nach Art. 14 PPO, Mängel der bisherigen Untersuchung durch einen Kriminalrichter beseitigen zu lassen, nicht nur, wie eigentlich vorgesehen, im Ausnahmefall angewendet wurde. Absicht der Marburger Behörden war es offenbar, generell Ermittlungsverfahren beim Kriminalgerichtshof zu konzentrieren.

Der Hinweis auf die Räuberbanden erklärt dieses für Westphalen einzigartige Vorgehen. Denn das Werra-Departement war diesem Unwesen in ganz besonderem Maße ausgesetzt, und die "Neustädter", die "Lumpensammler" oder die "Große" Bande achteten nicht auf Distriktsgrenzen.[83] Der Erfolg der Behörden bei der Bekämpfung der Räuber gab diesem Verfahren offenbar Recht.[84]

---

81 S. o. S. 49.

82 Schreiben vom 6. Oktober 1810 und Antwort, Hess. StA Marburg, 265.8 Prokurator Marburg, Nr. 50.

83 Vgl. im einzelnen Bettenhäuser, Räuber- und Gaunerbanden in Hessen, in: Zeitschrift des Vereins für hessische Geschichte und Landeskunde, Bd.74/75 (1964/65), S. 275 ff.

84 Bettenhäuser, aaO., S. 342 f.

Die bisher geschilderten Vorgänge betrafen Fälle, in denen das vorgeschriebene Verfahren nicht richtig oder anders als gedacht angewendet wurde. Abgesehen von den Zentralbehörden stieß sich aber niemand an diesen Eigenmächtigkeiten. Daneben gab es eine Konfliktsituation, deren Grund eigentlich schon in der Struktur des Vorverfahrens angelegt war: das Verhältnis zwischen dem Instruktionsrichter und dem königlichen Prokurator.

Dem königlichen Prokurator war in der ministeriellen Anweisung aufgetragen, als "vengeur public" die Straftaten "weiter zu verfolgen, auch dafür zu sorgen, daß alle Beweisgründe auf die gesetzliche Weise gesammelt werden".[85] Diese Aufgabenstellung umfaßte also auch Pflichten, die dem Instruktionsrichter oblagen. Mußte man daraus schließen, daß der königliche Prokurator den Instruktionsrichter kontrollieren sollte, daß er ihm insoweit übergeordnet war?[86]

Eine erste Antwort auf diese Frage gab ein Schreiben des Justizministers an einen ungenannten Instruktionsrichter, das in Oesterley und Spangenbergs Magazin für das Civil- und Criminalrecht veröffentlicht wurde.[87] Siméon beschrieb darin eingehend die Aufgaben von Instruktionsrichter und königlichem Prokurator im Verfahren der gerichtlichen Polizei. Gleich am Anfang stellte er ausdrücklich fest:

"Le juge Instructeur, Monsieur, n'est pas subordonné au Procureur du Roi, ni celui-ci au juge Instructeur mais ces deux fonctionnaires doivent marcher d'accord."

Damit war zwar die Frage nach einer etwaigen Hierarchie eindeutig negativ beantwortet. Es blieb aber weiterhin unklar, welche Rolle dem "ministère public" in der Voruntersuchung zukommen sollte. Daraus mußten Kompetenzstreitigkeiten entstehen. Ein Marburger Fall im Frühjahr 1812 zeigte dies besonders deutlich.

Im Zuge der Verfolgung der Räuberbanden war es den Behörden gelungen, Wilhelm Meyer, den "Cöllnischen Wilhelm"[88] zu fangen. Allerdings war er seinen Bewachern schon bald wieder entflohen. Auf Geheiß des Generalprokurators hatte der königliche Prokurator den Instruktionsrichter aufgefordert, gegen die Wächter eine Untersuchung einzuleiten.[89] Der Instruktionsrichter war dieser Anweisung nachgekommen. Er hatte die Untersuchung aber nicht nur auf die Gefangenenwärter beschränkt, sondern auf zwei an der Bewachung beteiligte Gen-

---

85 Circulaire vom 29. Dezember 1808, S. 8.

86 So Walter, Kriminalpolitik König Jérômes, S. 50 f.

87 Bd. 1 (1810), S. 596 ff.

88 Steckbrief bei Schwencken, Aktenmäßige Nachrichten, Nr. 671 (S. 344); vgl. auch Bettenhäuser, aaO., S. 334.

89 Hess. StA Marburg, 265.8 Prokurator Marburg, Nr. 19, Bericht des Generalprokurators.

darmen ausgedehnt. Auf seinen Bericht hin beschloß das Distriktstribunal Marburg, die Wärter und die Gendarmen vor Gericht zu stellen. Der königliche Prokurator hatte nur ein Verfahren gegen die Wärter beantragt.

Prokurator Metz meinte nun, der Instruktionsrichter und auch das Gericht hätten ihre Kompetenzen überschritten. Es sei ihnen nicht erlaubt, über seine Anweisungen und Anträge hinaus zu gehen. Offenbar ging er davon aus, daß er als öffentlicher Ankläger bestimmen konnte, gegen wen Ermittlungen oder Strafverfahren einzuleiten seien. Er legte deshalb Appellation beim Kriminalgerichtshof des Werra-Departements ein.[90] Der Generalprokurator unterstützte ihn und berichtete entsprechend an das Justizministerium. Von dort wurde er allerdings darüber belehrt, daß das französisch-westphälische Verfahren trotz der Beteiligung eines ministère public gerade in der Voruntersuchung kein akkusatorisches war: Zwar dürfe in der vorläufigen Instruktion keine Verfügung getroffen werden, ohne den königlichen Prokurator vorher gehört zu haben, schrieb Minister Siméon. Seine Anträge seien jedoch nicht bindend. Sei einmal die Untersuchung eines Sachverhalts eingeleitet, habe der Instruktionsrichter freie Hand, gegen jeden Verdächtigen zu ermitteln.[91] Selbstverständlich sei deshalb auch das Distriktstribunal nicht durch die Anträge des königlichen Prokurators beschränkt.[92]

Bei den Streitigkeiten, die es zwischen einigen Instruktionsrichtern beim Distriktstribunal Hersfeld und dem dortigen königlichen Prokurator gab, ging es zwar ebenfalls um die Verteilung der Arbeit, ihre Gründe lagen offenbar aber auch im persönlichen Bereich. Im Februar 1809 beschwerte sich der königliche Prokurator Fleischhut beim Generalprokurator in Marburg.[93] Seiner Ansicht nach ließen es die Richter des Distriktstribunals, die als Instruktionsrichter eingeteilt waren, an der notwendigen Unterstützung des Prokurators fehlen. Hatten sie nämlich ihre Untersuchungen abgeschlossen, leiteten sie dem Prokurator lediglich die Akten zu. Einen Bericht oder gar einen Vorschlag für die Antragstellung teilten sie ihm nicht mit. Das bedeutete für den königlichen Prokurator, daß er die Akten selbst sorgfältig studieren mußte, um seine Anträge stellen zu können.

Generalprokurator von Hanstein stimmte seinem Untergebenen zu. Er wies das Distriktstribunal an, entsprechend zu verfahren. Der Präsident des Gerichts, der frühere Oberamtmann zu Spangenberg, von Lindau, war da ganz anderer Meinung. Er wies insbesondere auf die ohnehin schon sehr große Arbeitsbelastung der Instruktionsrichter hin. Deshalb sei es nicht zumutbar, neben dem

---

90 Ebd., Schreiben an den Generalprokurator vom 8. Februar 1812.

91 Vgl. auch Kulenkamp, Über die gerichtliche Polizei, S. 58; Bülow, Erläuternde Bemerkungen, Bd. 2, S. 42.

92 Hess. StA Marburg, 265.8 Prokurator Marburg, Nr. 19, Schreiben vom 14. Februar 1812.

93 Hess. StA Marburg, 265.8 Prokurator Marburg, Nr. 50.

mündlichen Bericht in der Sitzung des Tribunals auch noch vorab einen schriftlichen an den königlichen Prokurator zu verlangen.[94] Die Sache wurde dem Justizminister vorgelegt. Dieser verwies nur kurz auf den Wortlaut des Art. 2 PPO, der allerdings nicht ausdrücklich sagte, daß der Instruktionsrichter schriftlich zu berichten habe.[95]

2. *Haftrecht*

Ein wesentlicher Kritikpunkt Feuerbachs am französischen Verfahren war das Haftrecht. Er monierte, daß die französischen Gesetze eindeutig definierte Voraussetzungen einer Verhaftung nicht kannten,[96] wie er sie beispielsweise in seinem Lehrbuch für den gemeinen Prozeß forderte.[97] Tatsächlich sah der Code d'instruction criminelle wie schon seine Vorgänger die Verhaftung des Beschuldigten in der Voruntersuchung als die Regel an. Der Wortlaut des Code stellte nicht einmal besondere Anforderungen an den Grad des Tatverdachts.[98] Allerdings sorgten sehr detaillierte weitere Regelungen dafür, daß der Beschuldigte innerhalb weniger Tage die Möglichkeit bekam, seine Freilassung gegen Kaution zu beantragen.

Im Königreich Westphalen gab es bis zum Erlaß des Dekrets vom 5. Mai 1813 keine gesetzlichen Vorschriften, die sich mit der Untersuchungshaft befaß-

94 Vgl. auch ein Schreiben des Instruktionsrichters Goessel aus Eschwege, der klagt: "... Ich habe also viele Arbeiten mehr als die übrigen Tribunalsrichter, deren Geschäfte bey der neuen Prozeßform ohnehin täglich abnehmen, dagegen die Arbeiten des Instruktionsrichters sich von Tag zu Tag vermehren. ..."(Hess. StA Marburg, 265.8 Prokurator Marburg, Nr. 50, Schreiben vom 17. Juni 1810).

95 Hess. StA Marburg, 265.8 Prokurator Marburg, Nr. 50, Schreiben vom 22. April 1809. Art. 2. PPO: "Le juge chargé de l'instruction aura préalablement communiqué les pièces et son rapport au Procureur du Roi, ...". Im deutschen Text war die Rede vom "Vortrag", den der Instruktionsrichter dem Prokurator de Königs vorab "mitzuteilen" habe.
Das Verhältnis zwischen dem königlichen Prokurator Fleischhut und den Instruktionsrichtern entspannte sich durch diese Entscheidung nicht. Nur kurze Zeit später ging wieder eine Beschwerde beim Generalprokurator ein, diesmal von Instruktionsrichter Gartert. Er bezichtigte Fleischhut gar der "Obstruktion" seiner Untersuchungen (265.8 Prokurator Marburg, Nr. 50).

96 Feuerbach, Betrachtungen, Bd. 2, S. 354 ff.

97 Feuerbach, Lehrbuch des gemeinen in Deutschland gültigen peinlichen Rechts, §§ 557 ff.

98 Nach dem Gesetz vom 7. Pluviôse des Jahres IX waren noch "indices suffisants" eines mit Leibesstrafe bedrohten Verbrechens gegen den Beschuldigten erforderlich (Esmein, Histoire, S. 452).

ten. Im Circularrescript des Justizministers vom 29. Dezember 1808 war nur die Verhaftung des auf frischer Tat ertappten Beschuldigten angesprochen.[99] Art. 9 der Peinlichen Prozeßordnung besagte lediglich, daß gegen einen noch nicht verhafteten Beschuldigten spätestens beim Beschluß des Distriktstribunals, die Sache an den Kriminalgerichtshof abzugeben, ein "Verhaftungsbefehl" zu erlassen sei. In diesem Fall hatte das Distriktstribunal ja das Vorliegen eines "hinlänglich begründeten Verdachts"[100] festgestellt. Bülows Vorschlag in seinen "Erläuternden Bemerkungen", nach welchen Grundsätzen diese Lücke zu füllen sei, kam Feuerbachs Forderungen sehr nahe:

"Die französische Gesetzgebung und nach ihr die unsrige drücken überall eine so hohe Achtung für die persönliche Freiheit der Staatsbürger aus, daß es dem Geiste derselben widerstreben würde, irgend Jemanden ohne genugsame Anzeige eines von ihm begangenen Verbrechens und ohne hinreichende in den Umständen liegende Bewegungsgründe seiner Freiheit zu berauben." [101]

Deshalb verlangte Bülow, die Verhaftung eines Verdächtigen müsse eine außerordentliche Maßnahme bleiben, zu der auch nur der Instruktionsrichter greifen dürfe. Voraussetzung sei, daß die Untersuchung andernfalls vereitelt werden würde.[102] Deren Gefährdung sei aber nicht anzunehmen, wenn auf Grund der persönlichen Verhältnisse des Beschuldigten keine Fluchtgefahr bestünde und keine "Verdunkelung der Wahrheit" zu befürchten sei.[103]

Justizminister Siméon hatte in dieser Hinsicht weniger Bedenken. In einem seiner ersten Rundschreiben hatte er, wenn auch nur in einem Nebensatz, zu seiner Haltung zur Untersuchungshaft Stellung genommen. Dort sprach er von der Instruktion, "qui a lieu *après l'arrestation* du prevenu".[104] Er nahm also an, daß der Verdächtige in der Regel am Beginn des Vorverfahrens bereits verhaftet sei. Gerade der Umstand, daß er das Thema nur beiläufig behandelte, zeigt, daß es für ihn hier offenbar keine Zweifel oder Fragen zum richtigen Vorgehen gab. Vor dem Hintergrund der ihm vertrauten französischen Rechtslage und ihrer Tradition empfand er eine Diskussion bestimmter Haftgründe oder der Stärke des Tatver-

---

99 Circularschreiben vom 29. Dezember 1808, S. 7.

100 Art. 8 PPO.

101 Bülow, Erläuternde Bemerkungen, Bd. 1, S. 55.

102 Ebd. Dies galt allerdings nicht im Fall der Verhaftung des auf frischer Tat Ertappten, die jeder Beamte oder Hilfsbeamte der gerichtlichen Polizei vornehmen konnte (Circularschreiben vom 29. Dezember 1808, S. 7; Bülow, aaO., S. 31).

103 Bülow, aaO., S. 56.

104 Circularschreiben des Justizministers vom 8. April 1808, GStA PK, V. HA Königreich Westphalen, Rep. 5 A Nr. 7, Bl. 122 ff.; Nds. StA Wolfenbüttel, 8 W Nr. 139; Hess. StA Marburg, 265.8 Prokurator Marburg, Nr. 50.

dachts, der erreicht sein mußte, bevor jemand verhaftet werden durfte, für nicht erforderlich.

Die Praxis folgte, wie nicht anders zu erwarten, eher den Überlegungen des Justizministers als denen Bülows. In vielen Fällen waren zwar Haftgründe vorhanden, wie Bülow sie forderte. Gegen Claus' Verhaftung wäre sicher weder von Bülow noch nach den Lehren des gemeinen Prozesses etwas einzuwenden gewesen. Zwei Zeugen, Lehmann und die Rohden, an deren Glaubwürdigkeit zunächst kein Zweifel bestand, hatten ausgesagt, daß sie Claus gleich nach dem Schuß gesehen hätten. Nahm man sein Motiv, das Verhältnis seiner Frau mit Gaignemaille, hinzu, war durchaus eine "genugsame Anzeige" seiner Täterschaft vorhanden. Bei der Strafe, die er zu erwarten hatte, ließ sich Fluchtgefahr ebenfalls begründen, auch wenn seine familiären Bindungen an Braunschweig eher dagegen sprachen.

Die gleichzeitige Verhaftung von Frau Claus dagegen hatte kaum eine Grundlage. Anhaltspunkte für ihre Beteiligung an der Tat fehlten. Die Vermutung liegt nahe, daß sie lediglich verhaftet wurde, um die Untersuchung zu vereinfachen. Für Verhöre war sie nun jederzeit verfügbar. Außerdem war Art. 56 PPO auf sie als Beschuldigte auf keinen Fall anwendbar. Nach dieser Vorschrift durften Angehörige des Beschuldigten in der Hauptverhandlung nicht als Zeugen vernommen werden. Nicht nur theoretischer Streit bestand darüber, ob Art. 56 auch schon im Vorverfahren galt.[105]

Ein Blick auf andere Fälle zeigt, daß schnell verhaftet wurde, und es dann sehr lange dauern konnte, bis ein Verhafteter wieder freigelassen wurde. Wenn in einer Untersuchung wegen Falschmünzerei in Kassel zwei Verdächtige, die Falschgeld an Prostituierte gegeben hatten, schon nach wenigen Minuten wieder frei waren, muß dies als seltene Ausnahme gelten. Der Grund dafür lag wohl auch weniger in der großen Achtung vor den Rechten eines verdächtigen Staatsbürgers als in der Überredungskunst der Verhafteten.[106] Die persönlichen Verhältnisse schützten einen Beschuldigten in der Praxis wohl nur, wenn er eine gesellschaftlich herausgehobene Stellung einnahm. So blieb der Herr von Dalwigk, der einen Marburger Kommilitonen im Duell getötet hatte,[107] ebenso in Freiheit wie der Kantonsmaire Weber aus Amöneburg, obwohl letzterer sich "ehrfurchtswidriger Äußerungen wider das Gouvernement" schuldig gemacht haben sollte.[108]

105 Im Einzelnen unten S. 79.

106 Untersuchungsacten wider Heinrich Hillebrecht u. Compl., Nds. HStA Hannover, Hann 52 Nr. 3880, Vortrag des Instruktionsrichters.

107 Hess. StA Marburg, 265.8 Prokurator Marburg, Nr. 23; vgl. im Einzelnen unten S. 97.

108 Hess. StA Marburg, 265.8 Prokurator Marburg, Nr. 24.

Die Situation der Frau des Präfekturgardisten Landefeld[109] andererseits ähnelte eher der der Frau Claus. Ihr Mann war unter dem Verdacht verhaftet worden, einen Händler getötet und beraubt zu haben. Ohne nähere Anhaltspunkte für ihre Beteiligung an der Tat zu haben, wurde auch Frau Landefeld in Haft genommen. Fünf Monate später, nachdem sich das Verfahren gegen ihren Mann durch dessen Tod erledigt hatte, wurde sie auf Antrag des zuständigen Generalprokurators wieder auf freien Fuß gesetzt.[110] In einer anderen Untersuchung vor dem Kriminalgerichtshof des Werra-Departements gegen zwei mutmaßliche Räuber[111] wurde eine gewisse Anna Weber verhaftet, obwohl klar war, daß sie nur als Zeugin in Betracht kam. Aber der Generalprokurator wollte verhindern, daß sie sich mit anderen Zeugen besprach.[112] Nachdem diese Gefahr nicht mehr bestand, wurde sie freigelassen.

Bülows Vorstellung, daß grundsätzlich nur der Instruktionsrichter eine Verhaftung anordnen dürfe, blieb ebenfalls nur Theorie. Insbesondere die Gendarmerie kümmerte sich in dieser Hinsicht wenig um die Beachtung von Zuständigkeitsregeln. Als Grundlage diente den Gendarmen der Art.137 des Dekrets, "die Organisation und den Dienst der königlichen Gendarmerie betreffend".[113] Diese Vorschrift ermächtigte die Gendarmerie noch einmal ausdrücklich, ausnahmsweise einen auf frischer Tat betroffenen Verdächtigen zu verhaften. Sonst sollte es immer eines "Verhaftsbefehls" bedürfen. In Nienburg aber verhaftete der Gendarmeriewachtmeister Haase beispielsweise die Verdächtigen Düllmeyer und Berkefeld kurzerhand, nachdem ihm zugetragen worden war, man habe die beiden in der Nähe des Tatortes eines Mordes gesehen. Der Mord war allerdings bereits in der vergangenen Nacht geschehen. Erst hinterher ließ Haase auch den Friedensrichter, der die Sache untersuchte, über sein Vorgehen informieren.[114] In Rüdershausen am Harz war es der Hauptmann der Gendarmerie, der auf den Bericht von Untergebenen hin vier Bürger wegen "Widersätzlichkeit" verhaften ließ.[115]

In diesem Fall hatte die Nichtbeachtung von Vorschriften bei einer Verhaftung Konsequenzen. Allerdings wurde nicht das Vorgehen des Hauptmanns von Kleist beanstandet, sondern das Verhalten der Gendarmen, das die Widersetz-

---

109 Hess. StA Marburg, 265.8 Prokurator Marburg, Nr. 30.

110 Antrag vom 13. August 1810, ebd.

111 Untersuchungsprotokoll wider Joh. Linker und Joh. Wilh. Damm, Hess. StA Marburg, 265.3 Kriminalgericht Marburg, Nr. 138.

112 Schreiben vom 18.Januar 1810, ebd.

113 Bulletin des lois 1810, Bd. 2, S. 140 ff.

114 Nds. HStA Hannover, Hann 52 Nr. 3881, Nr. 6, S. 21.

115 Nds. HStA Hannover, Hann 52 Nr. 111, Bericht des Generalprokurators an den Justizminister.

lichkeiten ausgelöst hatte. Sie hatten eine Gastwirtsfrau, von der sie sich beleidigt fühlten, verhaften und abführen wollen. Dadurch hatten sie zunächst die Anwesenden in der Gaststube und bald das halbe Dorf gegen sich aufgebracht. Der Kriminalgerichtshof des Harz-Departements hob die Verurteilung der Angeklagten durch das Distriktstribunal auf. Die Richter entschieden, daß die Angeklagten nicht wegen Widersetzlichkeit strafbar seien, weil die Verhaftung und die weiteren Handlungen der Gendarmen unrechtmäßig gewesen seien.[116]

Meistens waren es jedoch die Friedensrichter, die Verhaftungen anordneten und durchführen ließen. Besondere Formalitäten wurden dabei selten beachtet. Ein "förmlicher Beschluß", ein "mit Gründen unterstützter Befehl", wie Bülow ihn forderte,[117] findet sich vor Erlaß des Dekrets über die gerichtliche Polizei in den Akten nicht.

Etwa zwei Monate nach Erlaß des Dekrets sind förmliche Haftbefehle allerdings nachweisbar. Der Kriminalgerichtshof des Werra-Departements erließ 32 "Verhaftsbefehle gemäß dem Dekret vom 5. Mai 1813" gegen die Mitglieder der "Lumpensammler Bande".[118] Die meisten der "Verhafteten" saßen zu diesem Zeitpunkt allerdings schon ein gutes Jahr im Gefängnis. Sie waren gleich zu Beginn der Untersuchung, im Juni 1812, festgenommen und nicht mehr freigelassen worden.[119] Der Ermächtigung nach dem Dekret vom 5. März 1813 hätte es denn auch gar nicht bedurft, da gleichzeitig der Beschluß des Kriminalgerichtshofs nach Art. 22 PPO über die Einleitung des peinlichen Verfahrens erging. Weitere Haftgründe wurden deshalb auch nicht erwähnt.

Das Bild des westphälischen Verfahrens wäre in dieser Hinsicht allerdings unvollständig, bliebe ein Fall unerwähnt, der etwas aus dem Rahmen des eben Gesagten fällt. Denn hier sorgte der Justizminister persönlich dafür, daß das Recht des Bürgers auf Freiheit geachtet wurde. Ein gewisser Conrad Müller war der Wilddieberei verdächtig. Da das Distriktstribunal in Marburg die Beweise nicht für ausreichend hielt, um ein Hauptverfahren einzuleiten, hatte es Müller freigelassen, wie es Art. 4 PPO vorsah.[120] Der Generalprokurator des Werra-Departements monierte beim königlichen Prokurator, daß dieser nicht gegen die Freilassung protestiert habe. Denn bis zum Ablauf der einwöchigen Frist, die zur

116 Ebd., Urteil vom 3. September 1811

117 Bülow, Erläuternde Bemerkungen, Bd. 1, S. 56.

118 Hess. StA Marburg, 265.3 Kriminalgericht Marburg, Nr. 57, Untersuchungsakten wider Andreas Fischer & Cons., Antrag des Generalprokurators vom 29. Juli 1813, Beschluß des Kriminalgerichtshofes vom 11. August 1813.

119 Hess. StA Marburg, 265.3 Kriminalgericht Marburg, Nr. 55, Untersuchungsprotocoll wider Andreas Fischer und Consorten.

120 Hess. StA Marburg, 265.8 Prokurator Marburg, Nr. 27, Acta den Johann Conrad Müller betr.

Appellation der Entscheidung des Distriktstribunals bleibe, müsse ein Verdächtiger wenigstens in Haft bleiben. Art. 49 der Korrektionsgerichtsordnung[121] hätte entsprechend angewandt werden müssen.[122]

Der königliche Prokurator widersprach und es entbrannte eine lange und lebhafte Auseinandersetzung. Schließlich legte der königliche Prokurator die Frage dem Justizminister vor. Der Justizminister schloß sich der Meinung des königlichen Prokurators an. Er stellte fest, daß zwischen der Freilassung eines Verdächtigen nach Art. 4 PPO und nach Art. 49 KGO ein grundsätzlicher Unterschied bestehe. Der Freilassung nach Art. 49 KGO gehe ein Hauptverfahren voraus. Um dieses Hauptverfahren einzuleiten, sei der Beschluß eines Richterkollegiums notwendig gewesen, das die Beweise zunächst für ausreichend gehalten habe. Wenn aber das "ministère public" mit einem Beschluß nach Art. 4 PPO nicht einverstanden sei, so stehe der Beamte doch allein mit seiner Meinung, "et l'opinion d'un seul ne suffit pas pour priver de sa liberté l'homme dont la conduite a paru sans reproche aux yeux de ses juges."[123]

Das Dekret vom 5. Mai 1813 über die gerichtliche Polizei regelte die Frage dann allerdings eher im Sinne des Generalprokurators. Entsprechend dem Art. 135 Code d'instruction criminelle besagte Art. 121 des Dekrets, daß der Verdächtige bis zum Ablauf der 24-stündigen Oppositionsfrist in Haft zu bleiben habe.[124] Dann wurde er wohl bis zur Entscheidung über diese Beschwerde auch nicht wieder freigelassen.

Nicht in den Zusammenhang des ordentlichen Strafverfahrens gehörten die Verhaftungen, die die hohe, politische Polizei vornahm. Das Dekret vom 18. September 1808, das die Generaldirektion der hohen Polizei eingerichtet hatte, enthielt eine entsprechende Ermächtigung, verlangte aber, daß unverzüglich Weisungen des Justiz- und Innenministers oder des Königs zum weiteren Vorgehen einzuholen seien.[125] Tatsächlich herrschte in diesem Bereich große Willkür. So wurden beispielsweise der alte Vater und die fünfzehnjährige Schwester des

---

121 "Die Loslassung des durch das Erkenntniß frei gesprochenen Angeschuldigten darf nicht aufgeschoben werden, wenn der königliche oder der General-Prokurator binnen den nächsten acht Tagen nach dem ausgesprochenen Urtheile, ihre Erklärung, von dem Rechte, zu appelliren, Gebrauch machen zu wollen, nicht abgegeben haben. ..."

122 Hess. StA Marburg, 265.8 Prokurator Marburg, Nr. 27, Acta den Johann Conrad Müller betr., Schreiben des Generalprokurators vom 16. Juli 1811.

123 Ebd., Schreiben des Justizministers vom 4. Juni 1812.

124 Für Feuerbach war die Regelung des Art. 135 CIC ein weiterer Beleg für die mangelnden Rechte des Beschuldigten im französischen Verfahren (vgl. Feuerbach, Betrachtungen, Bd. 2, S. 361.

125 Dekret vom 18. September 1808, Art. 5; Thimme, Neue Mitteilungen, in: Zeitschrift des historischen Vereins für Niedersachsen 1898, S. 86.

Friedensrichters Martin aus Homberg, der maßgeblich am Dörnbergschen Aufstand beteiligt gewesen und geflohen war, wenige Tage nach dessen Fehlschlagen verhaftet. Ihre einzige Verbindung zu den Vorgängen war die familiäre. Trotzdem wurden sie auf die Festung Mainz gebracht und dort fünf Monate festgehalten.[126] In einem Falle angeblicher Waffenschmuggler aus Oelper bei Braunschweig wurde neben den tatsächlich Beteiligten zunächst auch die halbe Nachbarschaft in Gewahrsam genommen.[127]

3. Die Dauer der Voruntersuchung

Feuerbach hat die lange Dauer der Voruntersuchung nach französischen Recht und die damit verbundenen langen Haftzeiten für Verdächtige, die noch nicht verurteilt worden waren, besonders kritisiert.[128] Justizminister Siméon hob dagegen bereits im Circularrescript vom 29. Dezember 1808 hervor, daß in Westphalen die Ausrottung des größten Übels der bisher geltenden Gesetze, der Langsamkeit der Strafrechtspflege, "größtenteils" gelungen sei.[129] Der Justizminister schaltete sich auch ab und zu in laufende Verfahren ein, um zur Eile zu drängen. In der Regel handelte es sich dabei allerdings um Fälle, an denen der Staat ein besonderes Interesse hatte.

In der Untersuchung des Mordes an Kapitän Gaignemaille wird der Druck, schnelle Ergebnisse zu liefern, besonders augenfällig. Wie die späteren Ereignisse zeigen, mußte die Regierung in Kassel insbesondere dem Kaiser beweisen, daß die Behörden des Königreiches allein in der Lage waren, den Mörder eines französischen Offiziers zur Rechenschaft zu ziehen.[130] Die schnellste und kürzeste Untersuchung fand allerdings nach dem Mord an General Morio statt, von dem oben[131] kurz berichtet wurde. Morio war am 24. Dezember 1811 schwer verwundet worden und am folgenden Tag gestorben. Der Täter LeSage hatte sofort gestanden, als man ihn kurz nach der Tat festnahm. Bereits am 27. Januar fand die

---

126 Martin, Zur Ehrenrettung Sigmund Peter Martins, in: Zeitschrift des Vereins für hessische Geschichte und Landeskunde, neue Folge Bd. 18 (1893), S. 455 ff., S. 469; Kleinschmidt, Geschichte, S. 245, der eine Reihe weiterer Personen nennt, die im Zusammenhang mit dem Aufstand verhaftet wurden, ohne unmittelbar beteiligt gewesen zu sein.

127 Oppermann, Treue Bauern in Nöthen, S. 30. Er berichtet auch von einem Bauern aus Langenhagen, der bereits sechs Monate ohne Verhandlung in Untersuchungshaft saß, weil er angeblich Deserteuren geholfen hatte (ebd., S. 31).

128 Feuerbach, Betrachtungen, Bd. 2, S. 365.

129 Circulaire vom 29. Dezember 1808, S. 2 ff.

130 Vgl. dazu unten S. 124.

131 Fn. 63.

öffentliche Verhandlung gegen ihn statt, und drei Tage später wurde er hingerichtet.[132]

In anderen Fällen spielte wahrscheinlich das Bemühen eine Rolle, nach den Aufständen von 1809 jedes Anzeichen von Rebellion im Keim zu ersticken. Dafür ist der oben[133] erwähnte "Tumult" in Rüdershausen ein Beispiel.[134] Wenn andererseits in der ebenfalls bereits erwähnten Untersuchung gegen den Studenten von Dalwigk zur Eile gemahnt wird, soll dies dazu dienen, möglichst schnell ein Exempel gegen die an den Universitäten überhand nehmenden Duelle zu statuieren.[135]

Sonst gab es große Unterschiede in der Dauer von Voruntersuchungen. In Marburg dauerte das Vorverfahren in einem Fall von Kindestötung fünf Monate bis zum Beginn des Hauptverfahrens,[136] in einem anderen nicht einmal einen Monat bis zum Urteil.[137] Die Mordverdächtigen Ernst und Metz mußten nur zwei Monate auf ihre Hauptverhandlung warten.[138] Manche Mitglieder der "Neustädter" Bande dagegen saßen von Ende 1808 bis Mai 1811 in Haft, bevor das peinliche Verfahren eingeleitet wurde. Die Untersuchungsbehörden produzierten 45 "General"- und "Spezialprotokolle" über die Taten der Bande. Von 18 Verhafteten wurden schließlich 14 angeklagt. Zwei Verdächtige waren während der Haft gestorben.[139] Ein anderes Beispiel für eine sehr lange Untersuchung ist das Verfahren gegen den "Brabander Claus" und seine Kumpane,[140] das von Februar 1810 bis November 1811 dauerte.

Man muß aber feststellen, daß diese Untersuchungen gegen ganze Räuberbanden von ihrer Länge her Ausnahmen bildeten. Allein die Zahl der Verdächti-

---

132 Allgemeine Zeitung Nr. 87 vom 27. März 1812, S. 347.

133 S. 60.

134 Nds. HStA Hannover, Hann 52 Nr. 111, Schreiben des Justizministeriums vom 27. März 1811.

135 Hess. StA Marburg, 265.8 Prokurator Marburg, Nr. 23, Schreiben des Justizministers vom 18. Januar 1809.

136 Hess. StA Marburg, 265.3 Kriminalgericht Marburg, Nr. 51; 265.8 Prokurator Marburg, Nr. 29, Acta die Juliane Hundertmark betr.

137 Hess. StA Marburg, 265.8 Prokurator Marburg, Nr. 25, Untersuchungsprotokoll gegen Elisabeth Schmidt.

138 Hess. StA Marburg, 265.3 Kriminalgericht Marburg, Nr. 52; 265.8 Prokurator Marburg, Nr. 16.

139 Hess. StA Marburg, 265.3 Kriminalgericht Marburg, Nr. 49, Nr. 56 u. Nr. 127; 265.8 Prokurator Marburg, Nr. 20. Allerdings war gerade dies einer der Fälle, die in einem in heimischen und ausländischen Zeitungen abgedruckten Bericht als Beispiel für die Schnelligkeit der westphälischen Strafjustiz angeführt wurden (vgl. Moniteur Westphalien vom 8. Februar 1812; Allgemeine Zeitung Nr. 45 vom 14. Februar 1812, S. 179; Moniteur universel Nr. 46 vom 15. Februar 1812, S. 184).

140 Hess. StA Marburg, 265.8 Prokurator Marburg, Nr. 3.

gen ging hier weit über den Normalfall hinaus. Hinzu kam, daß mancher Untersuchungsbeamte versuchte, alle Taten, die nur in irgendeinem Zusammenhang mit Mitgliedern der Bande stand, bis in die letzte Einzelheit aufzuklären. Allgemein hing die Dauer der Vorverfahren, und damit auch der Haft eines Verdächtigen sehr davon ab, in welchem Maße ein bestimmter Untersuchungsbeamter meinte, den Beschuldigten der vorgeworfenen Tat überführen zu müssen, bevor er die Voruntersuchung als abgeschlossen betrachten konnte.[141]

Soweit es sich nach den untersuchten Materialien feststellen läßt, schneidet die Geschwindigkeit der westphälischen Strafrechtspflege tatsächlich nicht schlecht ab. Siméons Behauptung, daß gegenüber den früheren Verhältnissen eine spürbare Beschleunigung der Verfahren eingetreten sei, läßt sich belegen. Beispielsweise dauerte die Untersuchung eines Diebstahls in Braunschweig, die im Jahre 1800 begonnen hatte, bis 1803.[142] Auch Verfahren wegen Mordes[143] zogen sich über drei, wegen eines Totschlags[144] sogar über acht Jahre hin. Die Instruktion einer Kindestötung, die die Marburger Kriminalrichter Ende 1807 nach dem gemeinen Prozeß anstellten, dauerte immer noch fünf Monate.[145]

Die Praxis des westphälischen Vorverfahrens brauchte hinsichtlich seiner Dauer den Vergleich mit der Vergangenheit also kaum zu scheuen. Die Eiligkeit, mit der man Verdächtige verhaftete, die Prüfung von Haftgründen, die Beachtung von Formen, all das dürfte auch im Alltag des gemeinen Prozesses selten den "rechtsstaatlichen" Vorstellungen eines Feuerbach entsprochen haben. Mittermaier etwa klagte 1819:

"Verlassen von Gesetzen hatte der deutsche Gerichtsgebrauch nur zu oft von dem Satze: der Zweck heiliget die Mittel, sich hinreissen lassen, und die Verhaftung als ein wie man glaubte, zweckmäßiges Mittel möglichst früh im Verfahren, angerathen."[146]

Hauptansatzpunkt für Feuerbachs Kritik war ja aber nicht eine Verschlechterung des Rechtszustandes im Vergleich mit Theorie und Praxis des gemeinen Prozesses. Er wollte die neue Strafrechtspflege an den hohen Ansprüchen, die ih-

---

141 Siehe dazu im Einzelnen unten, S. 74 ff.

142 Nds. StA Wolfenbüttel, 7 Alt Nachtrag Nr. 2930.

143 Nds. StA Wolfenbüttel, 7 Alt Nachtrag Nr. 2933, gegen Wiese, Johann Heinrich, Dienstknecht zu Barbecke.

144 Nds. StA Wolfenbüttel, 7 Alt Nachtrag Nrn. 1779, 1780, gegen Wendt, Johann Heinrich Conrad, Dienstknecht zu Groß-Biewende, wegen Totschlag an der Magd Johanne Elisabeth Heinemann zu Klein-Denkte.

145 Hess. StA Marburg, 265.3 Kriminalgericht Marburg, Nr. 54, Relatio die Dorothee Krug betr.

146 Mittermaier, Die öffentliche mündliche Strafrechtspflege und das Geschworenengericht in Vergleichung mit dem deutschen Strafverfahren, S. 26.

re Einführung und Verbreitung begleitet hatten, gemessen sehen. Gerade die Haftpraxis zeigte, daß diese Ansprüche nicht erfüllt wurden. Die "hohe Achtung für die persönliche Freiheit der Staatsbürger" kam eben nur selten zum Ausdruck. Der Schritt von der Behandlung des Beschuldigten als Objekt der Wahrheitsfindung zu seiner Anerkennung als Subjekt mit eigenen Rechten[147] wurde zumindest in diesem Bereich nicht vollzogen. Im Gegenteil, die Strafverfolgungsbehörden änderten ihr Vorgehen nach Einführung des neuen Verfahrens nur geringfügig, und es gab kaum gesetzliche Vorschriften oder Anweisungen aus dem Justizministerium, die die Behörden zu einer grundsätzlichen Änderung gezwungen hätten.

F. Das Zwischenverfahren

I. Die gesetzlichen Regelungen

Die Bestimmungen darüber, wie das Vorverfahren abzuschließen sei, enthielt die Peinliche Prozeßordnung: War der Instruktionsrichter der Ansicht, daß seine Ermittlungsergebnisse ausreichend waren, übergab er die Untersuchungsakten mit einem Bericht an den königlichen Prokurator. Aufgrund dieser Unterlagen stellte dann der Prokurator seine Anträge beim Distriktstribunal.[148]

Der Instruktionsrichter hatte vorher den übrigen Richtern des Tribunals den Sachverhalt vorgetragen. Das Gericht entschied, den Verdächtigen freizulassen, wenn keine Anhaltspunkte für eine Gesetzesübertretung vorlagen.[149] Hatte das Gericht dagegen einen "hinlänglich begründeten Verdacht" einer Straftat, mußte es zunächst feststellen, mit welcher Art von Strafe die Tat bedroht war. War es eine "peinliche" Strafe, mußte die Sache an den Kriminalgerichtshof des Departements abgegeben werden.[150] "Peinlich" waren entehrende Strafen und Freiheitstrafen von mehr als zwei Jahren.[151] War nur eine Polizeistrafe zu erwarten, so wurde die Sache an ein Polizeigericht verwiesen.[152] Für Vergehen, die mit "Besserungstrafen", d.h. mit einer Gefängnis-, Zucht- oder Werkhausstrafe von mehr als acht Tagen jedoch höchstens zwei Jahren oder Geldstrafen von mehr als

147 Haber, Strafgerichtliche Öffentlichkeit, S. 39, der als Beleg für den Fortschritt gegenüber dem vorrevolutionären französischen Strafprozeß gerade die Haftregelungen anführt (ebd. S. 42 ff.).
148 Art. 2 PPO.
149 Art. 4 PPO.
150 Art. 8 PPO.
151 Art. 1, Abs. 2 PPO.
152 Art. 6 PPO, Art. 1 MunPolGO.

20 Franken bedroht waren, war das Distriktstribunal als Korrektionsgericht selbst zuständig.[153]

Das Zwischenverfahren, das der Kriminalgerichtshof nach der Abgabe der Sache durch das Distriktstribunal durchzuführen hatte, war auf größte Beschleunigung angelegt. Innerhalb von drei Tagen, nachdem er die Akten erhalten hatte, mußte der Generalprokurator seine Anträge stellen. Er konnte beantragen, die Voruntersuchung durch weitere Maßnahmen zu vervollständigen.[154] Ein entsprechender Beschluß sollte aber wohl nur ausnahmsweise gefaßt und mußte schnellstens ausgeführt werden.[155] Im übrigen hatte der Kriminalgerichtshof noch einmal alle Akten zu prüfen. Danach entschied er, ob überhaupt ein ausreichender Verdacht einer Straftat vorlag und wenn ja, welches Gericht zuständig war.[156] War der Generalprokurator nicht mit dem Beschluß des Kriminalgerichtshof einverstanden, konnte er dagegen Kassation einlegen.[157]

Das Vor- und Zwischenverfahren nach der westphälischen Peinlichen Prozeßordnung enthielt somit schon die grundsätzlichen Änderungen, die der Code d'instruction criminelle wenige Monate später in Frankreich einführte. Dem Distriktstribunal kamen im französisch-westphälischen Verfahren jetzt die Aufgaben zu, die in Frankreich seit dem Gesetz vom 16. und 29. September 1791, das die Geschworenengerichte gebracht hatte, der "Directeur du jury" versehen hatte. Dieser Beamte hatte nach Abschluß der Voruntersuchung durch die Police judiciaire entschieden, ob eine Sache vor die "Jury d'accusation" gebracht werden sollte.[158] Bis zum Jahre 1801 hatte sogar eine mündliche Verhandlung vor dieser Laienjury stattgefunden, die der englischen "grand jury" nachgebildet worden war. Seitdem hatte man nur noch die Anklage verlesen, und die Anklagejury befand dann nach den Akten über die Eröffnung des peinlichen Verfahrens.[159]

Der Code d'instruction criminelle und die westphälische Peinliche Prozeßordnung übertrugen sowohl die Aufgabe des Directeur du jury wie die der Jury d'accusation auf Richterkollegien, eben das Distriktstribunal einerseits und einem be-

---

153 Art. 7 PPO. Der Entwurf des westphälischen Strafgesetzbuches von 1813 definierte die Begriffe "peinliche" und "korrektionelle" Strafe neu. Peinlich waren Todes-, Karren- und Zuchthausstrafe, Pranger, Landesverweisung und Verlust der bürgerlichen Ehrenrechte (Art. 11 – 13 EStGB). Korrektionell war die Gefängnisstrafe, die mindestens neun Tage und höchstens drei Jahre dauern konnte (Art. 14, 47 EStGB).

154 Art. 12 PPO.

155 Art. 14 PPO.

156 Art.13, 15, 16 PPO.

157 Art.16, Satz 2 PPO. Diese Regelung war eines der wenigen Beispiele einer Gesetzesänderung aufgrund der Beratungen in den Reichsständen (Bülow, Erläuternde Bemerkungen, Bd. 1, S. 70).

158 Esmein, Histoire de la procédure criminelle, S. 422.

159 Ebd., S. 454.

sonderen Ausschuß des Appellationshofes bzw. in Westphalen den Richtern des Kriminalgerichtshofes andererseits. In diesem Punkt hatten sich die Gegner der Geschworenengerichte im französischen Staatsrat durchgesetzt.[160] Das französisch-westphälische Verfahren in der Voruntersuchung stand damit am vorläufigen Ende der Entwicklung der französischen strafprozessualen Gesetzgebung seit der Revolution. Die États généraux hatten damals gefordert, und die Assemblée constituante war angetreten, die Mißstände des geheimen und schriftlichen Inquisitionsverfahrens nach der königlichen Ordonnance von 1670 durch Öffentlichkeit und Beteiligung von Geschworenen auch schon vor Anklageerhebung zu beseitigen.[161] Jetzt hatte man derartige Elemente in dieser Phase des Verfahrens wieder abgeschafft.

Beschloß der Kriminalgerichtshof die Einleitung des peinlichen Verfahrens, war es Aufgabe des Generalprokurators, binnen zwei Tagen die Anklageurkunde zu verfassen. Darin mußte er die wichtigsten Tatsachen über das Verbrechen und den Beschuldigten darstellen und rechtlich bewerten.[162] Schließlich erhielt auch der Angeklagte den Einleitungsbeschluß und die Anklageurkunde und damit zum ersten Mal offiziell Kenntnis vom Vergehen, das ihm vorgeworfen wurde, und von den gegen ihn vorliegenden Beweismitteln. Gleichzeitig wurde er aufgefordert, sich einen Verteidiger zu wählen.[163] Am nächsten Tag vernahm der Präsident des Kriminalgerichtshofs den Angeklagten zum Tatvorwurf und fragte ihn, wen er als Verteidiger wünschte. Konnte oder wollte der Angeklagte keinen benennen, so bestimmte der Präsident den Verteidiger von Amts wegen.[164] Außerdem wurde dem Angeklagten bekannt gegeben, daß er und sein Verteidiger acht Tage Zeit hätten, alle Einwendungen "wegen Incompetenz oder wegen Nichtigkeit des bisherigen Verfahrens" vorzubringen.[165]

Drei Tage nach einer etwaigen Entscheidung über Einwendungen oder nach Ablauf der Frist mußten Generalprokurator und Verteidiger die Liste der Zeugen,

---

160 Die Abschaffung der Jury d'accusation war schon 1804 in den Sitzungen des Staatsrats vorgeschlagen worden. Siméon hatte versucht, dafür eine Mehrheit zu gewinnen, indem er behauptete, es ginge nicht darum, die Jury abzuschaffen, sondern sie lediglich mit Berufsrichtern statt mit Laien zu besetzen (Locré, La législation civile, commerciale et criminelle de la France, Bd. 24, S. 437; Esmein, aaO., S. 518). Die Entscheidung gegen die Jury d'accusation fiel aber erst Anfang Februar 1808, als Napoleon selbst zu dem Ergebnis kam, sie sei für ihren Zweck ungeeignet (Esmein, aaO., S. 521), damit jedoch rechtzeitig genug, um in der Peinlichen Prozeßordnung Berücksichtigung zu finden.

161 Esmein, aaO., S. 404 ff., 420 ff.

162 Art. 19 PPO.

163 Art. 20 PPO.

164 Art. 21 PPO.

165 Art. 22 PPO.

die für die Hauptverhandlung geladen werden sollten, beim Gerichtshof einreichen. Danach hieß es, den nächstmöglichen Termin für die Verhandlung vor den Geschworenen abzuwarten, die jeweils am 16. eines Monats zu beginnen hatten.[166]

2. *Das weitere Verfahren gegen Claus*

Noch am Tag ihrer Ankunft in Wolfenbüttel werden Claus und seine Frau dem Tribunalsrichter Gesenius vorgeführt, der zu dieser Zeit das Amt des Instruktionsrichters versieht. In Anwesenheit des königlichen Prokurators verhört er die Beschuldigten noch einmal. Claus bleibt bei seiner bisherigen Geschichte: Seine Frau, Lehmann und dessen "Mätresse" hätten sich gegen ihn verschworen, und Gaignemaille müsse sich selbst erschossen haben. An den Kauf einer Pistole beim Büchsenmacher Rasch kann er sich nicht erinnern.[167]

Der Instruktionsrichter und der königliche Prokurator sind trotzdem der Meinung, daß die Beweise ausreichen, um ein peinliches Verfahren zu beginnen. Außerdem drängt die Zeit. Das Verfahren bedarf der Beschleunigung.[168] So trägt der Instruktionsrichter die Sache dem Distriktstribunal vor, der königliche Prokurator beantragt die Abgabe an den Kriminalgerichtshof, und das Tribunal beschließt entsprechend.

Am 27. Dezember tritt der Kriminalgerichtshof des Oker-Departements zusammen. Er besteht aus dem Präsidenten August Ferdinand Hurlebusch[169] und den Kriminalrichtern Gottfried Philipp von Bülow[170] und Heinrich Julius von

166 Art. 27 PPO.

167 Protokoll vom 23. Dezember, Nds. StA Wolfenbüttel, 8 W Nr. 440, No. 77.

168 Schreiben des Prokurators des Königs vom 23. Dezember, ebd., No. 81; Schreiben des Instruktionsrichters vom 24. Dezember, ebd., No. 82.

169 1756 – 1833; Hof- und Kanzleirat bei der Justizkanzlei in Wolfenbüttel; von 1808 bis 1813 Präsident des dortigen Kriminalgerichtshofs; 1814 Vizepräsident der braunschweigischen Appellationskommission, aber schon 1816 wegen einer seine Kollegen bloßstellenden Veröffentlichung in den Ruhestand versetzt (Neuer Nekrolog der Deutschen, Bd. 11). Neben seiner juristischen Tätigkeit trat er besonders durch seine häufigen "literarischen Fehden" hervor (Strombeck, Darstellungen, Bd. 1, S. 285).

170 1770 – 1850; nach Studium in Helmstedt ab 1793 Assessor und seit 1799 Hof- und Kanzleirat bei der Justizkanzlei in Wolfenbüttel. 1808 wurde er Richter am Kriminalgerichtshof, dann 1812 als Präsident des Distriktstribunals nach Blankenburg versetzt. Neben seiner praktischen Tätigkeit verfaßte er während dieser Zeite mehrere Werke zum westphälischen Recht, darunter die mehrfach erwähnten Erläuterungen zu den Strafprozeßordnungen. Nach dem Ende des Königreichs Westphalen wurde er zunächst Vizepräsident des braunschweigischen Landesgerichts und 1817

Schrader.[171] Der Generalprokurator beim Kriminalgerichtshof Koch trägt den Sachverhalt vor. In 32 Punkten faßt er die Tatsachen und seine Schlußfolgerungen zusammen. Am Ende beantragt er die Einleitung des peinlichen Verfahrens gegen Johann Conrad Ludwig Claus. Seine Frau soll freigelassen werden, weil sie

" 1) bey der Ermordung des Capitains Gaignemaille nicht zugegen gewesen,
2) in Rücksicht ihrer Verbindung mit demselben der Theilnahme an der That nicht verdächtig ist,
3) auch keine Anzeichen der geleisteten Hilfe und Förderung der That sich hervor gethan haben."[172]

Die Kriminalrichter können sich allerdings noch nicht entschliessen, eine endgültige Entscheidung über die Anträge zu fällen. Präsident Hurlebusch nimmt die Akten erst einmal zur genauen Prüfung an sich.[173] Am nächsten Tag kommt man wieder zusammen. Nachdem Hurlebusch die Sache nochmals vorgetragen hat, wird beschlossen, den Anträgen des Generalprokurators zu folgen.[174]

Friedensrichter Herdtmann hatte in seinem Bericht an den königlichen Prokurator bereits darauf hingewiesen, daß er einige weitere Untersuchungsmaßnahmen für notwendig halte. Wegen der Eilbedürftigkeit der Sache habe er sie aber noch nicht durchführen können.[175] Generalprokurator Koch hat den Friedensrichter noch am 26. Dezember, schon bevor er dem Kriminalgerichtshof seine Anträge unterbreitet, beauftragt, die Untersuchung entsprechend zu ergänzen. Den Zeitdruck erneut betonend fügt Koch in seinem Schreiben hinzu, die Sache müsse "ohne allen Aufschub nach den mir zugegangenen Instructionen an den Criminalhof gebracht und wo möglich zu der Audienz des künftigen Monats präpariret werden."[176] Einige Tage später erhält der Friedensrichter ähnliche Aufträ-

---

in das dortige Oberappellationsgericht berufen. Von 1826 bis 1830 war er Mitglied im Ministerium unter Herzog Karl und mußte sich nach dessen Sturz ins Privatleben zurückziehen (Bülow, Erinnerungen; ders., Rückblicke auf mein Leben; ADB, Bd. 3, S. 527 ff.).

171 1764 – 1829; seit 1790 Hofrat an der Justizkanzlei in Wolfenbüttel; von 1808 bis 1813 Kriminalrichter; ab 1814 zunächst Mitglied der braunschweigischen Appellationskommission, dann Oberappellationsgerichtsrat (Neuer Nekrolog der Deutschen, Bd. 7, S. 98).

172 Nds. StA Wolfenbüttel, 8 W Nr. 441, No. 84.

173 Ebd., No. 83.

174 Ebd., No. 85, 86.

175 Nds. StA Wolfenbüttel, 8 W Nr. 440, No. 80.

176 Nds. StA Wolfenbüttel, 8 W Nr. 441, No. 91.

ge vom Präsidenten des Kriminalgerichtshofes, nachdem der Kriminalgerichtshof seine Entscheidung gefällt hat.[177]

Unter anderem soll genau ausgemessen werden, wie lange man vom Bardenwerperschen Brauhaus bis in den dritten Stock des Lehmannschen Hauses benötigt. Herdtmann macht sich selbst mit seinem Greffier auf den Weg. Sie stellen fest, daß es sechseinhalb Minuten dauert, wenn man "in raschen Schritten" über den Meinhardshof, vor dem Packhof vorbei, über den Pagenstieg, den Burgplatz und den Langen Hof in den Bohlweg geht.[178] Später messen die Beiden noch weitere mögliche Wege ab: Vom Brauhaus in die Wohnung von Claus' Mutter im Meinhardshofe braucht man nur eineindrittel Minuten, zum Haus des Büchsenmachers Rasch hinter den Brüdern zwei und von dort zum Tatort sechs Minuten.[179]

Außerdem versucht Herdtmann, die Pistole zu finden. Er läßt die Oker absuchen und alle Gärten und Grundstücke, die an dem Weg liegen, den Claus nach der Tat genommen haben könnte – ohne Erfolg. Der Büchsenmacher Rasch und seine Söhne werden noch einmal vernommen. Sehr genau können sie allerdings den Zeitpunkt nicht bestimmen, als Claus die Pistole gekauft haben soll.[180] Andere Zeugen werden erneut vorgeladen und befragt, ob sie bei Claus ein Pulverhorn oder ähnliche Utensilien gesehen hätten. Keiner hat etwas dergleichen bemerkt.[181]

Am 1. Januar 1812 reicht Generalprokurator Koch die Anklageurkunde beim Kriminalgerichtshof ein. Ausführlich stellt er noch einmal die Gründe dar, die Claus überführen sollen. Er beginnt mit den Eheproblemen, deren Grund in dem Verhältnis zwischen Gaignemaille und Frau Claus gelegen hätten. Hinzu gekommen seien die Mißhandlungen, die Claus durch Gaignemaille zu erleiden gehabt hätte. Claus muß Gaignemaille gehaßt haben. Dann hat Claus am Abend der Tat eine Pistole gekauft, und später hat man den Ladestock für eine Pistole bei dem Ermordeten gefunden. Drei Zeugen haben Claus kurz vor bzw. nach dem Schuß im Lehmannschen Hause gesehen und erkannt. Die Wunde an Claus' Zeigefinger wird angeführt. Die Aussagen der Alibizeugen, die Claus in Bardenwerpers Brauhaus gesehen haben wollen, werden mit der Bemerkung abgehandelt, daß keiner behauptet habe, Claus mit Sicherheit genau zur Tatzeit beobachtet zu

177 Schreiben vom 30. Dezember, ebd., No. 87.
178 Registratur vom 28. Dezember, ebd. No. 93 a. Die beiden müssen allerdings sehr schnell gegangen sein. Der Verf. benötigte für den gleichen Weg, dessen Führung sich bis heute kaum geändert hat, ebenfalls "in raschen Schritten" gute acht Minuten.
179 Registratur vom 2. Januar 1812, ebd., No. 108.
180 Protokoll vom 2. Januar, ebd., No. 107.
181 Protokolle vom 28. u. 30. Dezember, ebd., No. 94, 98, 99.

haben. Der Generalprokurator endet mit der Feststellung, Claus habe Gaignemaille mit Vorüberlegung getötet und sei wegen Mordes nach Art. 137 der Peinlichen Gerichtsordnung Karls V. schuldig.[182]

Am nächsten Tag begibt sich Präsident Hurlebusch mit der Anklageurkunde zu Claus ins Gefängnis. Claus bleibt auch jetzt bei seiner bisherigen Aussage. Als Verteidiger wünscht er den Dr. Fricke aus Braunschweig.[183] Dieser wird vom Gerichtshof sofort benachrichtigt und ermahnt, sich schnellstens um die Sache zu kümmern. Alle erforderlichen Maßnahmen seien möglichst umgehend zu ergreifen.[184]

Einen Tag später teilt Dr. Fricke denn auch schon mit, daß er gegen das bisherige Verfahren keine Einwendungen habe. Er bittet allerdings, die Protokolle über die Aussagen der Frau Claus von den Hauptakten zu trennen.[185] Nach Art. 70, Abs. 2 PPO würden die Geschworenen nämlich die Akten mit in ihre Beratung nehmen. Fricke argumentiert, daß den Geschworenen die Aussagen der Claus nicht auf diesem Weg bekannt gemacht werden dürften, nachdem sie als Ehefrau in der Hauptverhandlung wegen Art. 56, Abs. 1 PPO nicht vernommen werden könnte.

Kurz darauf reichen der Generalprokurator und der Verteidiger die Listen der Zeugen ein, die in der Hauptverhandlung aussagen sollen.[186] Insgesamt werden 83 geladen.[187] Einer der Hauptbelastungszeugen, der Büchsenmacher Rasch, läßt sich entschuldigen. Er legt ein ärztliches Attest vor, daß er zu krank sei, um vor dem Gerichtshof in Wolfenbüttel zu erscheinen. Stattdessen sucht ihn der Friedensrichter auf und läßt ihn seine in der Voruntersuchung protokollierten Aussagen durch Eid bekräftigen. Damit ist alles vorbereitet. Der Prozeß vor den Geschworenen kann beginnen.

---

182 Ebd., No. 104.

183 Über ihn ist nicht viel bekannt. Das "Répertoire alphabétique des fonctionnaires de l'ordre judiciaire" (GStA PK, V. HA Königreich Westphalen, Rep. 5 D Nr. 126) nennt einen Georg Fricke als beim Tribunal Wolfenbüttel zugelassenen Prokurator. Er war dazu durch Dekret vom 26. November 1810 bestellt und am 8. Juni 1811 vereidigt worden. Sein Alter wurde damals mit 29 Jahren angegeben (Nds. StA Wolfenbüttel, 8 W Nr. 172). Das Braunschweigische Adreß-Buch für das Jahr 1811 führt "Fricke, J. G., Dr. iur." (StadtA Braunschweig, Rep. H I:12, S. 20). Es hatte einer Genehmigung des Justizministers bedurft, damit er seinen Wohnsitz in Braunschweig belassen durfte (Schreiben vom 10. Oktober 1811, Nds. StA Wolfenbüttel, 8 W Nr. 172).

184 Protokoll vom 2. Januar, Nds. StA Wolfenbüttel, 8 W Nr. 441, No. 105.

185 Anzeige des Verteidigers vom 3. Januar, ebd., No. 109.

186 Ebd., No. 111, 113.

187 Ordonnanz vom 5. Januar, ebd. No. 112.

3. *Die Kompetenzentscheidung*

Das Ende des Vorverfahrens wurde durch die Entscheidung des Distriktstribunals und dann des Kriminalgerichtshofes darüber bestimmt, ob ein peinliches Verfahren eingeleitet werden sollte. Dazu mußten die Richter feststellen, ob ein ausreichender Tatverdacht gegen den Beschuldigten bestand. Dieselbe Frage mußten sich der Instruktionsrichter und der Prokurator des Königs vorlegen, bevor sie die Untersuchung dem Tribunal zur Entscheidung vortrugen; und ebenso der Generalprokurator, bevor er seine Anträge beim Kriminalgerichtshof stellte.

Um die Frage beantworten zu können, mußten die Juristen zunächst wissen, nach welchen Maßstäben sie feststellen sollten, daß ein Verdacht ausreichend war. Am Ende des Verfahrens stand die Entscheidung nach der "intime conviction", der "innigen Überzeugung" der Geschworenen von der Schuld oder Unschuld des Angeklagten.[188] Einen Justizbeamten, der an die festen Beweisregeln des gemeinen Prozesses gewöhnt war, konnte die Einführung dieses subjektiven Momentes nur verunsichern. Vor allem, weil er kaum Anhaltspunkte dafür hatte, was der Begriff eigentlich bedeutete, und wie sich diese Neuerung auf seine Pflichten auswirkte.

Die Peinliche Prozeßordnung deutete nur an, welchen Maßstab die Richter den vorgelegten Fällen anzulegen hätten. Art. 8 Abs. 1 PPO verlangte einen "hinlänglich begründeten Verdacht" einer mit peinlicher Strafe bedrohten Tat, um die Sache an den Kriminalgerichtshof abzugeben. Nach Art. 18 PPO sollte der Kriminalgerichtshof die Einleitung des peinlichen Verfahrens beschließen, wenn "Beweise oder starke Anzeigen einer durch das Gesetz für ein Verbrechen erklärten Handlung" gegen den Beschuldigten vorhanden waren.

Darüber hinaus hielten die oberen Behörden eine nähere Erklärung nicht für notwendig. Leist beschränkte sich bei der Vorstellung der Peinlichen Prozeßordnung vor den Ständen darauf, die Formulierung von Art. 18 PPO zu paraphrasieren.[189] Im Circularschreiben vom 29. Dezember 1808 ging Siméon auf diese Frage gar nicht ein.

Erst eine Kassationsentscheidung des Staatsrates vom 30. Dezember 1809 gab den westphälischen Justizbeamten amtliche Hinweise zur Auslegung. Nach diesem Urteil waren "starke Anzeigen" vorhanden, wenn

---

188 Art. 46 PPO.
189 Leist, Discours, S. 20.

"Thatsachen existieren, deren Verbindung mit der zu beweisenden Thatsache, wenn gleich nicht absolut notwendig, doch dem natürlichsten Gang der Dinge angemessen ist, und nur selten trügt."[190]

In der Praxis hat es offenbar nur selten Situationen gegeben, in denen die Richter stärkere Verdachtsmomente gegen den Beschuldigten verlangten als sie der Generalprokurator vorbrachte. In den untersuchten Materialien findet sich kein Fall wie der, der zu dem erwähnten Urteil des Staatsrates geführt hatte. Ebensowenig tauchen Beschwerden von Verteidigern auf, daß man einen zu geringen Maßstab angelegt habe. Ein Grund für dieses Ergebnis dürfte die große Vorsicht sein, mit der die Generalprokuratoren allgemein bei der Anklageerhebung vorgingen.

Der Fall Claus ist dafür nicht typisch. Sowohl der Generalprokurator als auch der Kriminalgerichtshof hielten ergänzende Untersuchungsmaßnahmen für notwendig, um den Verdacht gegen Claus zu erhärten. In einem "normalen" Fall hätten sie die Einleitung des peinlichen Verfahrens vielleicht aufgeschoben. Der Zeitdruck, die Absicht, die Angelegenheit zu einem schnellen Abschluß zu bringen, zwang zu einem beschleunigten Vorgehen. Wenn die Sache im Januar vor die Geschworenen gebracht werden sollte, mußte die Einleitung des Verfahrens noch im Dezember beschlossen werden. Weitere Ermittlungen ließen sich nebenher durchführen. Anders gingen die gleichen Richter beispielsweise in einem Verfahren wegen Diebstahls wenige Monate früher vor. Dort wurde zunächst nur beschlossen, die unvollständige Untersuchung fortzusetzen. Dann gingen zwei Monate ins Land, bis es zur Einleitung des peinlichen Verfahrens kam.[191]

Mehrere Beispiele eines eher zurückhaltenden Vorgehens kommen aus Marburg. Die Haltung des Generalprokurators beim dortigen Kriminalgerichtshof des Werra-Departements, von Hanstein, wird an einer Auseinandersetzung deutlich, die er während des bereits erwähnten Verfahrens gegen die "Neustädter" Bande mit dem "instruierenden"[192] Kriminalrichter Scheffer hatte. Nachdem letzterer schon mehr als ein Jahr lang die Taten der Bande untersucht hatte, gab er die Akten im November 1810 an den Generalprokurator zurück, damit dieser die Einleitung des peinlichen Verfahrens beantragen könne.

Anfang März 1811 legte Hanstein die Sache dem Kriminalgerichtshof vor und verlangte erneut, die Untersuchung fortzusetzen. Er zählte 28 Punkte auf, an denen das Ergebnis der bisherigen Bemühungen noch zu wünschen übrig ließe.

---

190 Pfeiffer, Rechtsfälle, S. 97.

191 Acta in Anklage-Sachen wider Joh. Ludw. Guterwill (1811), Nds. StA Wolfenbüttel, 8 W Nr. 414.

192 Dies war die in Marburg gebräuchliche Bezeichnung für die im Gesetz nicht vorgesehene Aufgabe.

Richter Scheffer antwortete mit einem erbosten "Votum".[193] Er führte aus, daß die neue Gesetzgebung die Verhandlung vor den Geschworenen als die Hauptsache des Verfahrens ansehe. Die vorangehende Untersuchung diene lediglich der Vorbereitung darauf. Deshalb müsse man nicht jede Nebensächlichkeit schon im Vorverfahren aufklären.[194]

Der Generalprokurator legte daraufhin seine Ansicht über den "Geist" des neuen Verfahrens dar. Keineswegs, meinte er, sei die Verhandlung vor den Geschworenen die Hauptsache. Sie solle nur die bereits "erschöpfte Untersuchung" in der Öffentlichkeit wiederholen. Dem Angeklagten dürfe "keine Möglichkeit [bleiben], seine früher gethane Aussagen zu verdrehen, oder gar zu widerrufen." Andernfalls würde die Verhandlung "tumultuarischer" und "summarischer" sein als früher.[195]

In den meisten Fällen verfuhr der Generalprokurator entsprechend diesen Vorstellungen. Er ließ in der Regel eine Voruntersuchung so lange fortsetzen, bis der Beschuldigte gestanden hatte. Nur wenn das "corpus delicti" des fraglichen Verbrechens endgültig festgestellt war, erhob er Anklage und brachte die Sache vor die Geschworenen.[196]

Nun wäre es allerdings wohl falsch, wenn man den Grund für dieses Vorgehen des Generalprokurators allein darin suchen wollte, daß er die Veränderung des Rechtssystems nicht verstanden hatte oder sie einfach ignorierte. Wenn er weiter ein Inquisitionsverfahren mit dem Ziel, die "Königin der Beweise", das Geständnis zu erlangen, betreiben wollte, so spielten dabei aus seiner Sicht leidvolle Erfahrungen aus der Anfangszeit seiner neuen Tätigkeit eine vermutlich ebenso große Rolle. Wohl die erste Sache, die in Marburg öffentlich vor den Geschworenen verhandelt wurde, eine Anklage wegen Falschmünzerei, endete mit einem Freispruch, obwohl die beiden Angeklagten gestanden hatten.[197] Als zwei Jahre später in einem ähnlichen Fall der Vorsatz des Beschuldigten im Vorver-

---

193 Beim Kriminalgerichtshof in Marburg wurde die nach Art. 13 Abs. 2 PPO erforderliche Sitzung offenbar nur selten durchgeführt. Statt dessen votierten die Richter im Umlaufverfahren über die Anträge.

194 Votum vom 21. März 1811, Hess. StA Marburg, 265.3 Kriminalgericht Marburg, Nr. 127.

195 Stellungnahme vom 27. April 1811, ebd.

196 vgl. Hess. StA Marburg, 265.8 Prokurator Marburg, Nr. 30, Acta den Präfectur-Gardisten Heinrich Landefeld betr.; Hess. StA Marburg, 265.8 Prokurator Marburg, Nr. 1, Acta Joh. Heinr. Hutmann u.a. betr.; 265.3 Kriminalgericht Marburg, Nr. 52, Untersuchungsacten wider Ernst und Metz; 265.3 Kriminalgericht Marburg, Nr. 39, Untersuchungsakten wider Georg Ludwig Ullrich u. Christian Webel.

197 Hess. StA Marburg, 265.8 Prokurator Marburg, Nr. 12, Acta den Bartholomäus Handschuhmacher und Justin Klotzbach betr.

fahren nicht eindeutig nachgewiesen worden ist, beantragte Hanstein lieber gleich die Verweisung an ein Korrektionsgericht.[198]

Eine parallele Entwicklung ist bei den Untersuchungen wegen Kindestötung zu beobachten. Im November 1810 klagte der Generalprokurator Juliane Hundertmark in Marburg wegen dieses Verbrechens an. Während der Voruntersuchung hatte sie die Tötung bestritten und behauptet, das Kind sei tot geboren worden. Dabei blieb sie in der Hauptverhandlung, und die Geschworenen sprachen sie frei.[199]

Im Juni 1811 wurde eine Untersuchung gegen Hanna Moser mit derselben Beschuldigung eingeleitet.[200] Das Distriktstribunal in Hersfeld hatte die Sache an den Generalprokurator abgegeben. Dieser hatte die Fortsetzung der Untersuchung beantragt, um die Beschuldigte zum Geständnis zu bringen.[201] Doch die Bemühungen hatten keinen Erfolg. Obwohl starke Indizien gegen die Beschuldigte sprachen, beschloß das Kriminalgericht auf Antrag Hansteins die Zurückverweisung an das Distriktstribunal, um dort ein Verfahren wegen verheimlichter Schwangerschaft und Geburt durchführen zu lassen. Der Generalprokurator hatte seinen Antrag unter ausdrücklichem Hinweis auf den Fall der Juliane Hundertmark damit begründet, daß der Tötungsvorwurf ohne ein Geständnis nicht nachzuweisen sei.[202]

Auch die unteren Instanzen lernten aus diesen Erfahrungen. Im August 1811 gelangte ein ähnlicher Fall schon gar nicht mehr an den Kriminalgerichtshof. Elisabeth Schmidt aus Treysa war dem Marburger Instruktionsrichter von Schmerfeld wegen des Verdachts der Kindestötung überstellt worden. Trotz des fehlenden Geständnisses hielt Schmerfeld sie nach mehreren Verhören für so verdächtig, daß er die Abgabe an den Kriminalgerichtshof befürwortete.[203] Der königliche Prokurator jedoch beantragte, das korrektionelle Verfahren einzuleiten. Er begründete dies aber nicht mit den mangelnden Erfolgsaussichten vor den Geschworenen sondern kehrte ganz zum Denken des gemeinen Prozesses zurück. Unter Berufung auf Grolmans "Grundsätze der Criminalrechtswissenschaft"

---

198 Hess. StA Marburg, 265.8 Prokurator Marburg, Nr. 13, Untersuchungsakten wider Meyer Katz Naumann.

199 Hess. StA Marburg, 265.3 Kriminalgericht Marburg, Nr. 51; 265.8 Prokurator Marburg, Nr. 29.

200 Hess. StA Marburg, 265.3 Kriminalgericht Marburg, Nr. 50.

201 Antrag vom 2. Juni 1811, ebd.

202 Antrag vom 17. Juli 1811, ebd.

203 Hess. StA Marburg, 265.8 Prokurator Marburg, Nr. 25, Bericht an den Prokurator des Königs.

stellte er fest, daß mangels eines Geständnisses kein corpus delicti vorhanden sei. Das Distriktstribunal schloß sich ihm an.[204]

Generalprokurator v. Hanstein ging in einem Fall sogar noch einen Schritt weiter in der Anwendung althergebrachter Regeln. Im Februar 1810 hatte das Distriktstribunal Marburg ein Untersuchungsverfahren wegen Diebstahls an den Kriminalgerichtshof abgegeben.[205] Fünf Monate später mußte Hanstein trotz weiterer Anstrengungen feststellen, daß die Beschuldigten nicht zum Geständnis zu bringen waren, und ihnen die Tat auch sonst nicht nachzuweisen war. Er beantragte, die Sache zur Aburteilung im Korrektionsverfahren an das Distriktstribunal zurückzuverweisen. Da ein "peinliches" Verbrechen nicht beweisbar sei, bliebe nur eine Korrektionsstrafe.[206] Der Generalprokurator wollte eine Verdachtsstrafe verhängen lassen. Dabei folgte ihm der Kriminalgerichtshof allerdings nicht. Er ließ die Beschuldigten frei.[207]

4. *Die Verteidigungsmöglichkeiten des Beschuldigten*

"La loi ne perd cependant jamais de vue les droits de l'accusé."[208] Auch wenn das Gesetz angeblich die Rechte des Angeklagten also nie aus den Augen verlor, sah es doch die Beiziehung eines Verteidigers zum Verfahren erst für einen recht späten Zeitpunkt vor. Nach dem Beschluß, das peinliche Verfahren einzuleiten, und der Anklageerhebung sollte er bestellt werden. Vorher war der Beschuldigte darauf angewiesen, daß die Strafverfolgungsbehörden seine Interessen ebenfalls beachteten. Auch in diesem Punkt war die französisch-westphälische Gesetzgebung wieder von den durch die Revolution erlangten Schutzrechten für den Beschuldigten abgegangen. Der Schritt hatte sich fast zwangsläufig aus der Rückkehr zu einer geheimen, schriftlichen Voruntersuchung, in der der Beschuldigte erst am Schluß erfuhr, was konkret gegen ihn vorlag, ergeben.

Ein Verbot, sich schon im Vorverfahren eines Rechtsbeistandes zu versichern, gab es wohl nicht.[209] Dieser hätte allerdings kaum Gelegenheit gehabt, mit dem Beschuldigten zu sprechen. Denn es war offenbar bereits fraglich, ob dem Verteidiger nach seiner Bestellung am Ende der Voruntersuchung eine unbeaufsichtigte Unterredung mit dem Angeklagten gestattet werden dürfe. Präsident

---

204 Ebd.

205 Untersuchungsakten wider Georg Ludwig Ullrich und Christian Webel, 265.3 Kriminalgericht Marburg, Nr. 39, Beschluß des Distriktstribunals vom 5. Februar 1810.

206 Antrag vom 27. Juli 1810, ebd.

207 Beschluß vom 30. Juli 1810, ebd.

208 Leist, Discours, S. 22.

209 Vgl. Bülow, Erläuternde Bemerkungen, Bd. 2, S. 92.

Hurlebusch meinte jedenfalls, die entsprechende Praxis am Kriminalgerichtshof in Wolfenbüttel vom Justizminister absegnen lassen zu müssen.[210] Zumindest eines seiner Argumente ließ eher geringes Vertrauen in die Unparteilichkeit der Untersuchungsbeamten erkennen. Er meinte, daß der Verteidiger doch der "einzige Freund" sei, den der Angeklagte habe.[211] Im übrigen berief er sich nicht auf den "Geist" der neuen Gesetze sondern lediglich auf deren Schweigen zu dieser Frage. Unterstützung suchte er bei Meister, Feuerbach und Grolman und deren Ausführungen zur Verteidigung des Beschuldigten am Ende der Spezialinquisition.[212]

Das Bemühen des Gesetzes, das Verfahren nach Abschluß der Voruntersuchung möglichst zu beschleunigen, erschwerte die Aufgabe des Verteidigers zusätzlich. War er einmal bestellt, blieb ihm nur eine Woche, um die teilweise sehr umfangreichen Untersuchungsakten durchzuarbeiten. Denn er mußte sich ja nicht nur mit dem Fall vertraut sondern sofort mögliche Einwendungen gegen das Verfahren geltend machen. Die geringen Kenntnisse der Prokuratoren und Advokaten über die ohnehin nicht sehr zahlreichen gesetzlichen Regeln für das Vorverfahren führte dazu, daß dieses Instrument weitgehend ungenutzt blieb.

Der einzige Fall in den untersuchten Materialien, in dem ein Verteidiger einen halbwegs erfolgversprechenden Versuch unternahm, Einwendungen geltend zu machen, hatte denn auch mit dem Verfahren selbst wenig zu tun. Im September 1810 war in Nienburg im Aller-Departement ein Mord geschehen. Zwei Tagelöhner wurden als Täter verhaftet und schließlich an den Kriminalgerichtshof in Hannover zur Durchführung des weiteren Verfahrens abgeliefert.[213]

Am 24. Dezember 1810 beschloß der Kriminalgerichtshof die Einleitung des peinlichen Verfahrens, drei Tage später wurden die Verteidiger für die Angeklagten bestellt.[214] Genau vierzehn Tage vorher allerdings, am 13. Dezember, hatte Frankreich den Vertrag über die Abtretung Nordhannovers an Westphalen einseitig aufgehoben. Große Teile des Aller-Departements, darunter auch Nienburg, waren dem Kaiserreich einverleibt worden.[215] Die Verteidiger hatten davon

---

210 Hurlebusch, Erörterungen aus dem Civil- und Criminal-Rechte, Heft 1, S. 8 ff.

211 Ebd., S. 10.

212 Ebd., S. 9. Auf Grolman allerdings berief er sich zu Unrecht. Der hielt die Anwesenheit eines Justizbeamten beim Gespräch zwischen Verteidiger und Beschuldigtem gerade für notwendig, um "Suggestionen und Collusionen" zu vermeiden (Grundsätze der Criminalrechtswissenschaft, § 678, S. 474). Feuerbach wollte ein unbeaufsichtigtes Gespräch zulassen, wenn keine besonderen Gründe für einen Kollusionsverdacht bestanden (Lehrbuch des peinlichen Rechts, § 636).

213 Nds. HStA Hannover, Hann 52 Nr. 3880, Acta in causa inquisitionis contra Duelmeyer und Berkefeld.

214 Ebd., Bd. 2, Nr. 11, S. 75.

215 S. o. S. 39.

aus dem Moniteur universel erfahren. Sie machten nun geltend, daß der Kriminalgerichtshof des westphälischen Aller-Departements nicht zuständig sei, gegen kaiserlich-französische Untertanen wegen einer auf französischem Boden begangenen Tat das peinliche Verfahren durchzuführen.[216] Der Kriminalgerichtshof wies den Einwand zurück. Er berief sich darauf, daß offiziell von einer Abtrennung Nienburgs nichts bekannt sei.[217]

In den meisten Fällen blieb den Verteidigern im Interesse ihres Mandanten nur der Versuch, die gegen den Angeklagten in der Voruntersuchung gesammelten Beweismittel schon vor der Hauptverhandlung zu entkräften. In diese Richtung ging der Antrag von Claus' Verteidiger Fricke, die Protokolle der Aussagen, die Frau Claus im Vorverfahren gemacht hatte, von den Untersuchungsakten abzutrennen.

Fricke berief sich auf Art. 56, Abs. 1 PPO. Danach war es grundsätzlich unzulässig, bestimmte Personengruppen, darunter auch den Ehegatten eines Angeklagten, in der Hauptverhandlung zu vernehmen. Art. 56, Abs. 1 PPO verkörperte nun keineswegs eine Anerkennung eines Menschen- oder Persönlichkeitsrechts des Zeugen. Es ging nicht darum, ihm einen möglichen Konflikt zwischen der Wahrheitspflicht und der Loyalität gegenüber dem Angeklagten zu ersparen.[218] Die Liste der als Zeugen ausgeschlossenen Personen stellte klar auf den Zweifel an deren Glaubwürdigkeit ab. Die Regelung stand noch in der Tradition des Inquisitionsprozesses mit seinem Ausschluß der unzuverlässigen Zeugen.[219] Offenbar traute der Gesetzgeber den Geschworenen denn doch nicht zu, daß sie selbst den Beweiswert der Aussagen solcher Personen richtig einzuschätzen wüßten.

Auf dieser Linie, allerdings im Interesse des Angeklagten, bewegte sich auch Frickes Argumentation. Gemäß Art. 70, Abs. 2 PPO nahmen die Geschworenen am Ende der Verhandlung alle Untersuchungsakten mit in ihre Beratung. Die Geschworenen konnten also die Aussage einer Person, die in der öffentlichen Verhandlung nicht als Zeuge auftreten durfte, vor ihrer Entscheidung nachlesen. Das wollte der Verteidiger durch das Abtrennen der Protokolle von Frau Claus' Aussagen verhindern.

Im Fall Claus wurde die Frage, ob und wie das Verbot des Art. 56, Abs. 1 PPO in das Vorverfahren hineinwirkte, nicht endgültig entschieden. Die untersuchten Materialien lehren allerdings, daß die Entscheidung wohl nicht zugunsten von Frickes Antrag gefallen wäre. Einzig Kulenkamp vertrat in seinem Buch über

---

216 Nds. HStA Hannover, Hann 52 Nr. 3881, Bd. 2, Nr. 15, S. 123.

217 Ebd., Bd. 2, Nr. 18, S. 130.

218 Zur Entwicklung des Zeugnisverweigerungsrechts vgl. Eb. Schmidt, Die Verletzung der Belehrungspflicht gem. § 55, Abs. 2 StPO als Revisionsgrund, in: JZ 1958, S. 596 ff., S. 600.

219 Vgl. Grolman, Grundsätze der Criminalrechtswissenschaft, § 628.

das Verfahren der gerichtlichen Polizei sogar die Ansicht, daß man Personen, die nicht in der Hauptverhandlung aussagen könnten, in der Voruntersuchung gar nicht vernehmen dürfe.[220]

Als Kulenkamp, in seiner Funktion als Instruktionsrichter im Distrikt Hersfeld, diese Vorstellungen dem Generalprokurator von Hanstein vortrug,[221] stieß er auf Ablehnung. Hanstein argumentierte, daß im Vorverfahren kein Beweis geführt werde. Es gehe vielmehr darum, alle Umstände, für und gegen den Angeklagten, zu ermitteln.[222] Art. 56, Abs. 1 PPO gelte deshalb nicht. Eine ähnliche Ansicht vertrat auch Bülow.[223]

Kulenkamps Kollegen in den übrigen Distrikten des Königreichs schenkten dem Problem offenbar gar keine Beachtung. Wie gesehen bezogen sie die betroffenen Personen in einigen Fällen von vornherein als Beschuldigte in die Untersuchung ein. Sonst vernahmen sie nach Bedarf und ohne Bedenken Ehefrauen,[224] Mütter,[225] und andere nahe Verwandte und Verschwägerte.[226] Im Vordergrund stand für sie ohne Zweifel die Wahrheitsfindung und nicht die Rechte von Beschuldigten oder deren Verwandten.

G. Die Hauptverhandlung

1. Die Hauptverhandlung nach der Peinlichen Prozeßordnung

Eingehend bestimmten die Art. 44 ff. der Peinlichen Prozeßordnung den Gang der Hauptverhandlung von der Vorführung des Angeklagten bis zur Erklärung der Geschworenen. Gleich zu Beginn sollte der Verteidiger darauf hingewiesen werden, "daß er nichts gegen die den Gesetzen schuldige Achtung sagen dürfe, und sich mit Anstand und Mäßigung auszudrücken habe."[227] Dann hielt der Präsident des Kriminalgerichtshofes eine im Gesetz vorgeschriebene Ansprache an die Geschworenen, und diese legten ihren Eid ab.

---

220 Kulenkamp, Über die gerichtliche Polizei, S. 82.

221 Anfrage vom 6. Oktober 1810, Hess. StA Marburg, 265.8 Prokurator Marburg, Nr. 50.

222 Antwort des Generalprokurators (o. Datum), ebd.

223 Bülow, Erläuternde Bemerkungen, Bd. 1, S. 51.

224 Nds. HStA Hannover, Hann 52 Nr. 3881, Acta ctra. Duelmeyer und Berkefeld, Bd. 1, Nr. 17, S. 73.

225 Actenmässige Darstellung der Gründe der Anklage-Urkunde wider Georg Christian Mügge, Oesterley's Magazin, Bd. 1, S. 543 ff., S. 591.

226 Nds. StA Wolfenbüttel, 8 W Nr. 438 (Fall Claus): Vernehmung von Claus' zwölfjähriger Tochter (No. 15), seiner Schwester und seines Schwagers (No. 25).

227 Art. 45 PPO.

Die Auswahl der Geschworenen hatte schon lange vor Beginn einer Hauptverhandlung begonnen. Bei Inkrafttreten der Peinlichen Prozeßordnung mußten die Präfekten eines Departements eine Liste von mindestens 300 Personen zusammenstellen, die für das Geschworenenamt geeignet schienen. Es sollten Staatsbürger herangezogen werden, die "in Rücksicht ihres Amtes, ihrer Einsichten oder ihrer Wohlhabenheit zu den angesehensten" gehörten. Eine Reihe von höheren Staatsbeamten war ausgeschlossen.[228] Von dieser Liste wurden 36 Personen am Anfang jedes Monats durch den Präsidenten ausgelost. Angeklagter und Generalprokurator hatten dann das Recht, jeweils neun Kandidaten ohne Angabe von Gründen zu verwerfen. Über weitere, begründete Verwerfungsanträge mußte der Kriminalgerichtshof entscheiden. Aus den verbleibenden Personen stellte der Präsident dann die Liste von 12 Geschworenen für eine bestimmte Verhandlung zusammen.[229]

Nach der Vereidigung der Geschworenen wurde die Anklageurkunde verlesen. Ihr wesentlicher Inhalt wurde dem Angeklagten vom Präsidenten noch einmal vorgetragen. Dann durfte der Generalprokurator sein Eröffnungsplädoyer halten.[230] Anschließend wurden die Zeugen aufgerufen. Sie sollten einzeln vereidigt und vernommen werden. Nach jeder Aussage hatte der Angeklagte das Recht, dazu Stellung zu nehmen. Er, sein Verteidiger und der Generalprokurator durften auch eigene Fragen an die Zeugen richten.[231]

War die Zeugenvernehmung abgeschlossen, gab zunächst der Generalprokurator sein Schlußplädoyer ab. Der Verteidiger antwortete, dann konnte der Generalprokurator replizieren. Das letzte Wort hatten der Angeklagte oder sein Verteidiger.[232] Der Präsident faßte anschließend die Ergebnisse der Verhandlung für die Geschworenen zusammen. Nach einer Beratung mit den anderen beiden Richtern formulierte er auch die Fragen, die die Geschworenen beantworten sollten. Sie durften sich nur auf die Tatfrage richten.[233] Von rechtlichen Erwägungen sollte die Entscheidung der Geschworenen frei bleiben.

Für eine dem Angeklagten nachteilige Feststellung waren die Stimmen von mindestens acht Geschworenen erforderlich. Hatten die Geschworenen eine Entscheidung getroffen, so wurde sie in Abwesenheit des Angeklagten dem Gericht mitgeteilt.[234] Anschließend führte man den Angeklagten wieder vor und verkün-

---

228 Art. 29, 30 PPO.
229 Art. 32 bis 34 PPO.
230 Art. 47 bis 49 PPO.
231 Art. 50 bis 55 PPO.
232 Art. 69 PPO.
233 Art. 70 bis 72 PPO.
234 Art. 80 PPO.

dete ihm das Verdikt.[235] Hatten die Geschworenen den Angeklagten schuldig gesprochen, stellte der Generalprokurator seinen Strafantrag. Dann fällten die Richter nach kurzer Beratung das Urteil und die Sitzung war beendet.[236]

2. *Die Hauptverhandlung gegen Claus*

Am 16. Januar 1812, einem Donnerstag, tritt der Kriminalgerichtshof des Oker-Departements in Wolfenbüttel zusammen, um gegen Johann Conrad Ludwig Claus wegen der Ermordung des Kapitäns Jean Baptiste Gaignemaille zu verhandeln. Das Aufsehen, das der Fall erregt hat, spiegelt sich in der Menge der Zuschauer wider, die sich in den Saal drängen.[237] Morgens um zehn Uhr beginnt die öffentliche Sitzung.[238] Der Gerichtshof erscheint mit dem Generalprokurator. Dann treten die Geschworenen vor und nehmen auf ihrer Bank Platz. Nur einer von ihnen kommt aus Braunschweig. Die anderen leben in Wolfenbüttel, Hildesheim, Goslar und anderen Orten des Departements.

Der Angeklagte mit seinem Verteidiger Dr. Fricke und die geladenen Zeugen werden hereingerufen. Nach der Erledigung der vorgeschriebenen Förmlichkeiten verliest zuerst der Greffier den Eröffnungsbeschluß und die Anklageurkunde. Dann stellt der Präsident Hurlebusch den Sachverhalt dar, wie er sich aus dem Vorverfahren ergeben hat. Schließlich erhebt sich der Generalprokurator Koch und begründet die Anklage. Den Schwerpunkt seiner Ausführungen legt er auf die große Anzahl von Indizien, die gegen den Angeklagten sprächen. Zusammen genommen bewiesen sie seine Schuld.[239] Erst jetzt müssen die Zeugen den Saal verlassen. Auf Antrag des Verteidigers werden Lehmann, seine Haushälterin Rohden und Frau Langemeyer voneinander getrennt.

Bevor die Vernehmung der Zeugen beginnt, wird der Angeklagte zur Sache befragt. Claus leugnet nach wie vor. Er ist am fraglichen Abend nicht im Lehmannschen Hause gewesen und hat Gaignemaille nicht getötet. Den schwarzen Hut und den Pfeifenkopf, die man bei der Leiche gefunden hat, kennt er nicht.

---

235 Art. 89 PPO.

236 Art. 93 bis 100 PPO.

237 Vgl. J.C.L. Claus oder Authentische Darstellung des vor dem königlich peinlichen Gerichtshofe zu Wolfenbüttel vom 16ten bis 21ten Januar wider ihn verhandelten Processes wegen eines an den Kaiserl. Franz. Capitain Gaignemaille verübten Mordes, S. 15: "Die Menschenmasse aus Braunschweig, Wolfenbüttel und den umliegenden Ortschaften ist kaum zu schildern."

238 Sitzungsprotokoll, Nds. StA Wolfenbüttel, 8 W Nr. 441, No. 122.

239 Authentische Darstellung, S. 16.

Als erster Zeuge wird Lehmann aufgerufen. Wie alle Zeugen nach ihm muß er schwören, "ohne Haß und ohne Furcht zu reden und die Wahrheit zu sagen". Dann berichtet er, wie er den sterbenden Kapitän gefunden hat.[240] Ihm folgt seine Haushälterin. Auch sie wird im Moment nur über die Entdeckung der Tat befragt. Als nächster sagt der Leutnant Remond aus, was bei seiner Ankunft am Tatort geschehen ist. Die Ärzte, die die Obduktion der Leiche vorgenommen haben, wiederholen noch einmal deren Ergebnisse. Auf Befragen stellen beide fest, daß die horizontale Richtung des Schusses gegen einen Selbstmord spräche.

Nach einer Stunde Pause wird die Sitzung gegen vier Uhr fortgesetzt. Der Verteidiger hat die Verläßlichkeit der Herdtmannschen Streckenmessungen[241] in Zweifel gezogen und ein Gegengutachten vorgelegt.[242] Gegen einen Antrag, den Friedensrichter dazu vernehmen zu lassen, protestiert Dr. Fricke ebenfalls wegen dessen mangelnden Sachverstandes. Präsident Hurlebusch verwirft seinen Einspruch. Es bedürfe lediglich gesunder Beine, aber keiner "Kunst", um die Länge eines Weges festzustellen. Herdtmann darf also über seine Messungen berichten. Hurlebusch verliest die darüber aufgenommenen Registraturen und der Friedensrichter bestätigt ihren Inhalt.

Es wird festgestellt, daß der Büchsenmacher Rasch nicht in der Lage ist, als Zeuge zu erscheinen. Seine Aussagen aus dem Vorverfahren werden deshalb vorgelesen. Claus bestreitet ihre Richtigkeit. Sein Verteidiger läßt den Geschworenen Art. 64 PPO mitteilen. Danach ist auf die verlesene Aussage eines abwesenden Zeugen nur "den Umständen nach Rücksicht zu nehmen." Die Söhne des Büchsenmachers und seine Dienstmagd bestätigen die Angaben des alten Rasch. Claus bleibt dabei, daß sie sich irren. Zum Abschluß ihrer Vernehmungen läßt der Präsident alle noch einmal vortreten und fragt sie, ob der Angeklagte "derjenige sei, der am Montage in der ersten Adventswoche des Abends ein Pistol von ihrem Vater gekauft." Alle bejahen.

Dann wird Lehmann erneut aufgerufen und über die Vorgänge am 2. Dezember vernommen. Claus sei am Abend zu ihm gekommen und habe seine Gabeln gefordert. Auf seine Antwort, daß er seine Haushälterin danach fragen müsse, sei Claus gegangen. Er selbst sei in die Stube zurückgekehrt. Augenblicke später sei der Schuß gefallen. Auf der Diele sei ihm Claus entgegen gekommen. Er habe ihn gefragt: "Claus, was haben Sie gemacht?" "Nichts", habe dieser geantwortet, "ich will meine Gabeln haben", und sei zur Haustür hinausgestürzt. Den schwar-

240 Protokoll der Zeugenvernehmung, Nds. StA Wolfenbüttel, 8 W Nr. 441, No. 126.
241 S.o., S. 71.
242 Der Bauconducteur Liebau hat bei "gewöhnlichem, mittelmäßigen Schritte" für die gesamte Strecke gute 18 Minuten gebraucht (Nds. StA Wolfenbüttel, 8 W Nr. 441, No. 124).

zen Hut, den er bei seinem Kommen getragen hätte, habe er nicht mehr auf dem Kopf gehabt.

Der Angeklagte leugnet die Angaben Lehmanns. Es sei auf der Diele ohnehin immer viel zu dunkel gewesen, um jemanden erkennen zu können. Lehmann behauptet dagegen, ein Licht bei sich gehabt zu haben. Außerdem sei seine Haushälterin ebenfalls mit einer Lampe aus der Küche gekommen. Frau Rohden unterstützt seine Aussage in allen Punkten. Die Zeugin Langemeyer aber, die zur Tatzeit bei der Rohden in der Küche war, sagt nun, daß zwar ein Mann durch die Diele gelaufen sei. Um ihn erkennen zu können, sei es aber viel zu dunkel gewesen. Frau Rohden sei mit ihrer Lampe erst hinaus in die Diele getreten, als die Person schon verschwunden gewesen sei.

Frau Rohden widerspricht der Langemeyer, und Präsident Hurlebusch ermahnt sie, sich genau zu erinnern und die Wahrheit zu sagen. Er hält ihr ihre Aussage aus dem Vorverfahren vor, wo sie Claus' Stimme noch erkannt haben wollte. Frau Langemeyer gibt dies zu. Ob er es allerdings tatsächlich gewesen sei, dessen sei sie nicht sicher. Hurlebusch fragt sie, "was Claus gesagt" habe. Doch die Zeugin läßt sich nicht beirren. Die "Mannsperson" habe von Gabeln gesprochen.

Die folgenden Zeugen sind Passanten und Nachbarn. Sie wiederholen weitgehend ihre Aussagen aus dem Vorverfahren. Nach dem Schuß sei ein Mann den Bohlweg entlang davongelaufen und habe gerufen: "Nun ist der Hund tot!" Danach müssen Lehmann und seine Haushälterin wieder vortreten. Jetzt geht es um den Pfeifenkopf. Lehmann behauptet, unterstützt von der Rohden, er habe Claus den Pfeifenkopf etwa 2 Wochen vor der Tat geliehen und nicht zurück bekommen. Claus bestreitet weiterhin. An diesem Punkt – über den Vernehmungen ist es spät geworden – wird die Sitzung "der nötigen Erholung und Ruhe wegen" auf den nächsten Morgen vertagt.

Zu Beginn der Sitzung am Freitag wird Leutnant Remond noch einmal aufgerufen, um seine Angaben zu ergänzen.[243] Dann werden Remond, Lehmann und die Rohden vorerst entlassen. Verteidiger Fricke beantragt, außer der Reihe die Frau des Branntweinbrauers Peters zu vernehmen. Sie habe eine wichtige Mitteilung zu machen. Frau Peters behauptet, daß Lehmann zu ihr gesagt habe, "er würde sich freuen, wenn Claus von unten auf gerädert werde." Lehmann wird zurückgerufen und nach dieser Äußerung befragt. Er bestreitet sie. Er klagt, die ganze Stadt sage ihm nach, Claus an den Galgen bringen zu wollen.[244]

---

243 Der Leutnant berichtet, wie Gaignemaille ihm trotz zertrümmerten Unterkiefers und zerrissener Zunge noch "Lebe wohl" gewünscht habe.

244 Der Zeuge Büttner bestätigt Frau Peters' Aussage später.

Die Angelegenheit wird nicht weiter verfolgt. Statt dessen befassen sich ein Arzt und der Forstinspektor von Löhneysen als Schußwaffenexperte mit der Wunde, die am Tag nach der Tat an Claus' kleinem Finger bemerkt worden war. Löhneysen meint, das Abfeuern einer Pistole könne eine solche Wunde kaum verursachen. Anschließend werden die Vorfälle in Stöckheim behandelt. Mehrere Zeugen werden zum Lebenswandel von Frau Claus gehört. Gaignemaille ist offenbar nicht der einzige französische Offizier gewesen, dem sie ihre Gunst geschenkt hat. Manche Zeugen müssen allerdings einräumen, daß ihre Kenntnisse nur auf Hörensagen beruhen.

Dann kommt man zu Claus' Alibi. 33 Zeugen werden nacheinander aufgerufen, die etwas über Claus Anwesenheit in der Gaststube des Bardenwerperschen Brauhauses wissen könnten. Nach ihren Angaben hat Claus schon mindestens seit dem frühen Abend dort gesessen. Zunächst soll er Karten gespielt haben. Eine Zeit lang habe er sich mit einem Sattler von den Husaren unterhalten. Der Kattundrucker Schilling und der Schlossermeister Hunstedt hätten anschließend mit ihm am selben Tisch gesessen.

Manchmal weichen die Angaben der Zeugen allerdings von einander ab, wenn sie Zeiten genauer bestimmen sollen. Schilling will sich schon um viertel nach sieben neben Claus gesetzt haben. Andere meinen, Claus sei erst kurz vor acht Uhr von dem Gespräch mit dem Sattler aufgestanden, um sich an den anderen Tisch zu begeben. Der Viktualienhändler Hettstedt und der Tischler Birno können sich immerhin auf den Glockenschlag der Brüdernkirche berufen, wenn sie behaupten, Claus um wenige Minuten vor, bzw. nach acht Uhr bei Hunstedt und Schilling gesehen zu haben.

Alle Zeugen müssen zugestehen, daß sie nicht ständig auf Claus geachtet haben. Etwa einhundert Menschen sollen sich im Brauhaus an diesem Abend aufgehalten haben. Doch selbst auf eindringliche Nachfragen des Präsidenten und des Generalprokurators bleiben sie dabei, daß Claus höchstens fünf bis zehn Minuten, allenfalls eine Viertelstunde abwesend gewesen sein könne. Auch wenn man Claus nicht sehe, hören könne man ihn immer, weil er so laut sei, sagt Hunstedt. Der Schuhmacher Heuer bekräftigt seine Aussage mit den Worten:

"wüßte er, daß Claus den Capitain erschossen, so würde er es sagen und wenn er sein Bruder wäre; eine gute That müsse belohnt, eine schlechte aber bestraft werden."

Die Pfeife oder den Hut, die am Tatort gefunden worden sind, erkennt keiner der Zeugen. Sie stimmen auch darin überein, daß Claus weder vor der Nachricht von der Ermordung Gaignemailles noch danach besondere Unruhe an den Tag gelegt habe. Auf den Hinweis, daß er der Tat verdächtigt und von der Polizei gesucht werde, habe Claus nur geantwortet:

"Mein Gewissen ist rein, man mag mich arretieren, ich bin unschuldig."

Die Vernehmung der Bardenwerperschen Gäste hat bis spät in den Freitagabend gedauert und ist am Sonnabend noch fortgesetzt worden. Nachdem anschließend ein weiterer Zeuge zum Verhältnis zwischen Frau Claus und Gaignemaille ausgesagt hat, wird Johanne Voigtländer vernommen. Sie wiederholt, daß Claus am Abend der Tat um sechs oder sieben Uhr im Haus auf dem Meinhardshofe gewesen sei. Der Schuster Berkling bestätigt ihre Angaben. Es sei sicher der Abend gewesen, an dem später die Wache gekommen sei, um nach Claus zu suchen.

Daraufhin läßt Präsident Hurlebusch die Söhne des Büchsenmachers Rasch, den Lehmann und die Rohden noch einmal aufrufen.

"Irrtum [ist] menschlich, aber im Irrtume zu beharren [ist] teuflisch. Noch einmal fordere [ich] sie bei ihrem Gewissen, bei dem Gedanken an einem den Meineid fürchterlich strafenden Gott, endlich bei der Möglichkeit, daß sie in diesem Augenblicke von der Welt abberufen werden könnten, auf, genau die Wahrheit zu sagen, ob der Angeklagte den Abend von ihnen gesehn, und unter den von ihnen angegebenen Umständen gesehn worden [ist],"[245] ermahnt er sie.

Dann werden diese Zeugen nacheinander mit dem Wirt Bardenwerper und anderen Alibizeugen konfrontiert. Alle bleiben bei ihren früheren Aussagen. Weder die einen noch die anderen weichen von ihren Behauptungen ab. Der Schlosser Hunstedt macht noch eine Ergänzung. Lehmann habe beim Begräbnis von Gaignemaille geäußert, "er wolle wünschen, daß Claus der Kopf vor die Füße geschlagen würde, er allein wolle es dahin bringen."

Johanne Voigtländer meldet sich noch einmal und berichtet von einem Gespräch, das sie am selben Morgen mit der Rohden gehabt haben will. Diese habe erzählt, sie habe gar nicht erkannt, wer damals die Diele entlang gelaufen sei. Die Zeugin Nägelein hat das Gespräch mitgehört. Frau Rohden bestreitet, etwas derartiges gesagt zu haben. Sie bleibt bei ihren Angaben. Die Zeugenvernehmung ist beendet. Auf Antrag des Generalprokurators wird die Sitzung auf den kommenden Montag vertagt.

Um neun Uhr versammelt sich eine "unglaubliche Menge von Menschen",[246] um den letzten Teil der Verhandlung gegen Claus zu verfolgen. Der Generalprokurator beginnt mit seinen Ausführungen. Noch einmal legt er die Indizien dar, die seiner Ansicht nach die Schuld des Angeklagten beweisen.[247]

---

245 Authentische Darstellung, S. 20.
246 Ebd., S. 25.
247 Ebd., S. 25 f.

Dann erhebt sich der Verteidiger Dr. Fricke. Er versucht, das Belastungsmaterial gegen Claus zu entkräften. Warum hat man bei der ersten Untersuchung des Falles den französischen Soldaten, der neben Frau Claus gewohnt hat, nicht vernommen? Warum ist nie nach dem Soldaten gesucht worden, der kurz nach der Tat über Lehmanns Zaun gestiegen sein soll?[248] Die Zeugen Lehmann und Rohden, meint er, seien wegen ihres unmoralischen Lebenswandels völlig unglaubwürdig. Sie hätten sich noch dazu in Widersprüche verwickelt und ihre Feindschaft zu Claus offen gezeigt. Daß Claus den Pistolenkauf bis zuletzt geleugnet hat, erklärt Dr. Fricke mit seiner Angst vor dem französischen Militär. Claus habe den Verdacht gegen sich nicht noch vergrößern wollen. Auf der anderen Seite hätten ehrbare, rechtschaffene Bürger sein Alibi für die Tatzeit bezeugt.

Zum Schluß geht Dr. Fricke mit dem Verfahren gegen seinen Klienten insgesamt ins Gericht. Offenbar seien die Behörden von Anfang an nur darauf aus gewesen, Claus als Täter zu überführen. Ein Beispiel für dieses Vorgehen sei die Reihenfolge der Zeugen in der Hauptverhandlung gewesen. Einige Anklagezeugen habe man erst am Ende vernommen, um den Eindruck ihrer Aussagen zu verstärken. Dr. Fricke beklagt mit deutlichen Worten die mangelnde Unparteilichkeit des Gerichts. Unter dem Druck der Franzosen sei es gezwungen, eine Verurteilung abzuliefern.[249]

Der Generalprokurator versucht in seiner Antwort, die Debatte wieder in ungefährlichere Bahnen zu lenken und zu den konkreten Umständen des Falles zurückzukehren. Er bemüht sich, die Gegenargumente zu widerlegen und die Zweifel an der Vollständigkeit der Untersuchung auszuräumen. Das letzte Wort hat der Verteidiger. Er verzichtet auf seinen Antrag, die Aussagen von Frau Claus von den Untersuchungsakten zu trennen. Dann setzt Präsident Hurlebusch den Geschworenen den Sachverhalt noch einmal aus seiner Sicht auseinander. Zumindest nach Meinung des Verteidigers betont er in diesem "résumé" einseitig die Argumente, die gegen den Angeklagten sprechen.[250] Nach kurzer Beratung mit den anderen Richtern formuliert er anschließend die Fragen, die die Geschworenen beantworten sollen:

"Sind die Geschworenen innigst überzeugt:

1. daß der kaiserlich französische Capitain Jean Gaignemaille am 2ten December vorigen Jahres im Lehmannschen Hause durch einen Schuß getödtet ist?

---

248 Ein Nachbar hatte dies ausgesagt.

249 Die Authentische Darstellung, S. 25 ff., läßt diesen Angriff nur zwischen den Zeilen erahnen.

250 Vgl. Urteil des Staatsrates v. 8. Februar 1812, Nds. StA Wolfenbüttel, 8 W Nr. 441, No. 138.

2. daß der Angeklagte ihn getödtet habe?
3. daß er es mit vorher überlegtem Vorsatze gethan hat."[251]

Drei Stunden beraten die Geschworenen. Dann wird nach dem Kriminalrichter von Schrader geschickt, damit er das Ergebnis protokolliert. Die Geschworenen nehmen wieder auf ihrer Bank Platz. Ihr "Chef" erhebt sich und verliest ihren Spruch. Sie bejahen alle drei Fragen. Bei der ersten ist die Entscheidung einstimmig gefallen, bei den beiden anderen mit neun zu drei Stimmen gegen den Angeklagten. Alle Geschworenen empfehlen den Angeklagten der Gnade des Königs.

Claus wird wieder vorgeführt, und der Gerichtsschreiber liest die Erklärung der Geschworenen noch einmal vor. Generalprokurator Koch beantragt die Todesstrafe.[252] Verteidiger Dr. Fricke bleibt nichts, als um Milde zu bitten. Das Gericht faßt das Urteil sofort ab. Wie es das Gesetz vorschreibt, werden zunächst die einschlägigen Bestimmungen, die Art. 137, 150 und 142 CCC und der Art. 111 PPO verlesen. Dann spricht der Präsident das Urteil:

"daß der Angeklagte Johann Conrad Ludwig Claus aus Braunschweig wegen der Ermordung des kaiserlich französischen Capitains Gaignemaille mit dem Schwerdte vom Leben zum Tode zu bringen, ..."[253]

Hurlebusch setzt noch hinzu, daß die Geschworenen Claus zwar der Gnade des Königs empfohlen hätten, diese aber kaum zu erwarten sei. Der Angeklagte möge deshalb die Zeit nutzen, die ihm noch bleibe, und in sich gehen. Claus nimmt sich diesen Rat noch nicht zu Herzen. Statt dessen beklagt er sich beim Gericht, daß es nicht alle Zeugen gehört habe.[254] Schließlich entzieht ihm der Präsident das Wort und hebt die Sitzung auf.

H. Die Geschworenengerichte in der Praxis

1. Politische Gesichtspunkte

Der politische Anspruch, der sich mit der Einführung der Geschworenengerichte im Königreich Westphalen verband, war hoch. Die Vorteile von Öffentlichkeit und Mündlichkeit des Verfahrens und der Entscheidung in Strafsachen durch Geschworene sollten überzeugender auf die Bürger Westphalens wirken und den

251 Nds. StA Wolfenbüttel, 8 W Nr. 441, No. 127.
252 Ebd., No. 130.
253 Ebd., No. 131.
254 Authentische Darstellung, S. 32.

Erhalt des neu geschaffenen Staates besser sichern, als die französische Armee dies gekonnt hätte.[255] Feuerbach behauptete allerdings schon 1812,[256] daß die französisch-westphälische Jury ihre Aufgabe als Schutz der bürgerlichen Freiheit gegen die Willkür beamteter Richter in einer absoluten Monarchie, insbesondere napoleonischer Prägung nicht erfüllen konnte.[257] Sein Vorwurf richtete sich vor allem gegen die Möglichkeit des konstitutionell nicht in seinen Befugnissen beschränkten Monarchen und dessen Regierung, die Geschworenen in solchen Fällen auszuschalten, wo sie zu einem dem Staat unliebsamen Ergebnis kommen konnten.

2. *Verweisung an Sondergerichte*

In Westphalen war die Entscheidung "peinlicher Fälle" durch Geschworenengerichte zwar in Art. 46 der Verfassung verankert. Dieser Grundsatz wurde aber in vielfacher Weise wieder eingeschränkt. Zunächst geschah dies, indem der Begriff des "peinlichen" Vergehens eng definiert wurde. Als solches galt nur eine Straftat, die mit einer "entehrenden oder schweren Leibesstrafe" bedroht war.[258] Polizeivergehen, d.h. Delikte, "worauf das Gesetz keine höhere Strafe als eine Geldbuße von 20 Franken oder achttägiges Gefängnis verhängt," und lediglich mit einer "Korrektionsstrafe" bewehrte Vergehen wurden vor dem Munizipalpolizeigericht[259] bzw. dem Distriktstribunal als Korrektionsgericht[260] verhandelt. Korrektionsstrafen waren über die Kompetenz der Polizeigerichte hinausgehende Geld- und Freiheitsstrafen bis zu zwei Jahren Gefängnis oder Zuchthaus.[261] Das aus beamteten Richtern bestehende Distriktstribunal entschied also ohne Geschworene darüber, ob einem Bürger für eine nicht unerhebliche Zeit die Freiheit entzogen werden sollte. Die Beschränkung der Entscheidung durch Geschworene auf die

---

255 Brief Napoleons an Jérôme vom 15. November 1807, Correspondance de Napoléon Ier, tome XVI, S. 196 f.: "Les bienfaits du code Napoléon, la publicité des procédures, l'établissement du jurys, seront autant de caractères distinctifs de votre monarchie. Et s'il faut vous dire ma pensée tout entière, je compte plus sur leurs effets, pour l'extension et l'affermissement de votre monarchie, que sur le résultat des plus grandes victoires."

256 Feuerbach, Betrachtungen über das Geschworenengericht; zur Datierung vgl. die Vorrede und Feuerbach, Erklärung über meine angeblich geänderte Überzeugung in Ansehung der Geschworenengerichte.

257 Ebd., S. 66 f.

258 Art. 1 PPO.

259 Art. 1 MPGO.

260 Art. 1 KGO.

261 Art. 1, 6 PPO.

"peinlichen" Fälle im engeren Sinne war ein Ergebnis der frühen revolutionären Gesetzgebung in Frankreich. Die dort bestimmenden Kräfte hielten es offenbar nicht für erforderlich, wie in England[262] den Aufwand einer Verhandlung vor einer Jury auch in Angelegenheiten mit einer vergleichsweise geringeren Bedeutung zu betreiben.[263]

Läßt sich diese Trennung noch mit Effizienzargumenten rechtfertigen, gab es daneben eine weitere Maßnahme, die die Zuständigkeit der Geschworenengerichte beschnitt, deren rechtsstaatliche Fragwürdigkeit offenkundig war: Die Zuweisung bestimmter Delikte, insbesondere mit politischem Hintergrund, an Sondergerichte hatte im wesentlichen den Zweck, die Gefahr eines den Wünschen der Regierung zuwiderlaufenden Freispruchs in diesen Fällen auszuschließen.

Bereits am 3. Februar 1808 wurde in Westphalen ein Dekret erlassen, das die Einrichtung von Militärkommissionen zur Bekämpfung des Bandenunwesens anordnete.[264] Von Gendarmerie oder Militär gefangene Räuber sollten nicht im ordentlichen Verfahren, sondern konnten standrechtlich abgeurteilt werden.[265] Als Reaktion auf die Anschläge in den ehemals preußischen Gebieten unter Führung von Kattes wurden dann auf persönlichen Wunsch des Königs[266] durch Dekret vom 5. April 1809 für die Dauer von zwei Monaten besondere Militärgerichte in Kassel, Braunschweig und Magdeburg, d.h. bei den Hauptquartieren der drei Militärdivisionen etabliert.[267] In der Präambel dieses Dekrets fand der Schutz gegen Räuber zwar noch Erwähnung, sein Anwendungsbereich ging jedoch weit darüber hinaus. Zum einen bestimmte das Dekret, daß Deserteure vor diese Militärgerichte zu bringen und mit dem Tode zu bestrafen seien.[268] Zum anderen sollte jeder, der "mit den Waffen in der Hand als Theilnehmer eines wider die öffentliche Ordnung bewaffneten Complotts betroffen wird", von diesen Sonderge-

---

262 Dort wurden mit Ausnahme der "summary offenses" alle Vergehen durch Juries entschieden (vgl. Langbein, The English Criminal Trial Jury, in, Padoa Schioppa, Trial Jury, S. 17).

263 Vgl. Haber, Strafgerichtliche Öffentlichkeit, S. 241 f.

264 Bulletin des lois 1808, Bd. 1, S. 266 ff.

265 In Frankreich hatte sich schon sehr bald nach Einführung der Geschworenengerichte Unzufriedenheit mit deren Rolle in der Strafverfolgung des in der Folge der Revolution und der ständigen Kriege weit verbreiteten Räuberunwesens eingestellt. Als Reaktion hatte man zuerst im Jahr III und dann noch mehrere Male Sondergerichte und Militärkommissionen geschaffen und ihnen die Verhandlung der von Räubern begangenen Verbrechen übertragen (Esmein, S. 467). Unter dem Konsulat zogen spezielle Militäreinheiten durch die betroffenen Gegenden, denen eigene Militärkommissionen zugeordnet waren (ebd., S. 469).

266 Vgl. Kleinschmidt, Geschichte, S. 226 f.

267 Bulletin des lois 1809, Bd. 2, S. 4 ff.

268 Art. 3 des Dekrets vom 5. April 1809.

richten im standgerichtlichen Verfahren zum Tode verurteilt und "unverzüglich hingerichtet werden".[269] Für ein solches Komplott reichte es aus, wenn sich drei bewaffnete Personen trafen, "um Gewaltthätigkeiten zu begehen".[270] Ein weiteres Dekret vom 29. Mai 1809 verlängerte die Einrichtung dieser Militärgerichte auf unbestimmte Zeit.[271] Fünf Monate später wurden die Sondergerichte zwar aufgehoben.[272] Aber auch danach erfolgte immer wieder "bei Bedarf" die Ausdehnung der Militärjustiz auf Zivilpersonen.

Aus den verfügbaren Unterlagen ist nicht ersichtlich, daß die Militärkommissionen oder -gerichte in erheblichen Umfang mit der Verfolgung der Räuberbanden beschäftigt gewesen wären. Die Verfahren gegen die großen Banden im Hessischen zum Beispiel liefen bei den Kriminalgerichtshöfen des Fulda- und des Werra-Departements.[273] Offenbar hatten die Behörden in diesen Fällen keine Bedenken, daß die Geschworenen zu großzügig sein könnten.

Anders war dies bei der juristischen Bewältigung der immer wieder auftretenden Unruhen. Von den im Zusammenhang mit den Katteschen Überfällen in der Altmark Verhafteten verurteilten die durch das Dekret vom 5. April 1809 geschaffenen Kriegsgerichte unverzüglich einige zum Tode durch Erschießen.[274] Als nur wenige Wochen später der vom Oberst von Dörnberg in den ehemaligen kurhessischen Landesteilen organisierte Aufstand ausbrach, war diese rechtliche Grundlage für die Aburteilung der Aufrührer durch Militärgerichte bereits vorhanden. Ein in Kassel sofort bestelltes Standgericht sprach denn auch eine Reihe von Todesurteilen aus,[275] von denen allerdings nur zwei vollstreckt wurden.[276] Trotz des summarischen Verfahrens gab es sogar einige Freisprüche.[277]

Wie gesagt, war das Dekret über die Einrichtung der besonderen Militärgerichte Ende Mai auf unbestimmte Zeit verlängert worden. Es war deshalb noch in Kraft, als am 24. Juni 1809 ein Trupp von etwa 150 Bauern und wenigen ehemaligen hessischen Soldaten unter Führung des Oberst Emmerich für kurze Zeit

---

269 Art. 4 des Dekrets vom 5. April 1809.

270 Art. 5 des Dekrets vom 5. April 1809.

271 Bulletin des lois 1809, Bd. 2, S. 368 ff.

272 Dekret vom 27. Oktober 1809, Bulletin des lois 1809, Bd. 3, S. 390 ff.

273 z.B. Untersuchungen gegen Nikolaus Joseph Harting u. Kons., Hess. StA Marburg, 265.3 Kriminalgericht Marburg, Nrn. 78-102; Untersuchungen gegen Conrad Schreiner u.a. ("Neustädter Bande"), 265.3 Kriminalgericht Marburg, Nrn. 49, 56, 127; vgl. auch Bettenhäuser, S. 331 ff.

274 Kleinschmidt, Geschichte, S. 227.

275 Ebd., S. 251 f.

276 Ebd., S. 255; Lange, Kleine Beiträge zur Geschichte der Insurrektionen gegen die westfälische Regierung, in: Zeitschrift des Vereins für Hessische Geschichte und Landeskunde, Bd. 49 (1914), S. 153.

277 Kleinschmidt, Geschichte, S. 254.

Marburg besetzte, um dann von westphälischem Militär noch am gleichen Abend überwältigt zu werden.[278] Am nächsten Tag erstattete der Substitut beim Generalprokurator des Werra-Departements einen schriftlichen Bericht über die Vorfälle an den Justizminister und teilte mit, daß der zuständige Instruktionsrichter mit der Untersuchung begonnen hatte.[279] Siméon ordnete jedoch am 28. Juni an, die Gefangenen sofort nach Kassel bringen zu lassen, da sie vor die dort eingerichtete Militärkommission gestellt werden müßten.[280] Sie verurteilte neun der Beteiligten zum Tode. Vier von ihnen wurden erschossen. Darunter war auch der Marburger Medizinprofessor Sternberg, der zur Zeit des Aufstandes zwar krank im Bett gelegen hatte, durch Aussagen anderer Mitverschwörer aber belastet worden war und schließlich in der Hoffnung auf Begnadigung seine führende Rolle gestanden hatte.[281]

Die weitere Behandlung dieser Angelegenheit zeigt, wie sehr die Gewährung eines Verfahrens vor einem Geschworenengericht in Westphalen von den wechselnden politischen Umständen abhing. Nachdem das Kriegsgericht mit einigen Hauptverantwortlichen "kurzen Prozeß gemacht" und ein Exempel statuiert hatte, wurden die anderen zum Tode Verurteilten begnadigt und kurz darauf eine Amnestie verkündet.[282] Ausgenommen waren Ludwig Koch, Johannes Stoll und Johannes Moog,[283] ehemalige hessische Soldaten, die bei der Organisation des Aufstandes eine nicht unwesentliche Rolle gespielt hatten und nach dessen Fehlschlagen geflohen waren.

Anfang 1810 wurden Koch und Stoll verhaftet. Inzwischen waren seit den letzten Unruhen des Jahres 1809 einige Monate vergangen und Napoleon hatte Frieden mit Österreich geschlossen, so daß eventuelle Aufrührer auch nicht mehr mit Unterstützung aus dem Ausland rechnen konnten. Die Sondergerichte waren aufgehoben worden,[284] und offenbar bestanden keine grundsätzlichen Bedenken mehr gegen eine Strafverfolgung vor den ordentlichen Gerichten. Als allerdings der Generalprokurator von Hanstein dem Justizminister am 28. März 1810 über seinen Antrag beim Kriminalgerichtshof des Werra-Departements auf Einleitung des peinlichen Verfahrens berichtete, ordnete Siméon an, daß die Verhandlung

278 Varges, Marburger Aufstand, in: Zeitschrift des Vereins für hessische Geschichte und Landeskunde, Bd. 27 (1892), S. 350 ff.; Muras, Der Marburger Aufstand, S. 131 ff. und passim.

279 Hess. StA Marburg, 265.8 Prokurator Marburg, Nr. 48, Acta die wegen des Aufruhrs am 24. Juni 1809 arretierten Ludwig Koch, Johannes Stoll und Johannes Moog betreffend.

280 Ebd., Schreiben an den Generalprokurator.

281 Varges, aaO., S. 378 f.

282 Ebd., S. 380.

283 Zu ihrer Biograhie Muras, aaO., S. 119 (Koch), 121 (Moog) u. 126 f. (Stoll).

284 Dekret vom 27. Oktober 1809, s.o. Fn. 272.

vor den Geschworenen erst auf seine ausdrückliche Weisung durchgeführt werden dürfe.[285]

Nachdem Moog im August 1810 ebenfalls gefaßt werden konnte,[286] kam es schließlich am 29. Oktober 1810 zur öffentlichen Hauptverhandlung. Auch jetzt hielt es der Generalprokurator noch für notwendig, weitere Vorkehrungen zu treffen, um ein der Regierung genehmes Ergebnis zu sichern. Deshalb sorgte er dafür, daß sich die von den Geschworenen zu entscheidende Frage nicht direkt auf die Beteiligung der Angeklagten am Aufstand richtete, da er darauf eine negative Antwort erwartete.[287] Vielmehr wurden die Geschworenen gefragt, ob die bewaffnete Anwesenheit der Angeklagten bei den Unruhen bewiesen sei. Dies bejahten sie, was dem Kriminalgerichtshof genügte, um alle drei Angeklagten nach dem Dekret von 5. April 1809 zum Tode zu verurteilen.[288] Als weitere gesetzliche Grundlage führte Hanstein in seinem Strafantrag bemerkenswerterweise eine kurhessische Verordnung gegen den Hochverrat vom 14. Februar 1795[289] an.[290] Sie war damals aus Sorge um ein Übergreifen der französischen Revolution erlassen worden.[291] Auf Empfehlung des Gerichts begnadigte der König Koch, Moog und Stoll zu langjährigen Eisenstrafen.[292]

Ähnlich erging es dem Friedensrichter Martin, der maßgeblich am Dörnbergschen Aufstand beteiligt gewesen war. Er war zunächst nach Preußen geflohen,

---

285 Hess. StA Marburg, 265.8 Prokurator Marburg, Nr. 48, Acta die wegen des Aufruhrs am 24. Juni 1809 arretierten Ludwig Koch, Johannes Stoll und Johannes Moog betreffend, Schreiben vom 3. April 1810: "... Mais je vous charge de faire connaître à M. le Président qu'ils ne devront être traduits au Jury que lorsque je vous en aurai prévenu par un avis spécial."

286 Muras, aaO., S. 226.

287 Hess. StA Marburg, 265.8 Prokurator Marburg, Nr. 48, Acta die wegen des Aufruhrs am 24. Juni 1809 arretierten Ludwig Koch, Johannes Stoll und Johannes Moog betreffend, Bericht an den Justizminister vom 29. Oktober 1810: "... Dans ce cas les jurés, dont je connais l'esprit, auroient très certainement nié la question ..."

288 Ebd., Vermerk des Generalprokurators vom 29. Oktober 1810; Hess. StA Marburg, 265.3 Kriminalgericht Marburg, Nr. 3.

289 Abgedruckt bei Voss, Auserlesene Bibliothek der allgemeinen Staatswissenschaft, Bd. 1 (1795/96), S. 493 ff.

290 Hess StA Marburg, 265.8 Prokurator Marburg, Nr. 48, Acta die wegen des Aufruhrs am 24. Juni 1809 arretierten Ludwig Koch, Johannes Stoll und Johannes Moog betreffend, Vermerk des Generalprokurators vom 29. Oktober 1810.

291 Winter, Die Strafgesetzgebung in Althessen von der Karolina bis zum Jahre 1806, Auszug, S. 3.

292 Hess StA Marburg, 265.8 Prokurator Marburg, Nr. 48, Acta die wegen des Aufruhrs am 24. Juni 1809 arretierten Ludwig Koch, Johannes Stoll und Johannes Moog betreffend, Schreiben des Justizministers an den Generalprokurator vom 3. Dezember 1810.

und ein Dekret vom 29. April 1809[293] hatte bestimmt, daß er – wie viele andere flüchtige Beamte und Soldaten – "in contumaciam" von einem Spezialkriegsgericht abgeurteilt werden sollte. Als er sich im März 1810 in Kassel stellte, kam auch ihm die zwischenzeitliche Abschaffung dieser Sondergerichte zugute. Vor dem Kriminalgerichtshof des Fulda-Departements gestand er seine Mitwirkung und wurde zwar zum Tode verurteilt, kurz vor der Hinrichtung aber ebenfalls begnadigt.[294]

Ein weiterer Fall aus dem innenpolitisch ruhigeren Jahr 1810 zeigt, daß sich die Regierung zu dieser Zeit offenbar sicher genug fühlte, um auch die Entscheidung politisch nicht unproblematischer Sachverhalte Geschworenen zu überlassen. Allerdings ging es hier nicht um aufrührerische Handlungen eines Bürgers sondern um den westphälischen Gendarmen Eßkuchen, der bei einer Auseinandersetzung anläßlich der Auslosung der Wehrpflichtigen in Kirchhain den Konskribierten Joseph Eif getötet hatte. Anschließend war es zu Ausschreitungen gekommen.[295] Die Gendarmerie unterstand dem Kriegsminister.[296] Dieser und der Kommandeur der Gendarmerie meinten deshalb, Eßkuchen sei vor ein Militärgericht zu stellen.[297] Siméon war anderer Auffassung und setzte sich im Staatsrat durch. Am 23. Mai 1810 erging ein Dekret, das die ordentlichen Gerichte für zuständig erklärte.[298] Dies wurde damit begründet, daß Eßkuchen die Tat bei Gelegenheit der Verrichtung rein polizeilicher und nicht militärischer Aufgaben begangen hatte.[299] Nachdem die Geschworenen Eßkuchen der Tötung des Konskribierten für schuldig befunden hatten, verurteilte ihn der Kriminalgerichtshof des Werra-Departements am 30. Juni 1810 zum Tode.[300] Dieses Ergebnis überraschte den Justizminister denn doch und ging ihm offensichtlich zu weit. Er ordnete die Verschiebung der Hinrichtung an und forderte einen ausführlichen Bericht des

---

293 Dekret die Insurgenten in den Departements der Fulda und der Werra betreffend, Bulletin des lois 1809, Bd. 2, S. 26 ff.

294 Kleinschmidt, Geschichte, S. 256; Martin, Zur Ehrenrettung Sigmund Peter Martins, in: Zeitschrift des Vereins für hessische Geschichte und Landeskunde, n.F. Bd. 18 (1893), S. 455 ff., 472, 487, 490.

295 Hess. StA Marburg, 265.8 Prokurator Marburg, Nr. 4, Acta die Tödtung des Joseph Eif aus Ernsdorf durch den Gendarmen Esskuchen betr., Bericht des Friedensrichters an den Generalprokurator beim Kriminalgerichtshof des Werra Departements vom 19. April 1810.

296 Dekret vom 29. Januar 1808, Bulletin des lois 1808, Bd. 1, S. 318 ff.

297 Hess. StA Marburg,265.8 Prokurator Marburg, Nr. 4, Acta die Tödtung des Joseph Eif aus Ernsdorf durch den Gendarmen Esskuchen betr., Schreiben des Justizministers an den Generalprokurator vom 22. April 1810.

298 Bulletin des lois 1810, Bd. 1, S. 62 ff.

299 Dekret vom 23. Mai 1810, Vorbemerkung.

300 Hess. StA Marburg, 265.3 Kriminalgericht Marburg, Nr. 60, Urteil gegen den Gendarm Esskuchen.

Generalprokurators.[301] Kurze Zeit später wurde Eßkuchen zu zwei Jahren Gefängnis begnadigt.[302]

Obwohl der Fall Claus sowohl in Braunschweig als auch in Kassel wegen der bei den Braunschweigern vermuteten allgemein aufrührerischen und antifranzösischen Haltung Besorgnis auslöste, haben zumindest die westphälischen Behörden die Überweisung an ein Sondergericht offenbar nicht erwogen.[303] Die sich an den Prozeß anschließenden Auseinandersetzungen am 19. Januar 1812 waren dann allerdings Anlaß genug, um in Braunschweig eine Militärkommission mit dem Auftrag einzurichten, "über diese Verbrechen und Unternehmungen gegen die Sicherheit der Armee zu erkennen", die zwei westphälische Soldaten standrechtlich erschießen ließ.[304]

In manchem Fall sorgte erst die westphälische Geheimpolizei für Beschäftigung bei den Sondergerichten. Am 7. März 1812 verurteilte eine Militärkommission in Kassel fünf Zivilisten und drei Deserteure aus der Gegend von Braunschweig wegen "Konspiration gegen die Sicherheit des Staates" nach Bestimmungen des Militärstrafgesetzbuches zum Tode.[305] Ein Agent provocateur hatte ihnen eingeredet, sie sollten einen Waffentransport für ihren Herzog Friedrich Wilhelm durchführen. Als sie am Neujahrstag 1812 am Treffpunkt in Hannoversch-Münden angekommen waren, hatte man sie sofort verhaftet und nach Kassel gebracht. Allerdings wurden nur zwei von ihnen hingerichtet, die übrigen begnadigt.[306]

---

301 Hess. StA Marburg, 265.8 Prokurator Marburg, Nr. 4, Acta die Tödtung des Joseph Eif aus Ernsdorf durch den Gendarmen Esskuchen betr., Schreiben des Justizministers vom 8. Juli 1810.

302 Hess. StA Marburg, 265.3 Kriminalgericht Marburg, Nr. 60, Urteil gegen den Gendarmen Esskuchen, Begnadigungsschreiben vom 26. August 1810.

303 Mack, Der Proceß Claus, S. 75, berichtet allerdings unter Berufung auf die Aufzeichnungen des Bürgermeisters Wilmerding über Gerüchte, daß die Franzosen Claus entführt und selbst erschossen hätten, wenn er von den Geschworenen freigesprochen worden wäre. Auf jeden Fall berichtete die Braunschweiger Zeitung kurze Zeit später über ein kaiserliches Dekret vom 2. Februar 1812, das anordnete, "daß alle von den Soldaten der französischen oder verbündeten Armeen gegen die Einwohner und von den Einwohnern gegen die gedachten Soldaten" (Unterstreichung hinzugefügt) begangenen Verbrechen von einer französischen Militärkommission abgeurteilt werden (Allgemeine Zeitung Nro. 60 vom 29. Februar 1812, S. 240). Tatsächlich handelte es sich um einen Armeebefehl Napoleons (abgedruckt bei Chuquet, Ordres et Apostilles de Napoléon, Bd. 4, S. 195), der in die französischen Sammlungen der Gesetze und Dekrete nicht aufgenommen wurde.

304 S. u., S. 124.

305 Allgemeine Zeitung Nro. 96 vom 5. April 1812, S. 383.

306 Oppermann, Treue Bauern in Nöthen, S. 19 ff., 25, 41 ff.; Allgemeine Zeitung Nro. 96 vom 5. April 1812, S. 384.

Möglicherweise hing der erneute Rückgriff auf Sondergerichte auch mit dem bevorstehenden Krieg gegen Rußland zusammen. Das Königreich wurde zunehmend von französischen und westphälischen Truppen entblößt, was die Sorge der Regierung um die Aufrechterhaltung der Ruhe im Innern vermutlich vergrößerte. Im Frühjahr 1813 wurde die militärische Lage für das Königreich noch bedrohlicher und feindliche Truppen überschritten die Grenzen. Am 13. April 1813 erging ein Dekret, das die Anwendung der Art. 165 und 186 des Militärstrafgesetzbuches auf jedermann noch einmal ausdrücklich anordnete.[307] Nach diesen Vorschriften sollten "Unternehmungen gegen die Sicherheit der Armee", die jede auch nur entfernt aufrührerische Handlung umfaßten, von Militärkommissionen abgeurteilt werden. Ein Beispiel ihrer Tätigkeit ist ein "Tumult" im hessischen Lichtenau. Dort hatten sich am 18. April 1813 einige Bürger durch falsche Meldungen über das Herannahen alliierter Truppen zu offenen, aber relativ harmlosen Kundgebungen gegen die westphälische Obrigkeit und das Militär verleiten lassen.[308] Wie in Marburg 1809 führten zunächst die zivilen Strafverfolgungsbehörden, nämlich der Prokurator des Königs und der Instruktionsrichter beim Distriktstribunal in Eschwege die Untersuchungen gegen sechs Beteiligte, die man am 19. April verhaftet und am 22. April 1813 dorthin überstellt hatte.[309] Als der Justizminister davon erfuhr, verfügte er die Abgabe der Sache an eine Militärkommission.[310] Diese trat am 4. Mai in Lichtenau zusammen und verurteilte vier der Angeklagten zum Tode, zwei zu Gefängnisstrafen. Vollstreckt wurden wiederum nur zwei Todesurteile.[311] Drei weitere Beschuldigte wurden an das Distriktstribunal zur Aburteilung wegen geringerer Vergehen überwiesen.[312]

3. *Sonstige Eingriffe in das Verfahren*

Neben der Verweisung der Strafverfolgung an Sondergerichte sind den Unterlagen auch sonst eine Reihe von Eingriffen der Regierung in die Tätigkeit der ordentlichen Gerichte zu entnehmen, die nicht unbedingt für deren Unabhängigkeit

---

307 Bulletin des lois 1813, Bd.1, S. 304 ff.

308 Siegel, Geschichte der Stadt Lichtenau, S. 237 f.

309 Hess. StA Marburg, 265.8 Prokurator Marburg, Nr. 47, Acta den Tumult in Lichtenau betr.; Bericht des Prokurators des Königs vom 23. April 1813. Siegel, aaO., S. 238.

310 Hess. StA Marburg, 265.8 Prokurator Marburg, Nr. 47, Schreiben an den Generalprokurator beim Kriminalgerichtshof des Werra-Departements vom 3. Mai 1813.

311 Siegel, aaO., S. 238.

312 Hess. StA Marburg, 265.8 Prokurator Marburg, Nr. 47, Bericht des Prokurators des Königs an den Generalprokurator vom 27. Mai 1813.

sprechen. Eine gewisse Sonderstellung nimmt dabei der Fall des Marburger Studenten Georg von Dalwigk ein, der am 14. Januar 1809 seinen Kommilitonen Wolf im Duell getötet hatte.[313] Wegen der Bedeutung der Familie von Dalwigk im früheren Kurhessen, aber auch im Königreich Westphalen war die Kunde der Verhaftung des Studenten offenbar sehr schnell nach Kassel gedrungen, denn bereits am 18. Januar mahnte der Justizminister den Generalprokurator beim Kriminalgerichtshof des Werra-Departements zur Eile bei der Untersuchung.[314] Obwohl der Instruktionsrichter von Heydwolf zunächst zu dem Ergebnis gekommen war, Dalwigk habe nur eine Korrektionsstrafe zu erwarten,[315] beschloß das Distriktstribunal Marburg die Abgabe der Sache an den Kriminalgerichtshof und dieser ordnete am 3. Februar 1809 die Einleitung des peinlichen Verfahrens an.[316] Zur Verhandlung vor den Geschworenen kam es allerdings nicht mehr, da zur Überraschung der Strafverfolgungsbehörden in Marburg am 10. Februar 1809 vom König die Abolition des Verfahrens verfügt wurde.[317] Stattdessen wurde die Verfügung mit besonderer Betonung der Verwerflichkeit von Duellen öffentlich verlesen.[318] Gründe für diese Milde waren möglicherweise sowohl der Einfluß der Familie von Dalwigk[319] als auch die widersprüchliche Haltung gegenüber Duellen.

Das Verfahren gegen den Maire-Adjunkt Hermann Range aus Röllshausen bei Treysa war dagegen eine Sache, in die die Regierung aus ihrer Sicht wohl zu spät eingriff. Man hatte Range Ende des von Aufständen gekennzeichneten Jahres 1809 wegen des Verfassens angeblich aufrührerischer Schriften verhaftet.[320]

---

313 Birt, Catalogus studiosorum, S. 469, Fn. 5.

314 Hess. StA Marburg, 265.8 Prokurator Marburg, Nr. 23, Acta den in einem Duell von einem von Dalwigk erstochenen Studenten Wolf betr.

315 Ebd., Votum vom 22. Januar 1809. Sein Kollege Schlarbaum warf ihm allerdings vor, daß ihn dabei Parteilichkeit für den Beschuldigten geleitet habe (vgl. Votum vom 23. Januar 1809).

316 Ebd.

317 Ebd., Bl. 31. In der Verfügung hieß es: "...ayant égard à la jeunesse du Sr. de Dalwigk ..., Nous avons, de notre pleine puissance et autorité royale, éteint et aboli, éteignons et abolisons la procédure instruite contre le dit Sr. de Dalwigk, ...".

318 Ebd., Bl. 156, Bericht des Generalprokurators.

319 Dalwigk war z. B. vermutlich verwandt mit Oberst Georg Ludwig von Dalwigk, zu dieser Zeit Chef des Stabes beim Militärgouvernement in Kassel. Wenige Monate nach dem Vorfall wurde er Kommandeur der Truppen im Werra-Departement, wo er maßgeblich an der Niederschlagung des Marburger Aufstandes im Juli 1809 beteiligt war. Er war Ritter des Ordens der westphälischen Krone (Neuer Nekrolog der Deutschen, Bd. 16 (1838), S. 705; Varges, Marburger Aufstand, in: Zeitschrift des Vereins für hessische Geschichte und Landeskunde, Bd. 27 (1892), S. 371; Almanach royal 1811, S. 87, 133).

320 Kleinschmidt, Geschichte, S. 326.

Schon in der Voruntersuchung kam jedoch die Vermutung auf, Range sei verrückt, und der Generalprokurator von Hanstein äußerte seine Sorge, daß die Geschworenen dies zum Anlaß nehmen könnten, ihn freizusprechen.[321] Trotzdem beschloß der Kriminalgerichtshof die Einleitung des peinlichen Verfahrens und am 30. März 1810 fand die Hauptverhandlung statt.

Die Geschworenen bestätigten die Befürchtungen des Generalprokurators und sprachen Range wegen Unzurechnungsfähigkeit frei, obwohl er sich nach Ansicht des Generalprokurators "avec sagesse et sagacité" verteidigt hatte.[322] Nimmt man allerdings die in der Anklageurkunde wiedergegebenen, von Range verfaßten "Proklamationen" als Grundlage, so kann man den Geschworenen gute Gründe für ihre Feststellung nicht absprechen. Diese Schriften scheinen doch eher das Produkt eines Wirrkopfes als eines gefährlichen Aufrührers zu sein. Der Justizminister war jedoch äußerst ungehalten über das Ergebnis des Verfahrens. Er forderte den Generalprokurator auf, ihm die Namen der Geschworenen zu melden, die an der Entscheidung beteiligt waren. Außerdem sollte der Generalprokurator ein Kassationsgesuch einlegen und für die Einweisung Ranges in eine "maison des fous" sorgen.[323] Ob die Meldung ihrer Namen nach Kassel für die Geschworenen nachteilige Folgen hatte, läßt sich nicht feststellen. Möglicherweise sind sie in die Akten der allgegenwärtigen Geheimpolizei aufgenommen worden. Über den Ausgang des Kassationsverfahrens lassen sich nur Vermutungen anstellen; es hatte wohl keinen Erfolg.[324] Nahe liegt die Annahme, daß dieser Vorfall einer der Gründe Siméons war, zur gleichen Zeit die Aufschiebung der Verhandlung gegen die im Zusammenhang mit dem Marburger Aufstand angeklagten Koch und Stoll zu veranlassen.

Das Verhalten des Prokurators des Königs und des Instruktionsrichters in der Voruntersuchung gegen Claus deutet darauf hin, daß beide es zu vermeiden suchten, sich in diesem politisch brisanten Fall zu exponieren und gegebenenfalls unbeliebt zu machen. Daß die Geheimpolizei Zweifel an der Staatstreue der Justiz hatte, geht auch aus der Klage eines Gendarmeriebrigadiers aus dem Frühjahr 1812 hervor, der die Erfolgsaussichten der Strafverfolgung eines Advokaten aus Lauenau wegen abfälliger Äußerungen über den König mit den folgenden Wor-

---

321 Hess. StA Marburg, 265.8 Prokurator Marburg, Nr. 45, Acta den Maire-Adjunkt Hermann Range von Röllshausen Cant. Treysa betreffend wegen aufrührerischer Schriften; Bericht vom 11. Februar 1810: "... le certificat du pasteur ... ne manquera pas de faire impression sur les jurés, qui sont généralement portés à absoudre."

322 Ebd., Bericht vom 30. März 1810.

323 Ebd.

324 Die Entscheidung ist nicht zu finden. Die Anzeige der Einlegung des Gesuchs beim Kriminalgerichtshof ist allerdings Bestandteil einer Akte mit dem Titel "Verwerfung von Kassationsgesuchen" (265.3 Kriminalgericht Marburg, Nr. 2).

ten in Frage stellte: "Die Richter und Tribunale sind selbst so gesinnet, und man macht sich eher lächerlich, als daß man etwas ausrichtet."[325]

Sein ranghöchster Vorgesetzter, der Generalinspekteur der hohen Polizei Bongars hätte nach Erfahrungen, die er im Vorjahr hatte machen müssen, vielleicht sogar den Justizminister in diese Beschwerde einbezogen. Er hatte sich im März 1811 an Siméon gewandt, um ihn auf die bereits erwähnten "évènements tumultueux" aufmerksam zu machen, die in Rüdershausen im Harz-Departement vorgefallen waren. Dabei hätten sich mehrere Einwohner gegen den Maire des Kantons und zwei Gendarmen aufgelehnt und einen der beiden erheblich verletzt. Bongars bat den Justizminister, dafür zu sorgen, daß die Übeltäter bestraft würden.[326] Siméon gab die entsprechende Aufforderung an den Prokurator des Königs in Duderstadt weiter und erhielt im August von ihm die Nachricht über die Verurteilung der Beschuldigten zu drei Monaten bzw. sechs Wochen Gefängnis durch das Korrektionsgericht.[327] Mitte September kam jedoch die Beschwerde von Bongars, daß die Verantwortlichen für den Aufruhr freigesprochen worden seien und welche schlimmen Folgen ein solches Urteil für die Motivation der Gendarmerie haben müsse.[328] Auf Anfrage beim Generalprokurator beim Kriminalgerichtshof erfuhr Siméon, daß die Angeklagten auf ihre Appellation tatsächlich freigesprochen worden waren. Wie sich in der Verhandlung herausgestellt hatte, war der angebliche Widerstand gegen den Maire und die Gendarmen durch deren unrechtmäßiges Verhalten ausgelöst worden.[329] Siméon stellte sich denn auch vor die Richter und schrieb dem Generalinspekteur, daß offenbar allein das unwürdige und pflichtwidrige Verhalten der Gendarmen Ursache des Tumults gewesen sei.[330] Bongars ließ sich davon nicht überzeugen. Er sah den Grund für den Freispruch wieder in der feindseligen Haltung des Kriminalgerichtshofs gegenüber der Gendarmerie.[331]

Wie sich zwei Aktenstücken aus dem Frühjahr und Sommer 1813 entnehmen läßt, scheute sich Bongars in der Folgezeit nicht zu versuchen, unmittelbar auf die Justizbehörden einzuwirken. So berichtete der Generalprokurator des Werra-Departements am 29. April an den Justizminister, daß der Kriminalrichter von

---

325 Kleinschmidt, Geschichte, S. 490.

326 Nds. HStA Hannover, Hann. 52 Nr. 111, Schreiben vom 12. März 1811.

327 Ebd., Bericht vom 3. August 1811.

328 Ebd., Schreiben vom 17. und 25. September 1811.

329 Ebd., Bericht des Generalprokurators vom 30. September 1811.

330 Ebd., Schreiben vom 9. Oktober 1811.

331 Ebd., Schreiben vom 9. Oktober 1811.

331 Ebd., Schreiben vom 19. Oktober 1811: "Mais je ne puis m'empêcher d'avouer à Votre Excellence que je ne voit dans l'information de la Cour Criminelle qu'un animosité contre cette arme et qu'une partialité injuste, ..."

Dörnberg von Bongars nach Kassel befohlen worden war, "pour être mis sous une surveillance particulière".[332] Dem Prokurator des Königs beim Distriktstribunal Marburg schrieb Bongars am 3. Juli 1813 einen erbosten Brief, weil der Prokurator nicht für die Verhaftung des Maire Weber aus Amöneburg gesorgt hatte, der sich ebenfalls "ehrfurchtswidriger Äußerungen gegen das Gouvernement" schuldig gemacht haben sollte. Unverhohlen drohte Bongars, wenn er auf den königlichen Prokurator und den Instruktionsrichter gemünzt fortfuhr:

"Comme il est interessant pour la police générale de connaître la moralité de tous les fonctionnaires, ..."[333]

4. Die Auswahl der Geschworenen

Das Verfahren bei der Auswahl der Geschworenen bot den Regierenden nach Ansicht der zeitgenössischen Kritiker des französisch-westphälischen Strafprozesses weitere Mittel, um die Entscheidungen der Geschworenengerichte in ihrem Sinne zu kontrollieren.[334] Ansatzpunkte waren die Zusammenstellung der Liste der Personen, die als Geschworene in Frage kamen, und die endgültige Bestellung der Jury für eine bestimmte Verhandlung.

Die oben beschriebenen Verfahrensvorschriften der westphälischen Peinlichen Prozeßordnung entsprachen im Grundsatz denen des Code d'instruction criminelle. Auch in diesen Regelungen spiegelte sich die konservativ-autoritäre Tendenz der Entwicklung des französischen Verfahrens wider. Die revolutionäre Gesetzgebung hatte kaum Beschränkungen der Personengruppe, aus der die Geschworenen stammten, vorgenommen. Jeder Wahlberechtigte, d.h. jeder Bürger von mindestens 21 Jahren konnte sich in die Jurylisten eintragen lassen.[335] Der Code des délits et des peines hatte das Amt des Geschworenen an die Voraussetzung geknüpft, daß die Person für das Wahlkollegium des Departements qualifiziert sein mußte.[336] Damit reduzierte sich die Gruppe der Berechtigten auf eine kleine Minderheit von Grundbesitzern, begüterten Pächtern und Bauern.[337]

---

332 Hess. StA Marburg, 265.8 Prokurator Marburg, Nr. 51, Acta die Anzeigen an Herrn Justizminister wg. Tod, Abgang der Criminalrichter und königl. Procuratoren betr.

333 Hess. StA Marburg, 265.8 Prokurator Marburg, Nr. 24, Acta in der Untersuchungssache wider den Cantonsmaire Heinrich Weber aus Amoeneburg.

334 Vgl. Feuerbach, Geschworenengericht, S. 19; ders., Betrachtungen über die Öffentlichkeit, Bd. 2, S. 438 f.

335 Esmein, Histoire, S. 425; Schnapper, Le jury français, in: Padoa Schioppa, Trial Jury, S. 167.

336 Art. 483.

337 Schnapper, aaO. Allerdings unterschieden sich die französischen Regelungen inso-

Der Code d'instruction criminelle nahm dieses Kriterium auf und führte weitere Kategorien ein, die sicherstellten, daß die Geschworenen den wohlhabenderen staatstragenden Schichten entstammten.[338] Die Gründe für die in dieser Hinsicht sehr viel allgemeiner gehaltene Formulierung der westphälischen Peinlichen Prozeßordnung, die sich so ja auch schon in Siméons Schreiben an die Präfekten vom Juli 1808 findet,[339] lassen sich nur vermuten. In dieser frühen Phase des Aufbaus des neuen Staates dürften den Autoren des Gesetzes ausreichende Kenntnisse über die Bevölkerungsstruktur des Königreichs gefehlt haben, um ähnlich bestimmte Kriterien definieren zu können. Statt dessen mußte man wohl einen größeren Beurteilungsspielraum einräumen, um sicher zu sein, daß die gewünschte Anzahl von akzeptablen Personen vorhanden war. Der Umstand, daß die Präfekten mit einer Ausnahme in der Lage waren, die ersten Listen innerhalb der vorgeschriebenen 14 Tage zusammenzustellen,[340] bestätigt die Praktikabilität dieses Vorgehens.

Wie der Präsident des Kriminalgerichtshofs in Herford an den Justizminister berichtete, hätte man die Liste im Weser-Departement sehr gut auf 400 Bürger ausdehnen können.[341] Aus diesem Bericht geht aber auch hervor, daß die Unbestimmtheit der Anforderungen an einen Geschworenen durchaus Anlaß zu Meinungsverschiedenheiten über deren Qualifikation gab. Der Gerichtspräsident klagte über die mangelnde Bildung der Geschworenen. Offenbar war er der Ansicht, der Präfekt hätte bei der Auswahl eher auf die "Wohlhabenheit" als auf die "Einsicht" der benannten Personen geachtet.[342] Der Wunsch des Präsidenten,

---

weit nicht wesentlich von den englischen dieser Zeit. Auch dort mußte ein Geschworener Grundbesitz haben, der ihm mindestens 10 Pfund jährliche Einkünfte brachte, so daß sich die Jurys nur aus dem obersten Drittel der Einkommensskala rekrutierten (vgl. Langbein, The English Criminal Trial Jury, in: Padoa Schioppa, Trial Jury, S. 25).

338 Nach Art. 382 CIC konnten neben den Mitgliedern des Wahlkollegiums die 300 höchstbesteuerten Bürger des Departements, vom Kaiser benannte Verwaltungsbeamte und solche, die ein jährliches Mindesteinkommen von 4000 F hatten, Notare, Doktoren der Rechte, der Medizin, der Wissenschaften und der schönen Künste und Mitglieder anerkannter wissenschaftlicher Institute und Gesellschaften Geschworene sein.

339 S.o., S. 23.

340 Vollzugsmeldungen der Präfekten, GStA PK, V. HA Königreich Westphalen, Rep. 5 D Nr. 6, Bl. 6 – 12. Die Ausnahme bildete das Oker-Departement.

341 GStA PK, V. HA Königreich Westphalen, Rep. 5 D Nr. 50; Rapport sur l'exercice de la justice criminelle dans le Dept. du Weser pendant 1809, Bl. 12.

342 Ebd.: "Cependant il me faut observer qu'il y a dans le Departement du Weser en effet trop de colons ou de paysans et de propriétaires sans culture dans le nombre des jurés, et que l'on n'ait pas eu assés d'égard pour choisir plusieurs fonctionnaires et savants."

mehr "fonctionnaires" unter den Geschworenen zu sehen, scheint auch der Befürchtung zu widersprechen, die Präfekten könnten die Listen mit regierungsabhängigen und deshalb -treuen Beamten füllen, weil sowohl Art. 29 Abs. 2 PPO als auch Art. 382 CIC nur eine sehr kleine Gruppe von öffentlichen Ämtern als unvereinbar mit den Aufgaben eines Geschworenen erklärten.[343] Ob in anderen Fällen von dieser Möglichkeit in stärkerem Maße Gebrauch gemacht wurde, läßt sich aus den überlieferten Unterlagen nur bedingt schließen. In den aufgefundenen Geschworenenlisten tauchen zwar immer wieder Berufsbezeichnungen auf, die auf Beamte hindeuten; häufig sind Maires. Soweit ersichtlich, war ihre Anzahl aber nicht höher als die anderer Berufsgruppen. Die Mehrzahl der Geschworenen waren Bauern, Handwerker und Kaufleute.[344]

Den nächsten Schritt im Auswahlverfahren, die Aufstellung der Liste von 36 Personen, die während eines bestimmten Monats als Geschworene herangezogen werden konnten, überließ der westphälische Gesetzgeber im Gegensatz zum Code d'instruction criminelle dem Zufall. Die Beibehaltung des Auslosens dieser 36 Namen nach der westphälischen Peinlichen Prozeßordnung folgt noch den älteren französischen Gesetzen.[345] Der Präsident des Kriminalgerichtshofs bestimmte dann die zwölf Geschworenen für die einzelne Verhandlung, nachdem gegebenenfalls von Ankläger oder Verteidigung abgelehnte Personen ausgeschieden waren.[346] Dadurch hatte der Präsident sicher die Möglichkeit, den Ausgang eines Verfahrens zu beeinflussen. Inwieweit davon Gebrauch gemacht worden ist, läßt sich nur schwer nachweisen. Die Herkunft der Geschworenen beispielsweise, die über Claus in Wolfenbüttel urteilten, gibt durchaus zu der Vermutung Anlaß, daß Präsident Hurlebusch diese mit Bedacht ausgewählt hatte. Nur einer der Geschworenen kam aus Braunschweig, die übrigen wohnten in anderen Orten des Oker-Departements wie Wolfenbüttel, Hildesheim und Goslar.[347] Auch wenn der Präsident nur das Ziel einer Jury hatte, die in der Lage war, über die vorgetragenen Tatsachen unvoreingenommen zu entscheiden, so

---

343 Feuerbach, Betrachtungen über die Öffentlichkeit, Bd. 2, S. 436.

344 Dabei handelt es sich allerdings nur um Verzeichnisse der Geschworenen in einzelnen Verfahren oder die Listen der 36 Personen, die als Geschworene für die Verhandlungen eines bestimmten Monats in Betracht kamen. Für den Kriminalgerichtshof in Marburg sind immerhin die "36er"-Listen von Januar 1810 bis Oktober 1813 vollständig vorhanden. Von Präfekten zusammengestellte Listen nach Art. 29 PPO habe ich nicht mehr gefunden.

345 Esmein, Histoire, S. 425. Der Code d'instruction criminelle übertrug dem Präsidenten des Assisenhofes die Aufgabe, 36 Kandidaten zu bestimmen (Art. 387 CIC).

346 Art. 34 PPO. Der Code d'instruction criminelle schritt hier zum Losvefahren, wenn mehr als 12 Personen übrig blieben (Art. 399).

347 Nds. StA Wolfenbüttel, Rep. 8 W Nr. 441, No. 122, Audienzprotokoll vom 16. Januar 1812.

blieb dieses Auswahlverfahren doch gekennzeichnet vom Mißtrauen des Gesetzgebers gegen seine Bürger und ihre Urteilsfähigkeit.

5. Die Rolle des Präsidenten in der Verhandlung

Die bestimmende Rolle des Präsidenten des Kriminalgerichtshofs bei der Auswahl der Geschworenen setzte sich in der Hauptverhandlung fort. Dabei war seine Neutralität keineswegs über jeden Zweifel erhaben. Wie der Ankläger kannte er die Akten der Voruntersuchung[348] und war maßgeblich an der Entscheidung, das peinliche Verfahren einzuleiten, beteiligt. Er mußte also zumindest der Meinung sein, daß ausreichende Indizien für die Schuld des Angeklagten vorhanden waren, "d.h. solche Thatsachen existieren, deren Verbindung mit der zu beweisenden Thatsache, wenn nicht gleich absolut nothwendig, doch dem natürlichsten Gange angemessen ist und nur selten trügen kann; ...".[349] Es lag nahe, diese Überzeugung auch den Geschworenen vermitteln zu wollen. Die Vorschriften der Peinlichen Prozeßordnung boten dem Präsidenten einige Möglichkeiten, um die Entscheidung der Jury zu beeinflussen. Gerade in der Verhandlung gegen Claus finden sich Beispiele, wie der Präsident Hurlebusch diese nutzte.

Nach Art. 51 PPO bestimmte der Präsident die Reihenfolge der Zeugen.[350] Hurlebusch tat das in einer Weise, die erkennbar zum Ziel hatte, die Geschworenen zu beeindrucken und ihnen eventuelle Zweifel an der Schuld des Angeklagten zu nehmen oder sie zumindest zu verdrängen. Zunächst sagten der Wirt Lehmann, seine Haushälterin Rohden und einige andere Zeugen nur zu der Tatsache aus, daß Gaignemaille am 2. Dezember 1811 im Lehmannschen Hause getötet worden war. Es folgten die medizinischen Sachverständigen und der Schußwaffenexperte, die die Möglichkeit eines Selbstmords ausschlossen und erklärten, warum der Täter nicht mit dem Blut des Opfers bespritzt worden sein mußte. Nachdem diese Grundlage geschaffen war, ließ der Präsident Aussagen folgen, die eine Verbindung zwischen Claus und der Tat etablierten: der Büchsenmacher Rasch und seine Familie, die den Pistolenkauf bezeugten; erneut Lehmann und die Rohden, die erst jetzt dazu befragt wurden, daß sie Claus nach dem Schuß in der Diele des Lehmannschen Hauses gesehen hatten. Den vorläufigen Abschluß der Präsentation des Falles im Sinne der Schuld des Angeklagten bildete die Vernehmung von Zeugen zum früheren ehebrecherischen Verhalten der Frau Claus und zu den Mißhandlungen des Claus durch Gaignemaille. Zwar waren diese von

348 Art. 13 PPO.

349 Entscheidung des Staatsrats vom 30. Dezember 1809 zu Art. 17 PPO; s.o., Fn. 190.

350 Nach Art. 317 CIC oblag diese Aufgabe dem Generalprokurator.

der Verteidigung benannt worden,[351] sie standen dort aber am Ende der Liste, vermutlich um gegebenenfalls die Tat des Angeklagten zu entschuldigen. An dem von Präsident Hurlebusch bestimmten Punkt der Verhandlung dienten sie nun aber eher dazu, den Geschworenen darzustellen, daß Claus auch starke Motive für den Mord hatte. Die dann folgende lange Reihe der von der Verteidigung aufgebotenen Alibizeugen war möglicherweise geeignet, eine vielleicht bei den Geschworenen schon gebildete "intime conviction" über die Schuld des Angeklagten wieder ins Wanken zu bringen. Dagegen wurden jetzt noch einmal Zeugen der Anklage aufgeboten, die für Claus' Anwesenheit am Tatort und seine zeitweilige Abwesenheit vom Bardenwerperschen Brauhaus sprachen. Die Dramatik der Konfrontation einzelner Alibi- mit den wesentlichen Belastungszeugen zum Schluß der Beweisaufnahme läßt selbst das nüchterne Protokoll noch erahnen. Auch auf die Jury hat sie ihre Wirkung sicher nicht verfehlt.[352]

Hurlebusch behielt auch bei der Vernehmung der Zeugen die Fäden in der Hand. Generalprokurator und Verteidiger stellten allenfalls ergänzende Fragen. Der Präsident nutzte dabei häufig das ihm von Art. 53 PPO eingeräumte Recht, Claus zur Stellungnahme zu ihn belastenden Aussagen aufzufordern. Der Angeklagte konnte sich dem nicht entziehen.[353] Da Claus die Wahrheit der teilweise recht detaillierteren Schilderungen dieser Zeugen größtenteils einfach nur leugnete, ohne selbst Erklärungen zu geben, mußte dies insbesondere durch die Wiederholung nachteilig auf die Geschworenen wirken. Auffällig ist weiter, daß es überwiegend die Claus entlastenden Zeugen waren, deren Glaubwürdigkeit durch Nachfragen in Zweifel gezogen und die immer wieder mit deutlichen Worten zur Wahrhaftigkeit ermahnt wurden. Schließlich läßt auch der Versuch, Frau Langemeyer durch eine Fangfrage zu der Aussage zu bringen, sie habe Claus' Stimme am Tatort gehört,[354] nicht unbedingt auf die Unparteilichkeit Hurlebuschs schließen. Insgesamt vermittelt die Beweisaufnahme den Eindruck einer sorgfältig geplanten Präsentation des Falles gegen Claus, einschließlich einer wirkungsvollen Entkräftung der von der Verteidigung vorgebrachten Beweismittel, wie sie ein geschickter Anklagevertreter kaum überzeugender hätte bieten können.

---

351 Nds. StA Wolfenbüttel, 8 W Nr. 441, No. 125, Namensliste der Zeugen, auf deren Abhörung in dem peinlichen Prozesse wider Conrad Ludwig Claus angetragen ist.

352 Verteidiger Dr. Fricke war sich dessen, wie den oben (S. 87) erwähnten Äußerungen in seinem Plädoyer zu entnehmen ist, durchaus bewußt.

353 Art. 53 Abs. 3: "Gleichfalls kann der Präsident von dem Zeugen und dem Angeklagten alle Aufklärungen verlangen, die er zur Entdeckung der Wahrheit dienlich erachtet." Diese Regelung zeigt wiederum deutlich, daß die Peinliche Prozeßordnung auch insofern den Angeklagten noch als Objekt der Wahrheitsfindung betrachtete.

354 S.o., S. 84.

Das letzte Wort im westphälischen Strafprozeß, bevor sich die Jury zur Beratung zurückzog, hatte ebenfalls der Präsident, indem er den Gegenstand des Verfahrens noch einmal zusammenfaßte und die Geschworenen "auf die hauptsächlichsten für und wider den Angeklagten vorhandenen Beweise aufmerksam" machte.[355] Bauer betrachtete dies als notwendige Hilfe, um den Geschworenen die richtige Entscheidung zu erleichtern.[356] Feuerbach vermutete auch hier die Gefahr der Beeinflussung durch die vom Präsidenten mehr oder minder offen erkennbar vorgetragene Meinung.[357]

Die verfügbaren Unterlagen lassen kaum Schlüsse darauf zu, wie die Wirklichkeit in diesem Punkt aussah. Die vorhandenen Protokolle von Verhandlungen beschränkten sich auf eine Wiederholung des oben zitierten Textes von Art. 70 PPO, ohne den Inhalt der Zusammenfassung des Präsidenten wiederzugeben.[358] Im Verfahren gegen Claus allerdings führte Verteidiger Dr. Fricke zur Begründung seines Kassationsgesuches an, Präsident Hurlebusch habe die Entscheidung der Geschworenen unzulässig beeinflußt, da er nur die den Angeklagten belastenden Beweise vorgetragen hätte.[359] Das abweisende Urteil des Staatsrats zeigt deutlich, daß man darin offenbar kein wesentliches Problem sah. Es wies zunächst darauf hin, Dr. Frickes Behauptung werde durch das Sitzungsprotokoll nicht belegt (was nach dem vorstehenden nicht verwundert), und fuhr dann fort: " ... la loi ... a laissé à la pénétration et à la conscience du Président de choisir et de désigner les points qui lui paraissent les plus dignes d'attention."[360]

6. *Die Fragen an die Geschworenen*

Die Grundlage der Entscheidung der Geschworenen waren die vom Gericht formulierten Fragen. Anders als das englische kannte das westphälische Verfahren kein "general verdict", also die einfache Frage nach Schuld oder Nichtschuld des Angeklagten. Art. 72 PPO schrieb vor, daß zunächst gefragt werden mußte, "ob ein gewisses Verbrechen (z.B. ein Diebstahl) erwiesen sey". Die zweite Frage sollte lauten, "ob der Angeklagte N.N. der Begehung dieses Verbrechens oder

355 Art. 70 PPO.
356 Bauer, Abriß der Gerichtsverfassung, S. 34.
357 Feuerbach, Geschworenengericht, S. 207.
358 Bülow empfahl in seinen Erläuterungen die Darstellung der Sache zumindest vorher niederzuschreiben (Bd. 3, S. 139 f.). Überliefert sind solche Konzepte nicht.
359 Nds. StA Wolfenbüttel, 8 W Nr. 441, No. 138; wiedergegeben im Urteil des Staatsrats vom 8. Februar 1812, S. 2.
360 Ebd., Urteil des Staatsrats vom 8. Februar 1812, S. 3.

der Theilnahme an demselben wirklich schuldig sey".[361] Je nach den Umständen des Einzelfalls waren gegebenenfalls weitere Fragen nach erschwerenden oder mildernden Momenten zu stellen.[362]

In diesem Punkt lehnte sich der westphälische Strafprozeß an den Code des délits et des peines von 1795 und die ältere nachrevolutionäre Gesetzgebung in Frankreich an.[363] Der Code d'instruction criminelle näherte sich wieder dem englischen Vorbild an; er sah nur noch eine Frage an die Geschworenen vor, nämlich ob der Angeklagte der in der Anklageurkunde beschriebenen Tat schuldig sei.[364] Warum man in Westphalen der älteren Vorlage folgte, ist nicht mehr festzustellen. Die französischen Erfahrungen sprachen eher dagegen.[365] Siméon hatte denn offenbar auch die dann im Code d'instruction criminelle enthaltene Regelung übernehmen wollen.[366] Vielleicht lag die mehrstufige Struktur der Fragestellung den im gemeinen Recht geschulten deutschen Mitgliedern des Staatsrats näher, weil sie an die Lehre vom "corpus delicti" erinnerte.[367] Leist jedenfalls verteidigte den westphälischen Ansatz vor den Reichsständen mit längeren, wenn auch gedanklich nicht sehr überzeugenden Ausführungen.[368]

Die Ursache dieser Problematik lag im französischen Verständnis des Grundsatzes, daß die Jury nur über Tat-, nicht aber über Rechtsfragen befinden sollte. Schon Montesquieu hatte dies als eines der wesentlichen Merkmale des englischen Geschworenenprozesses herausgestellt.[369] Die nachrevolutionäre französische Strafprozeßgesetzgebung hatte das Konzept übernommen und beibehal-

---

361 Art. 72 Abs. 1 PPO.

362 Art. 72 Abs. 2 PPO.

363 Art. 373 ff. Code des délits et des peines vom 3. Brumaire an 4 (25. Oktober 1795). Vgl. auch Feuerbach, Geschworenengericht, S. 203 f.

364 Art. 337 CIC: "La question résultant de l'acte d'accusation sera posée en ces termes: 'L'accusé est-il coupable d'avoir commis tel meutre, tel vol ou tel autre crime, avec toutes les circonstances comprises dans le résumé de l'acte d'accusation.' " Nach Art. 338 u. 339 CIC konnten ggf. zusätzliche Fragen gestellt werden, wenn in der Verhandlung neue erschwerende Umstände, die in der Anklageurkunde nicht erwähnt waren, oder Entschuldigungsgründe für den Angeklagten vorgetragen worden waren.

365 Feuerbach, Geschworenengericht, S. 205 f.

366 Brief an Charles de Villers vom 1. Dezember 1812; abgedruckt bei Isler, Briefe, S. 251 ff.

367 Vgl. dazu Sellert, Studien- und Quellenbuch, S. 265 ff. m.w.N.; Krause, Strafrechtspflege, S. 104.

368 Leist, Discours, S. 34 ff.

369 Montesquieu, Esprit des lois, livre 6, ch. 6. Vgl. Coke (Commentary on Littleton, 155 b): "Ad quaestionem facti non respondent judices, ad quaestionem juris non respondent juratores" (zitiert nach Langbein, The English Criminal Trial Jury, in: Padoa Schioppa, Trial Jury, S. 34).

ten.[370] Die Schwierigkeit bestand allerdings darin, den Inhalt des Begriffs "Tatfrage" zu bestimmen und ihn von den Aufgaben der Berufsrichter abzugrenzen. In der französischen Nationalversammlung war man sich zwar bewußt, daß die Tat im strafrechtlichen Sinne mehr ist als die historische Tatsache.[371] Offenbar traute man aber dem Laien nicht zu, die bei der Entscheidung über die Frage schuldig oder nicht schuldig notwendigen rechtlichen Wertungen selbständig vorzunehmen. Deshalb versuchte man, die Straftat in ihre wesentlichen faktischen Merkmale aufzugliedern, und fragte die Jury nach deren Vorliegen oder Nicht-Vorliegen. Dieses Vorgehen sollte die rechtlichen Erläuterungen ersetzen, die der Berufsrichter den Geschworenen im englischen Prozeß vor ihrer Entscheidung gab.[372] Folge war aber eben, daß man eine Mehrzahl von Fragen an die Jury richten mußte.

Die Richter an den westphälischen Kriminalgerichtshöfen hatten allerdings nicht die Zeit und in den meisten Fällen wohl auch kaum das Interesse, sich mit der rechtsdogmatischen Seite der Trennung von Tat- und Rechtsfrage auseinanderzusetzen. Justizminister Siméon hatte auf den Grundsatz bereits in seinem Rundschreiben an die Präfekten vom 8. Juli 1808 hingewiesen,[373] und der Staatsrat Leist stellte ihn in seiner Rede vor den Reichsständen bei der Einbringung des Entwurfs der Peinlichen Prozeßordnung noch einmal als einen der wesentlichen Vorzüge des neuen Verfahrens heraus.[374] Jetzt mußte er angewendet werden.

Der Kriminalgerichtshof in Göttingen folgte in einem Prozeß nicht lange nach Einführung der Geschworenengerichte im September 1809 genau dem Wortlaut des Art. 72 PPO. In der Verhandlung gegen Moses Seligmann[375] stellte das Gericht nur zwei Fragen, nämlich ob die Geschworenen es für erwiesen hielten, "daß die Wittwe Catharine Juliane Backhaus ermordet worden", und "daß der angeklagte Jude Moses Seligmann dieselbe ermordet habe".[376] Offenbar hatten die Richter keine Bedenken, den Geschworenen die Beurteilung zu überlassen, was der Begriff "Mord" bedeutete. Im übrigen stießen die Gerichte in der Praxis sehr schnell auf das Problem, daß die von Art. 72 PPO vorgeschriebene Formu-

370 Esmein, Histoire, S. 427.

371 Vgl. die Aussage des Deputierten Tronchet zitiert bei Feuerbach, Geschworenengericht, S. 173; Haber, Strafgerichtliche Öffentlichkeit, S. 215 ff.

372 Vgl. Esmein, S. 426 f., der dies als Fortschritt gegenüber dem englischen Verfahren zu werten scheint.

373 GStA PK, V. HA Königreich Westphalen, Rep. 5 D Nr. 6, Bl. 2.

374 Leist, Discours, S. 33 u. 36.

375 Anklage-Urkunde und Entwickelung der Verdachtsgründe wider den Juden Seligmann Moses aus Dankelshausen wegen verübten Mordes von Herrn General-Prokurator Quensel in Göttingen, in: Oesterley's Magazin für das Civil- und Criminal-Recht des Königreichs Westphalen, Bd. 1, S. 163 ff.

376 Ebd., S. 326 f.

lierung der Fragen an die Geschworenen nach wie vor Schwierigkeiten bei der Trennung von Tat- und Rechtsfragen bereitete. So wies beispielsweise der Präsident des Kriminalgerichtshofs in Herford darauf hin, daß die Beantwortung der Frage, ob ein bestimmtes Verbrechen vorliege und ob der Angeklagte schuldig oder nicht schuldig sei, es begangen zu haben, in der Regel neben der Beurteilung von Tatsachen rechtliche Überlegungen bzw. ein Verständnis des Inhalts einzelner Rechtsbegriffe von den Geschworenen forderte.[377] Dies führte ihn nicht dazu, die Praktikabilität des Grundsatzes in Zweifel zu ziehen. Vielmehr schlug er vor, das Problem in der Weise zu lösen, daß man spezifischere Fragen nach den Elementen stellte, die z. B. einen Raub oder eine Fälschung ausmachten,[378] also wieder den Weg zu gehen, den schon die französische Praxis bis zum Code d'instruction criminelle beschritten hatte.

Ihm folgten die meisten anderen Gerichtshöfe des Königreichs. So wurden die Geschworenen im Fall Claus, wie oben geschildert, nicht gefragt, ob Claus des Mordes an Gaignemaille schuldig sei. Sie mußten nach der Feststellung, daß Gaignemaille getötet worden war, entscheiden, ob Claus ihn getötet und als drittes ob er dabei "mit vorher überlegtem Vorsatz" gehandelt, also einen Mord im Sinne von Art. 137 der Carolina begangen habe.

Der Kriminalgerichtshof des Aller-Departements in Hannover mußte im Verfahren gegen Duelmeyer und Berkefeld einen etwas komplizierteren Sachverhalt bewältigen. Die Angeklagten wurden beschuldigt, nach einem nächtlichen Einbruchdiebstahl den Wilhelm Hagedorn, der ihnen unglücklicherweise begegnet war, mit einem Beil erschlagen zu haben. Beide hatten ihre Beteiligung an der Tat gestanden, behaupteten aber, der jeweils andere habe die tödlichen Schläge ausgeführt.[379] Das Gericht hielt offenbar Art. 148, Satz 3 der Carolina für anwendbar.[380] Deshalb fragte man zunächst, ob beide dem Opfer Hiebe mit dem Beil versetzt hätten, und dann alternativ, ob Hagedorn durch die von Berkefeld verursachten Verletzungen bereits tot war, als Duelmeyer zuschlug, oder ob beider Schläge zu seiner Ermordung geführt hätten.[381] Da die Geschworenen letzte-

377 GStA PK, V. HA Königreich Westphalen, Rep. 5 D Nr. 50, Rapport sur l'exercise de la justice criminelle dans le Dept. du Weser 1809, Bl. 14.

378 Ebd., Bl. 15.

379 Nds. HStA Hannover, Hann. 52 Nr. 3880, Acta in causa inquisitionis contra Duelmeyer und Berkefeld, Anklageurkunde, Bd. 2, Nr. 12, S. 96 ff.

380 "Wer aber der entleibt, durch mer dann eynen die man wüst geuerlicher weiß tödtlich geschlagen, geworffen oder gewundt worden, vnnd man künnt nit beweißlich machen, von welcher sonderlichen Hand und thatt er gestorben wer, So sein dieselben, so die verletzung wie obsteht gethan haben, alle als todtschläger vorgemelter massen, zum todt zu straffen."

381 Nds. HStA Hannover, Hann. 52 Nr. 3880, Fragen für die Geschworenen, Bd. 2, Nr. 37, S. 211 f.

res mehrheitlich bejahten, verurteilte der Kriminalgerichtshof die Angeklagten unter Berufung auf Art. 137 und Art. 148 der Carolina zum Tode.[382]

In den Akten des Kriminalgerichtshofs in Marburg finden sich weitere Beispiele für ein ähnliches Vorgehen. Im Prozeß gegen Klotzbach und Handschuhmacher wegen Falschmünzerei[383] bezogen sich die ersten Fragen an die Geschworenen auf die einzelnen Merkmale der Tat und der Handlungen der Angeklagten, die nach ihrem eigenen Geständnis wissentlich Falschgeld angenommen und ausgegeben hatten. Die Formulierung orientierte sich offenbar am westphälischen Münzdekret vom 11. Januar 1808. Abschließend kam eine als Folgerung formulierte Frage, ob sich die Angeklagten "also" der Teilnahme an einer Falschmünzerei schuldig gemacht hätten.

Im Verfahren gegen die Marburger Aufständischen Stoll, Koch und Moog[384] zeigt sich allerdings eine weitere Komponente des französisch-westphälischen Umgangs mit der Trennung von Tat- und Rechtsfrage und der sich daraus ergebenden Formulierung der Fragen an die Geschworenen. Die Strafverfolgungsbehörden waren eher in der Lage, die Jury in eine bestimmte Richtung zu lenken und einen politisch unliebsamen Freispruch zu verhindern, weil es für die Geschworenen schwerer gewesen sein dürfte, kaum zu leugnende "historische" Tatsachen zu verneinen als die Verurteilung wegen einer nicht für strafwürdig gehaltenen Handlung insgesamt abzulehnen. Hinzu kam, daß sie vielleicht auch nicht mehr übersahen, welches Delikt sich aus den von ihnen bejahten Tatsachen zusammensetzte und welche Strafe es nach sich zog.[385] Das Risiko einer "jury nullification", wie sie im englischen System vorkam und von manchen sogar als

382 Nds. HStA Hannover, Hann. 52 Nr. 3880, Urteil vom 17. Januar 1811, Bd. 2, Nr. 41, S. 231.

383 Hess. StA Marburg, 265.8 Prokurator Marburg, Nr. 12, Acta den Bartholomäus Handschuhmacher und Justin Klotzbach wegen Verbreitung falscher Münzen betr.

384 S.o., S. 93. Problematisch war in diesem Fall auch, daß eine der Parteien, nämlich der Generalprokurator, an der Formulierung der Fragen beteiligt war. Nach Art. 72 PPO war das allein Aufgabe des Präsidenten des Kriminalgerichtshofs in Abstimmung mit den beisitzenden Richtern.

385 Der Fall illustriert, daß sich Feuerbachs eher theoretische Beschreibung der Folgen einer so verstandenen Trennung von Tat- und Rechtsfragen (Geschworenengericht, S. 170 ff.) durchaus in der Realität wiederfand. Wie allerdings die ersten Erfahrungen in Baden knapp vierzig Jahre später zeigen, ließ sich das Risiko eines politisch unerwünschten Spruchs der Jury auf diese Weise doch nicht völlig ausschließen. Im Hochverratsprozeß gegen Struve und Blind verneinten die Geschworenen teilweise Fragen nach offenkundigen Tatsachen, weil sie die Angeklagten wegen der dadurch verwirklichten Delikte nicht verurteilt sehen wollten (vgl. Reimann, Der Hochverratsprozeß gegen Gustav Struve und Karl Blind, S. 138 f. und die Fragen im Anhang, S. 173 ff.).

dessen notwendiger Bestandteil angesehen wurde, [386] war so erheblich vermindert.[387]

Noch weiter ins Detail als in den genannten Beispielen gingen die Fragen in zwei Verfahren vor dem Kriminalgerichtshof des Harz-Departements in Heiligenstadt, die der dortige Generalprokurator Meywerth im Magazin für das Civil- und Criminalrecht des Königreichs Westphalen mitteilte. In beiden Prozessen ging es um Mord. Georg Christian Mügge war angeklagt, den Leinewebermeister Siebers, dessen Frau, neunjährigen Pflegesohn, Schwiegervater und einen Gesellen ermordet und die bei Siebers aufbewahrte "Lade" der Leinewebergesellen aufgebrochen und ausgeraubt zu haben.[388] Im Verlauf der Voruntersuchung hatte Mügge die Tat zugegeben, dieses Geständnis dann aber widerrufen und schließlich ausgesagt, er habe Siebers in Notwehr getötet, nachdem dieser selbst seine Familie und den Gesellen erschlagen hätte. Am Ende der Verhandlung im März 1809, die vermutlich eine der ersten im Harz-Departement war, mußten die Geschworenen 31 Fragen beantworten. Die ersten fünf beschäftigten sich mit der Feststellung, daß die Opfer ermordet und die Gesellenlade erbrochen und ausgeraubt vorgefunden worden waren. Bei den Fragen 7 bis 19 hatten die Geschworenen dann darüber zu entscheiden, ob bestimmte Indizien erwiesen waren, die für die Schuld des Angeklagten sprachen. Hier ist die Anlehnung an die "Anzeigen" des gemeinen Prozesses unverkennbar. Unter anderem ging es darum, daß der Angeklagte "der Liederlichkeit und dem Müßiggange ergeben gewesen", an Geldmangel gelitten, nach der Tat aber größere Summen ausgegeben habe,[389] daß seine Kleidung mit Blut bespritzt gewesen sei,[390] und daß man in seiner Wohnung eine Siebers gehörende Uhr gefunden habe.[391] Weitere zehn Fragen behandelten Mügges Aussagen im Vorverfahren, insbesondere sein Geständnis

---

386 Ob die Jury diese Möglichkeit haben sollte, war allerdings auch in England nicht unumstritten. In der Diskussion der zweiten Hälfte des 18. Jahrhunderts wurde dies, insbesondere unter dem Gesichtspunkt der Bestimmtheit der Strafe als Voraussetzung der Abschreckung in Zweifel gezogen. Gerade in politischen Fällen waren aber Versuche, die Rolle der Jury zu reduzieren, erfolgreich abgewehrt worden (vgl. Green, Verdict According to Conscience, S. 288 ff.; ders., The English Criminal Trial Jury, in: Padoa Schioppa, Trial Jury, S. 52 ff.).

387 Wie einige der unten geschilderten Entscheidungen westphälischer Juries zeigen, war es aber nicht völlig ausgeschlossen.

388 Actenmässige Darstellung der Gründe der Anklage-Urkunde wider den Leinewebergesellen Georg Christian Julius Mügge aus Osterode wegen fünffachen Mordes; in: Oesterley's Magazin, Bd. 1, S. 543 ff.

389 Actenmässige Darstellung, aaO., S. 595 f.; vgl. z. B. Grolman, Grundsätze, § 646 lit. d.

390 Actenmässige Darstellung, aaO., S. 597; vgl. Grolman, § 647 lit. a.

391 Actenmässige Darstellung, aaO., S. 597; vgl. Grolman, Grundsätze, § 646 lit. a.

und dessen Widerruf. Auch sie erinnern an die entsprechenden Lehren des gemeinen Strafprozesses. Es wurde zwischen dem gerichtlichen und dem außergerichtlichen Geständnis unterschieden.[392] Zum Widerruf war die Frage, ob dieser begründet und ob Mügges Erklärung für die Abgabe eines falschen Geständnisses erwiesen sei.[393] Die letzte Frage lautete, ob "also der angeklagte Georg Christian Julius Mügge des in der Nacht vom 4ten auf den 5ten März 1808 zu Osterode in dem Hause des Eimermachers Hühne und des an der daselbst verwahrt gewesenen Leinewebergesellen Lade begangenen Raubes für schuldig zu erklären sey".[394]

Der zweite Fall weist in der Struktur der Fragen an die Jury große Ähnlichkeit mit dem ersten auf. Hier lag der Mord bei der Verhandlung im Dezember 1809 schon mehr als dreizehn Jahre zurück.[395] Opfer war ein Ehepaar, das ein gewisser Wilhelm Stietz, der unmittelbar nach der Tat verschwunden und erst Anfang 1809 wieder aufgetaucht und verhaftet worden war, ermordet haben sollte. Hier hatten die Geschworenen über 22 Fragen zu entscheiden. Nach der Feststellung der Ermordung an sich und der Umstände ihrer Entdeckung folgten 16 Fragen zu den Angeklagten belastenden Indizien, die wiederum deutliche Hinweise auf die Lehre von den Anzeigen erkennen lassen.[396] Die letzte Frage richtete sich ebenfalls auf die Schlußfolgerung, ob der Angeklagte des Mordes für schuldig zu erklären sei.[397]

In beiden Fällen beschränkten sich die Heiligenstädter Richter bei der Formulierung der Fragen also nicht darauf, das angeklagte Delikt in seine wesentlichen Bestandteile zu zerlegen. Sie scheinen davon ausgegangen zu sein, daß die Jury nur zu einer richtigen "innigsten Überzeugung"[398] über die Tatsachen kommen konnte, wenn man ihre Entscheidung auf die nach juristischen Vorstellungen bedeutsamen Indizien lenkte. Was lag da näher, als auf die vertrauten, wenn auch zu anderen Zwecken entwickelten Beweisregeln des gemeinen Prozesses zurück-

---

392 Actenmässige Darstellung, aaO., S. 598 ff.; vgl. Grolman, aaO., § 635.

393 Actenmässige Darstellung, aaO., S. 600.

394 Actenmässige Darstellung, aaO., S. 601.

395 Ausführung der Gründe der Anklage-Urkunde wider Wilhelm Stietz aus Martinsfelde wegen eines verübten zwiefachen Mordes, in: Oesterley's Magazin für das Civil- und Criminalrecht des Königreichs Westphalen, Bd. 2, S. 394 ff.

396 Z. B. Frage 9, ob erwiesen sei, daß der Angeklagte "zu Martinfelde in der Gemeinde in einem üblen Rufe gestanden" (Ausführung der Gründe, aaO., S. 64); vgl. Grolman, aaO., § 645 I.
Frage 13, ob erwiesen sei, "daß der Angeklagte in der Nacht des fraglichen Mords von Martinfelde wirklich entflohen ist" (Ausführung der Gründe, aaO., S. 465, vgl. Grolman, aaO., § 645 VII.

397 Ausführung der Gründe, aaO., S. 467.

398 Art. 46 PPO.

zugreifen und die Fragen so zu fassen, daß die Summe der einzeln festgestellten "Anzeigen" auf die Antwort der vom Gesetz vorgeschriebenen Schlußfrage hinführte. [399] Vermutlich waren es Berichte über Fälle wie diese aus Heiligenstadt, die Siméon zu seiner Klage über die Subtilität der Richter, die zu viele Fragen stellten, veranlaßten.[400]

Die vorstehenden Beispiele zeigen einige der Schwierigkeiten, die die westphälischen Kriminalrichter bei der Aufbereitung des Sachverhaltes für die Fragen an die Geschworenen unter Berücksichtigung des Grundsatzes der Trennung von Tat- und Rechtsfragen hatten. Bemerkenswert ist in diesem Zusammenhang auch die Behandlung von Entschuldigungsgründen und strafschärfenden oder -mildernden Umständen. Hier ergab sich die zusätzliche Frage, inwieweit selbst ihre tatsächlichen Voraussetzungen der Entscheidung der Jury überlassen werden sollten, oder ob sie als Teil der Rechtsanwendung allein der Beurteilung der Richter unterlagen. Der Wortlaut des Art. 72 PPO schien eindeutig, und Bülow forderte in seinem Lehrbuch, daß "dem künftigen Straferkenntnisse nicht zum Grunde gelegt werden" dürfe, was nicht Gegenstand der Fragen an die Geschworenen war.[401] Einschränkend fuhr er fort, sie sollten "die Umstände, welche die Handlung modificiren und die persönlichen Verhältnisse, so wie die übrigen Umstände, welche die Strafbarkeit erhöhen oder vermindern können umfassen", nicht aber "alle kleinen Nebenumstände, welche das Arbitrium bei Bestimmung einer willkürlichen Strafe leiten könnten".[402]

Wie die westphälische Praxis verfahren ist, läßt sich insoweit feststellen, als die Ausführungen in den Strafanträgen der Generalprokuratoren oder die teilweise sehr spärlichen Urteilsgründe Rückschlüsse auf entsprechende Erwägungen zulassen. Den von Bülow gewiesenen Weg beschritt der Kriminalgerichtshof in Wolfenbüttel, dem er ja angehörte, beispielsweise in der Sache gegen Ferdinand Lohmann und seinen Komplizen Lange.[403] Die Jury wurde gefragt, ob Lohmann und Lange an zwei zuvor festgestellten Diebstählen beteiligt gewesen waren und

---

399 Das Heiligenstädter Vorgehen wäre dann nur die Weiterentwicklung der früheren französischen Überlegungen, die zur Ersetzung der Instruktion des englischen Richters durch die schriftliche Formulierung der Fragen an die Geschworenen geführt hatte (vgl. Fn. 372 oben). Allerdings fanden sie offenbar keine Nachahmer. Bülow, Erläuternde Bemerkungen, Bd. 2, S. 255, wies sogar ausdrücklich daraufhin, daß man nicht "die einzelnen Verdachtsgründe in Fragen kleiden" dürfe, und erläuterte dies in einer Fußnote mit Negativbeispielen, die eindeutig aus den Schilderungen der Fälle aus Heiligenstadt stammten.

400 Brief an Charles de Villers vom 1. Dezember 1812; abgedruckt bei Isler, aaO., S. 252.

401 Bülow, Erläuternde Bemerkungen, Bd. 2, S. 251.

402 Ebd., S. 255.

403 Nds. StA Wolfenbüttel, 8 W Nr. 407.

ob sie gewerbsmäßig dem Diebstahl nachgingen. Obwohl beide in gleicher Weise von den Geschworenen für schuldig befunden wurden, verurteilte das Gericht Lohmann zu zehn und Lange zu 15 Jahren Festungsbau, da nach seiner Auffassung Milderungsgründe bei Lohmann und strafschärfende Merkmale bei Lange eingriffen. Offenbar sahen die Richter diese als solche "kleinen Nebenumstände" an, über deren Vorliegen sie allein entscheiden konnten. Der Kriminalgerichtshof in Marburg auf der anderen Seite fragte die Jury nach der Unbescholtenheit des bisherigen Lebenswandels der wegen Teilnahme an einer Falschmünzerei angeklagten Handschuhmacher und Klotzbach.[404] Im übrigen gingen die Gerichte gerade bei den unterschiedlichen Fällen des Diebstahls in der Regel davon aus, daß die qualifizierenden Merkmale von den Geschworenen festzustellen seien.[405] Eine Ausnahme bildete der "dritte" Diebstahl. Zumindest wenn ein Gericht Art. 162 der Carolina nur dann für anwendbar hielt, falls der Angeklagte wenigstens einmal wegen Diebstahls bestraft worden war,[406] war die Frage, ob die Jury oder die Richter den Umstand der Vorstrafe feststellten. Bülow wollte die Antwort davon abhängig machen, ob die frühere Verurteilung und ihre Vollstreckung in einer Urkunde dokumentiert war, die öffentlichen Glauben in Anspruch nehmen konnte.[407] Der Kriminalgerichtshof des Aller-Departements in Hannover hatte offenbar keinerlei Zweifel, daß es sich dabei um eine reine Rechtsfrage handelte. Im Verfahren gegen Duelmeyer und Berkefeld hatte der Generalprokurator zwar in der Anklageurkunde auf zwei frühere Fälle hingewiesen, in denen Berkefeld kürzere Gefängnisstrafen verbüßt hatte.[408] Fragen wurden den Geschworenen dazu

---

404 Hess. StA Marburg, 265.8 Prokurator Marburg, Nr. 12, Acta gen. proc. den Bartholomäus Handschuhmacher und Justin Klotzbach wegen Verbreitung falscher Münzen betr.; Fragen welche an die Geschworenen gestellt wurden.

405 Nds. StA Wolfenbüttel, 8 W Nr. 414: Fragen nach Wert der gestohlenen Gegenstände, erschwerenden Umständen;
Nds. StA Wolfenbüttel, 8 W Nr. 407: Frage nach Gewerbsmäßigkeit (von den Geschworenen verneint).
Hess. StA Marburg, 265.8 Prokurator Marburg, Nr. 20, Acta den Conrad Schreiner u. Consorten betr.;
Nds. HStA Hannover, Hann. 52 Nr. 3880, Acta in causa inquisitionis contra Duelmeyer und Berkefeld, Bd. 2, Nr. 37, S.211: Fragen nach Einsteigen und Einbrechen.

406 Vgl. Janßen, Diebstahl, S. 137 ff.; Krause, Strafrechtspflege, S. 87; a.A. Feuerbach, Lehrbuch, § 372.

407 Bülow, Erläuternde Bemerkungen, S. 258.

408 Nds. HStA Hannover, Hann. 52 Nr. 3880, Acta in causa inquisitionis contra Duelmeyer und Berkefeld, Bd. 2, Nr. 12, S. 92 f.

aber nicht gestellt. Trotzdem setzte sich der Generalprokurator in seinem Strafantrag noch einmal ausführlich mit dem Thema auseinander.[409]

Bei den Entschuldigungsgründen deuten die Unterlagen in einzelnen Fällen daraufhin, daß die Gerichte hier schon im Zuge der Formulierung der Fragen eine eigene Beweiswürdigung zum Nachteil des Angeklagten vornahmen. Die restriktive Haltung der Gerichte wurde durch zwei Beschlüsse des Staatsrats bestätigt. Am 2. März 1811 verwarf er das Kassationsgesuch des Christian Wilke gegen ein Todesurteil des Kriminalgerichtshofs des Departements der Niederelbe mit der Begründung, daß Fragen nach mildernden Umständen nur dann gestellt werden müßten, wenn sie sich aus dem Inhalt der Verhandlung ergäben.[410] Auf Antrag des Justizministers erteilte der Staatsrat am 19. Januar 1812 ein Gutachten, das unter anderem zu dem Ergebnis kam, "daß keine Frage aufgestellt werden muß, welche nicht eine Thatsache zum Gegenstande hat, die ... aus der mit Beweismitteln oder durch Wahrscheinlichkeit unterstützten Vertheidigung des Angeklagten hervorgeht".[411]

So war die Zurechnungsfähigkeit des Angeklagten zur Tatzeit zwar häufiger Gegenstand der Entscheidung der Jury.[412] Im Strafantrag gegen Duelmeyer und Berkefeld beschäftigt sich der Generalprokurator aber beispielsweise auch mit der Entschuldigung der Angeklagten, sie hätten nie Gewahrsam über das Diebesgut erlangt. Er kam aber zum Ergebnis, daß dieser Umstand nicht erwiesen sei und selbst im Falle der Beweisbarkeit wegen der eingestandenen Zueignungsabsicht keine Rolle spielte.[413] Die Geschworenen im Verfahren gegen Claus erhielten ebenfalls keine Gelegenheit, darüber zu befinden, ob die tatsächlichen Voraussetzungen für eine Entschuldigung der Tat durch einen von Gaignemaille begangenen Ehebruch vorlagen. Das Gericht führte in der Urteilsbegründung aus, Claus habe nicht vorgetragen, seine Frau und den Kapitän "in flagranti" ertappt zu haben. Aus dem Umstand, daß die Geschworenen Claus' "vorher überlegten Vorsatz" festgestellt hatten, folgerten die Richter weiter, der Mord könne auch

409 Ebd., Nr. 40, S. 221. Seine Schlußfolgerung, daß ein dritter Diebstahl nicht vorlag, hatte allerdings ohnehin keine Bedeutung, da die Angeklagten auch wegen Mordes für schuldig befunden worden waren und zum Tode verurteilt wurden.

410 Jurisprudence Westphalienne, Bd. 1, S. 10 ff.

411 Bulletin des lois 1810, Bd. 1, S. 114 ff.

412 Z.B Hess. StA Marburg, 265.3 Kriminalgericht Marburg, Nr. 50, Untersuchungs Acten wider Ernst und Metz; 265.8 Prokurator Marburg, Nr. 2, Acten wider Caspar Muth und George Heß wegen Straßenraubs; Nds. StA Wolfenbüttel, 8 W Nr. 405; Hurlebusch, Erörterungen, S. 4; Freispruch der Marie Theres Engelke vom Vorwurf der Kindestötung wegen Unzurechnungsfähigkeit, Oeffentliche Anzeigen für das königlich westfälische Oker-Departement vom 6. November 1811, Sp. 3025.

413 Nds. HStA Hannover, Hann. 52 Nr. 3880, Acta inquisitionis contra Duelmeyer und Berkefeld, Bd. 2, Nr. 40, S. 220 f.

durch die einige Zeit vorher möglicherweise erlittenen Mißhandlungen durch Gaignemaille nicht entschuldigt werden.[414] Es liegt nahe, daß hier nicht nur juristische Erwägungen eine Rolle gespielt haben. Vielleicht befürchtete das Gericht, die Geschworenen würden – wider besseres Wissen – die Voraussetzungen eines Entschuldigungsgrundes bejahen, wenn sie dazu Gelegenheit hätten. So blieb ihnen nur die Empfehlung an die Gnade des Königs.

7. *Die Entscheidung der Geschworenen*

Die Geschworenen sollten ihre Entscheidung über Schuld oder Nichtschuld des Angeklagten nach ihrer "intime conviction", ihrer "innigsten Überzeugung" fällen.[415] Im Gegensatz zum Code des délits et des peines[416] und zum Code d'instruction criminelle[417] enthielt die westphälische Peinliche Prozeßordnung keine weitere Erläuterung dieses Begriffes. Literatur und Praxis übernahmen deshalb die französischen Regelungen. Der Grundsatz hatte zwei wesentliche Komponenten: den Wegfall fester Beweisregeln und die Entbindung von der Pflicht, die Entscheidung der Jury zu begründen.[418] Siméon führte dazu in seiner Darstellung der Lage des Königreichs vor den Reichsständen 1808 aus:

"Eh bien, le juré au lieu de compter les témoins, les pèse; au lieu de rechercher si Farinacius, Carpzovius ou tel autre docteur, a décidé qu'il y a conviction, lorsque telle et telle preuve existe, ou lorsqu'un tel nombre de semi-preuves est accumulé, le juré suit les lumières naturelles de la raison; il consulte l'effet que les débats ont produit sur son esprit. ... Il forme son opinion de ce qui le frappe, comme un homme qui voit la lumière, et affirme qu'il voit sans écouter ceux qui prétendent que, d'après certaines théories, il ne devrait pas voir, ou ne devrait voir d'une telle manière."[419]

Im Circularschreiben vom 29. Dezember 1808 erklärte er weiter:

La loi ne leur demande pas compte des moyens par lesquels ils se sont convaincus; elle ne préscrit que de s'interroger eux-mêmes dans le silence et le recueillement, et de chercher

414 Nds. StA Wolfenbüttel, 8 W Nr. 441, No. 131.
415 Art. 46 PPO.
416 Art. 372.
417 Art. 342.
418 Vgl. auch Schwinge, Geschworenengerichte, S. 85 ff.
419 Exposé de la situation du Royaume de Westphalie, in: Germanien, Bd. 2, S. 23.

dans la sincérité de leur conscience quelle impression a faite sur la raison la scène mise sur leurs yeux."[420]

Der Staatsrat bestätigte diesen Grundsatz noch einmal mit fast den gleichen Worten in seiner ablehnenden Entscheidung über das Kassationsgesuch des Wilhelm Stietz. Sein Verteidiger hatte es unter anderem damit begründet, daß die Entscheidung der Geschworenen auf den Aussagen unglaubwürdiger Zeugen beruhe.[421]

Führte der Wegfall von Beweisregeln und Zwang zur Begründung nun zur von Feuerbach[422] befürchteten Willkür im Strafprozeß? Siméon, der ja an sich kein Freund der Einrichtung war, beurteilte die Erfahrungen mit den Geschworenen in Westphalen gerade im Vergleich mit der "subtilitè" der Richter durchaus positiv.[423] Auch Bülow bemerkte in seinen erst nach dem Untergang des Königreichs verfaßten Erinnerungen, "daß die Thatsachen gewöhnlich von der Jury richtig aufgefaßt und beurtheilt worden, und es ist mir kein Fall bekannt geworden, daß sie sich durch Nebenabsichten oder Mitleiden vom Aussprechen desjenigen hätten ableiten lassen, was sie als Wahrheit erfunden hatten."[424] Die verfügbaren Unterlagen bestätigen diesen Eindruck und bezeugen den Ernst und die Sorgfalt, mit der sich die Geschworenen in der Regel ihrer Aufgabe entledigt haben.

Dies zeigt sich besonders in umfangreichen Verfahren, z. B. gegen größere Räuber- oder Diebesbanden. So waren im Verfahren gegen die Neustädter Bande vor dem Kriminalgerichtshof in Marburg 14 Mitglieder angeklagt, die beschuldigt wurden, in unterschiedlicher Zusammensetzung Raub in drei Fällen, 13 Diebstähle mit Einbruch oder Einsteigen, neun Pferde-, 8 Schafdiebstähle, 13 Diebstähle geringwertiger Sachen und elf versuchte Diebstähle begangen zu haben. Die Geschworenen hätten bei dieser Fülle an Vorwürfen vielleicht versucht sein können, summarisch zu urteilen. Nach drei Tagen Verhandlung kamen sie

420 Circulaire sur la police judiciaire et l'instruction criminelle, S. 18. Diese Formulierung stammte aus der Anweisung für die Geschworenen nach Art. 372 Code des délits et des peines und Art. 342 CIC.

421 Ausführung der Anklage-Urkunde wider Wilhelm Stietz, in: Oesterley's Magazin für das Civil- und Criminalrecht des Königreichs Westphalen, Bd. 2, S. 472. Die Entscheidung äußerte sich nicht zu den Bezügen auf Beweisregeln des gemeinen Prozesses in der Erklärung der Geschworenen.

422 Feuerbach, Geschworenengericht, S. 121; ders. Betrachtungen, Bd. 2, S. 479.

423 Brief an Charles de Villers; in: Isler, Briefe, S. 252: "Ils [les jurés] ont moins mal réussi que je ne le croyais, ..."

424 Bülow, Beiträge, S. 91. In einer Fußnote führt Bülow als Beleg für seine Feststellung ausdrücklich das Verfahren gegen Claus an.

jedoch zu sehr differenzierten Ergebnissen für die einzelnen Angeklagten.[425] In Wolfenbüttel mußten sich im Sommer 1812 vier Männer und eine Frau für 16 Diebstähle verantworten. Die Jury hatte über neunzig Fragen zu entscheiden. Soweit die Angeklagten nicht geständig waren, verneinte sie teils – und nach dem Protokoll der Verhandlung nachvollziehbarer Weise – deren Beteiligung, teils sogar das Vorliegen der Straftat. Die Geschworenen legten dabei offenbar großen Wert auf die Unmittelbarkeit der Beweisaufnahme und verneinten die Anklagepunkte, zu denen sie die Zeugenaussagen nicht persönlich sondern nur durch Verlesung der Protokolle aus der Voruntersuchung hören konnten.[426] Ebenso lehnte es die Jury im Verfahren gegen Friedrich Lohmann ab, die Gewerbsmäßgkeit der von den Angeklagten begangenen Diebstähle festzustellen, nachdem in der Verhandlung keine Zeugen für diesen Umstand aufgetreten waren.[427]

Im Interesse der Strafverfolgung hatte das Fehlen von Beweisregeln in manchen Fällen sicher Vorteile. So meinte der Präsident des Kriminalgerichtshof in Herford in seinem Bericht über die erste Sitzung des dortigen Geschworenengerichts, daß die Angeklagten nach dem alten Verfahren des gemeinen Prozesses wohl "ihrer gerechten Strafe entgangen" wären, während die Jury sie für schuldig befunden hatte.[428] Die mangelnden Anforderungen an den notwendigen Grad der Überzeugung der Geschworenen konnte allerdings auch zu der merkwürdigen Antwort führen, sie hielten eine bestimmte Tatsache für "nur zum Theil ... erwiesen".[429]

Es finden sich nur wenige Entscheidungen, die den Eindruck erwecken, die Jury habe sich "durch Nebenabsichten oder Mitleiden" leiten lassen. Eine davon ist der Freispruch für Handschuhmacher und Klotzbach wegen Beteiligung an einer Falschmünzerei, obwohl die Angeklagten gestanden hatten, wissentlich bei der Herstellung falscher Münzen geholfen bzw. sie angenommen und zu verteilen versucht zu haben. [430] Der Haupttäter war entkommen, und hier hat vielleicht die Härte des westphälischen Dekrets, das auch für Teilnehmer die Todesstrafe androhte,[431] die Entscheidung der Geschworenen beeinflußt. Jedenfalls meinte der

---

425 Hess. StA Marburg, 265.8 Prokurator Marburg, Nr. 20, Acta den Hartmüller Conrad Schreiner u. Consorten betr.

426 Nds. StA Wolfenbüttel, 8 W Nr. 403, Acta in Anklagesachen wider den Schiefer- und Ziegeldecker Heinrich Christian Lenz und Gen. aus Hildesheim wg. Kirchen- und anderer Diebstähle.

427 Nds. StA Wolfenbüttel, 8 W Nr. 407.

428 GStA PK, V. HA Königreich Westphalen, Rep. 5 D Nr. 19, Bl. 40.

429 Ausführung der Anklage-Urkunde wider Wilhelm Stietz, in: Oesterley's Magazin für das Civil- und Criminalrecht des Königreichs Westphalen, Bd. 2, S. 467.

430 Hess. StA Marburg, 265.8 Prokurator Marburg, Nr. 12.

431 Art. 6 des Dekrets vom 11. Januar 1808.

Generalprokurator, den Verteidigern, darunter Professor Anton Bauer,[432] sei es gelungen, an die Herzen der Jury zu appellieren.[433] Eine weitere Fallgruppe, wo das Mitgefühl der Geschworenen eine Rolle spielte, waren die Verfahren wegen Kindestötung. Nachdem der Generalprokurator in Marburg mit seiner Anklage gegen Juliane Hundertmark trotz vorteilhafter Beweislage aber ohne Geständnis vor den Geschworenen eine Niederlage erlitten hatte,[434] wurde in der Folgezeit bei vergleichbarem Sachverhalt gar kein peinliches Verfahren mehr eingeleitet. Statt dessen kamen die Frauen nur noch wegen verheimlichter Schwangerschaft vor die Korrektionsgerichte, wo Berufsrichter allein entschieden.[435] Weitere Beispiele von Freisprüchen wegen Kindestötung oder Verurteilung nur wegen geringerer Vergehen gibt es auch aus anderen Departements.[436]

In Prozessen mit politischem Hintergrund wären wohl am ehesten Entscheidungen aufgrund sachfremder Erwägungen zu erwarten. Soweit sich aus den Akten entnehmen läßt, entsprachen die Feststellungen der Geschworenen, wenn sie denn überhaupt gefragt wurden, jedoch, wie oben an den Verfahren gegen die hessischen Aufständischen dargestellt, im allgemeinen der Beweislage. Auch im bereits erwähnten Fall des Maire-Adjunkt Lange wegen aufrührerischer Schriften, wo der Generalprokurator von Hanstein einen Hang der Jury zum Freispruch schon vorab vermutete,[437] war deren Entscheidung, den Angeklagten für unzu-

---

432 In seinem 1811 verfaßten Lehrbuch "Abriß der Gerichtsverfassung des Königreichs Westphalen" wies Bauer allerdings die Befürchtung der Kritiker des Geschworenengerichts, die Jury könnte "durch die Redekünste des Vertheidigers" fehlgeleitet werden, als falsch zurück (S. 34).

433 Hess. StA Marburg, 265.8 Prokurator Marburg, Nr. 12, Bericht des Generalprokurators vom 18. April 1809: "En exposant le sujet d'accusation et en repondant aux defenseurs, j'ai laché parler à la raison des jurés, tandis que les defenseurs et les accusés aussi emanoir à leur coeurs."

434 Hess. StA Marburg, 265.3 Kriminalgericht Marburg, Nr. 51, Untersuchungsacten wider Juliane Hundertmark wegen Kindsmords; Urteil vom 22. November 1810. Die Geschworenen bejahten jedoch die Verheimlichung von Schwangerschaft und Geburt und die Angeklagte erhielt "nach Gerichtsgebrauch" eine Strafe von zwei Jahren Zuchthaus.

435 S. o., S. 76.

436 Z.B Hausmann, Erinnerungen, S. 77, der über einen Freispruch vom Kindsmord in der ersten Verhandlung des Kriminalgerichtshofs in Hannover berichtet; Mitteilung über ein Urteil des Kriminalgerichtshofs in Wolfenbüttel, der Marie Therese Engelke, die ihr Kind in der Innerste ertränkt hatte, "von der Anklage entband", weil die Jury sie für zum Zeitpunkt der Tat unzurechungsfähig erklärt hatte, in: Öffentliche Anzeigen des Oker-Departements vom 6. November 1811, Sp. 3025.

437 Hess. StA Marburg, 265.8 Prokurator Marburg, Nr. 45, Acta den Maire-Adjunkt Lange wegen aufrührerischer Schriften betr.; Bericht vom 11. Februar 1810.

rechnungsfähig zu erklären, nach dem Inhalt der inkriminierten Pamphlete durchaus nachvollziehbar.

Besonders lange Zeit haben die Geschworenen zur Beantwortung der ihnen gestellten Fragen offenbar in der Regel nicht benötigt. Beratungen, die mehrere Tage in Anspruch nahmen, sind den Akten nicht zu entnehmen.[438] Ein Hauptgrund für diesen Umstand dürfte darin zu suchen sein, daß im Gegensatz zum englischen Verfahren auch eine dem Angeklagten ungünstige Entscheidung nur einer qualifizierten Mehrheit von acht Ja-Stimmen bedurfte.[439] Es war also nicht unbedingt notwendig, jeden der Geschworenen von einer bestimmten Tatsache zu überzeugen.

Die westphälische Peinliche Prozeßordnung folgte hier dem französischen Vorbild. Bereits in den Gesetzen von 1791 und im Code des délits et des peines hatte man sich mit zehn von zwölf Stimmen zum Nachteil des Angeklagten begnügt.[440] Die Verfasser des Projét du Code criminel schlugen vor, das Erfordernis der Einstimmigkeit aus dem englischen Recht zu übernehmen, setzten sich damit aber nicht durch.[441] Der Code d'instruction criminelle eröffnete den Geschworenen bei einem Stimmenverhältnis von sieben zu fünf gegen den Angeklagten sogar die Möglichkeit, eine Tatsachenentscheidung wieder den Berufsrichtern zu überlassen.[442] Nach westphälischem Recht wurde dieses Ergebnis als Verneinung der Frage behandelt.[443]

8. *Entziehung von der Geschworenenpflicht*

Schon in den Erörterungen des französischen Staatsrats im Jahre 1804 hatte Siméon als Argument gegen die Beibehaltung der Geschworenengerichte angeführt, daß die Bürger selbst ihr Desinteresse an der Einrichtung bekundet hätten. Nach seiner Aussage versuchten 24 von 100 Personen sich der Pflicht des Geschworenen zu entziehen.[444] In der westphälischen Praxis waren die Erfahrungen unterschiedlich. Bülow berichtet, die "oberen Stände" hätten auf jede nur mögliche Weise versucht, die Ausübung diese Amtes zu vermeiden. Dagegen setzten

438 Im Fall Claus berieten die Geschworenen etwa drei Stunden lang (Authentische Darstellung, S. 30).

439 Art. 78 PPO.

440 Art. 403 Code des délits et des peines; Esmein, Histoire, S. 427 f.

441 Esmein, Histoire, S. 484; Art. 347 CIC.

442 Art. 352 CIC.

443 Vgl. z. B. Nds. StA Wolfenbüttel, 8 W Nr. 403: Diebstahl bei Seiler Rost nur von sieben Geschworenen bejaht – Freispruch.

444 Locré, Législation civile, commerciale et criminelle, Bd. 24, S. 19.

"die Landleute und die Mittelklasse der Städter eine Ehre darin, auf der Geschworenenliste zu stehen, und sahen es als eine Auszeichnung an, die durch untadelhaftes Betragen verdient werden sollte."[445] Der Präsident des Kriminalgerichtshofes in Herford teilte dem Justizminister in seinem schon mehrfach erwähnten Bericht über die Strafjustiz im Weser-Departement mit, daß sich dort die Zahl der als Geschworene verfügbaren Personen nur auf etwa 250 belaufe, weil der Rest durch berechtigte Entschuldigungen ausfiele.[446] Da nach Art. 36 PPO grundsätzlich nur die amtlich bestätigte Abwesenheit außerhalb des Departements oder Krankheit als Entschuldigungsgründe anerkannt wurden, muß man vermuten, daß hier Unwille eine erhebliche Rolle spielte. Auch aus anderen Departements sind Einzelfälle überliefert, wo Geschworene sich ihrer Pflicht entzogen.[447] Im Verfahren beim Kriminalgerichtshof des Werra-Departements gegen die Teilnehmer am Marburger Aufstand, Koch, Stoll und Moog mag es auch politische Gründe dafür gegeben haben, daß man Schwierigkeiten hatte, eine ausreichende Anzahl von Geschworenen zusammenzubringen.[448] Probleme des Ausmaßes wie im Weser-Departement sind aber sonst nicht festzustellen.

Ein Grund für die gelegentliche Unwilligkeit eines zum Geschworenen Ernannten mag die erhebliche zeitliche und finanzielle Belastung gewesen sein, die mit dem Amt verbunden sein konnte. Die große geographische Ausdehnung aller Departements brachte es mit sich, daß ein Geschworener aus einem entfernteren Teil einen langen Weg auf sich nehmen mußte, da die Kriminalgerichtshöfe nur in den Hauptorten tagten. Für einen Hildesheimer, der in Wolfenbüttel amtieren sollte, dürfte dies zur damaligen Zeit jeweils eine Tagesreise hin und zurück bedeutet haben, zu der dann noch die Verhandlungen hinzukamen, die durchaus mehrere Tage dauern konnten. Für einen Hallenser, der nach Halberstadt zum Kriminalgerichtshof des Saale-Departements mußte, war dies fast unzumutbar.[449] Denn er erhielt für seine Mühen nicht einmal eine Kostenerstattung oder gar eine

---

445 Bülow, Beiträge, S. 90 f.

446 GStA PK, V. HA Königreich Westphalen, Rep. 5 D Nr. 50, Bl. 12.

447 Hess. StA Marburg, 265.8 Prokurator Marburg, Nr. 29, Acta die Juliane Hundertmark betr. wegen Kindestötung (1810); Verfahren gegen Johann Schmidt, der wegen Ausbleibens als Geschworener verurteilt worden ist.
Hess. StA Marburg, 265.2 Kriminalgericht Kassel, Nr. 1, Verfahren wegen Straßenraub und Todschlag gegen Johann Ruprecht und Friedrich Rosen vor dem Kriminalgerichtshof zu Kassel (1809); Weigerung des Geschworenen Daltrop zu erscheinen.

448 265.3 Kriminalgericht Marburg, Nr. 28, Bl. 25 – 31: Sechs der bestellten Geschworenen erscheinen nicht; davon zwei wegen angeblicher Krankheit. Varges, S. 382; Muras, S. 234.

449 Kohl, Die Verwaltung der östlichen Departements des Königreichs Westphalen, S. 207. Der im oben erwähnten Kasseler Fall ausgebliebene Geschworene Daltrop hätte aus dem gut 70 km entfernten Paderborn anreisen müssen.

Aufwandsentschädigung. Man hatte zwar erwogen, die Geschworenen zu bezahlen, dann aber wegen der zu erwartenden Belastungen des Staatshaushalts davon abgesehen.[450]

Wenn Geschworene ausfielen, löste dies einige Schwierigkeiten für das Gericht aus. Art. 34 PPO regelte lediglich die Berufung der zwölf Geschworenen für eine Verhandlung. Eine gleichzeitige Ladung von Ersatzleuten war nicht vorgesehen. Selbst im Falle eines gerechtfertigten Ausbleibens erfuhr das Gericht davon zu spät, um einen neuen Geschworenen bestellen und fristgerecht laden zu können. Der Präsident mußte dann auf die am Sitz des Gerichts ansässigen Bürger zurückgreifen, die auf der "300er-Liste" standen, und unter ihnen die erforderlichen Ersatzleute auslosen.[451] Dort, wo wie im Weser-Departement häufiger Geschworene ausfielen, führte das zu erheblichen Belastungen dieser Personengruppe.[452] In einer Stadt wie Heiligenstadt, dem Hauptort des Harz-Departements, mit nur 3.400 Einwohnern war das Problem kaum zu bewältigen.[453]

9. *Die Verteidiger*

Aus den verfügbaren Unterlagen ist nur vereinzelt zu erkennen, welche Rolle die Verteidiger in den Verhandlungen vor den Geschworenen gespielt haben. Insbesondere ihre Plädoyers nach dem Schluß der Beweisaufnahme wurden in den Protokollen der Sitzungen nur erwähnt, aber nicht inhaltlich wiedergegeben. Auch die Advokaten sahen sich ja mit der Einführung des neuen westphälischen Strafprozesses mit Aufgaben konfrontiert, auf die sie kaum vorbereitet waren. Hatten sie sich im gemeinen Prozeß auf die Abfassung einer oder mehrerer Defensionsschriften zu beschränken, konnten sie nun in einer öffentlichen, mündlichen Verhandlung die Zeugen der Anklage befragen und sollten am Ende eine zusammenhängende Rede zur Verteidigung des Angeklagten halten. Dabei war ihre Position von vornherein dadurch geschwächt, daß sie erst nach Abschluß der Voruntersuchung beigezogen wurden.[454] Hinzu kam die enge Verbindung zwi-

---

450 Siméon, Exposé de la situation du Royaume de Westphalie, in: Germanien, Bd. 2, S. 24. Sein Hinweis, daß es der Westphale wie der Engländer oder Franzose als Beleidigung empfinden müsse, wollte man ihm Geld für dieses Ehrenamt anbieten (ebd., S. 25), wurde allerdings vermutlich nicht von vielen seiner Mitbürger geteilt.

451 Art. 42 PPO.

452 GStA PK, V. HA Königreich Westphalen, Rep. 5 D Nr. 50, Rapport sur l'exercice de la justice criminelle dans le Dept. du Weser pendant 1809, Bl. 12.

453 Kohl, aaO., S. 207, Fn. 46.

454 S. o., S. 77.

schen Generalprokurator und Kriminalgerichtshof, die sich aus der gemeinsamen Arbeit bei den früheren Justiz- und Verwaltungsbehörden ergab. Das dem gemeinen Prozeß eigene Mißtrauen gegenüber dem Verteidiger setzte sich auch im westphälischen Strafverfahren fort. Dies wurde gleich zu Beginn der Verhandlung durch den Hinweis des Präsidenten des Kriminalgerichtshofs an den Verteidiger zum Ausdruck gebracht, "daß er nichts gegen die den Gesetzen schuldige Achtung sagen dürfe, und sich mit Anstand und Mäßigung auszudrücken habe."[455]

Trotz der nicht ganz einfachen Rahmenbedingungen ist das Bemühen der Advokaten und Prokuratoren, sich der neuen Herausforderung zu stellen und die gebotenen Möglichkeiten zu nutzen, unverkennbar. Verteidiger Dr. Fricke scheute sich nicht, in seinem Plädoyer für Claus auch politisch unliebsame Argumente offen anzusprechen und die Voreingenommenheit des Gerichts anzuprangern.[456]

Der Prokurator Froebe hatte im bereits erwähnten Prozeß gegen Mügge in Heiligenstadt noch im wesentlichen versucht, den Indizien der Anklage mit dem gemeinrechtlichen Argument zu begegnen, daß eine Verurteilung auf Grund dieser "Verdachtsgründe bey einem Verbrechen, welches weder durch Zeugen erwiesen noch eingestanden sey", unzulässig wäre.[457] Nur ein dreiviertel Jahr später leitete er sein Plädoyer für Wilhelm Stietz mit einer sehr differenzierten Auseinandersetzung mit der Aufgabe der Geschworenen, der Bedeutung der "intime conviction" und des "Totaleindrucks" des Sachverhaltes aus der Sicht des Verteidigers ein.[458] Dabei wies er die Geschworenen jetzt auf die Notwendigkeit hin, mit "Behutsamkeit" jeden einzelnen Punkt der Anklage und der Verteidigung abzuwägen, gerade weil für sie nicht mehr wie für die "ältern peinlichen Urtheilsverfasser" die strengen Beweisregeln des gemeinen Prozesses galten.[459] Bülow, als Richter, beurteilte die Bemühungen der Anwälte positiv. Zum einen lobte er, daß die Verteidiger nicht versucht hatten, aus Verfahrensfehlern der Gerichte, die

---

455 Art. 45 PPO.

456 Authentische Darstellung, S. 27 f.

457 Actenmässige Darstellung der Gründe der Anklage-Urkunde wider Georg Christian Julius Mügge, in: Oesterley's Magazin, Bd. 1, S. 593.

458 Ausführung der Anklage-Urkunde wider Wilhelm Stietz, in: Oesterley's Magazin für das Civil- und Criminalrecht des Königreichs Westphalen, Bd. 2, S. 438 ff. Froebe hatte den Auszug aus seinem Plädoyer selbst "zum Einrücken" in die Ausführungen des Generalprokurators an Oesterley's Magazin eingesandt (Anm. d. Hrsg., ebd., S. 438). In einer Fußnote erwähnte er auch ausdrücklich das Bedürfnis, dem Vorurteil zu begegnen, "als wäre der Vertheidiger nur ein Mann, dem es darum zu thun seyn müsse, die Wahrheit zum Besten seines Angeschuldigten zu entstellen" (ebd., S. 439).

459 Ebd., S. 440.

auf mangelnder Kenntnis des neuen Rechts beruhten, Vorteile zu erzielen. Zum anderen meinte er zu den Auftritten in der öffentlichen Verhandlung:

"Die gerichtliche Beredsamkeit erreichte bei dieser Verhandlungsweise bald eine ehrenwerte Stufe; denn, obwohl die mehrsten Reden zuvor einstudiert, oder von der Schrift vorgelesen wurden, so gab es doch auch Veranlassungen zu freien Reden, ... und überhaupt führte die Theilnahme des Publicums und ein Wettbewerb unter den Sachwaltern die Kunst der Rede zu einer früher hier nur bei ausgezeichneten Kanzelrednern gefundenen Ausbildung."[460]

Leider sind nur wenige Plädoyers erhalten. Soweit der Verteidiger – wie der oben erwähnte Prokurator Froebe – nicht selbst für ihre Aufzeichnung und Veröffentlichung sorgte,[461] sind sie nur ausnahmsweise in den Akten zu finden.[462]

I. Das Ende

In Braunschweig ist die Lage nach der Verkündung des Urteils gegen Claus gespannt. Am Sonntagabend vor dem letzten Verhandlungstag ist es zu Auseinandersetzungen zwischen westphälischen Soldaten und französischen Kürassieren gekommen, die sich auch am Tag der Urteilsverkündung fortsetzen.[463] Der Maire wiederholt die Bekanntmachung vom Herbst 1811, daß Aufläufe verboten sind, und Gaststuben und Schankwirtschaften um 10 Uhr abends schließen müssen.[464] Trotzdem beschwert sich am nächsten Morgen der Oberst des 3. französischen Kürassierregiments beim Präfekten Henneberg, weil eine Patrouille am Vorabend von Jugendlichen mit Schneebällen beworfen und beleidigt worden ist.[465] Um weitere Streitigkeiten zwischen westphälischen und französischen Soldaten zu vermeiden läßt der Präfekt am 28. Januar bis auf weiteres alle Tanz- und Musikveranstaltungen in Braunschweig untersagen.[466]

---

460 Bülow, Beiträge, S. 91 f.

461 So z.B. auch Caspari, Rede an das Geschworenen-Gericht des Saale-Departements, zur Vertheidigung der Catharine Elisabeth Weber.

462 Z.B. die 40-seitige Verteidigungsrede des Distriktsnotars Stollberg für die der Kindestötung angeklagte Caroline Henriette Schincken, Nds. StA Wolfenbüttel, 8 W Nr. 472.

463 Diese Auseinandersetzungen führten zur Einsetzung einer speziellen Militärkommission, deren Auftrag es war, über "Verbrechen und Unternehmungen gegen die Sicherheit der Armee" in der 2. Militärdivision zu "erkennen" (Allgemeine Zeitung vom 14. Februar 1812, S. 179; Kleinschmidt, Geschichte, S. 473.

464 StadtA Braunschweig, Rep. C IV, Nr. 7.19, Bl. 103.

465 Ebd., Bl. 98.

466 Ebd., Bl. 110.

Der französische Oberbefehlshaber in Norddeutschland, Marschall Davout, Fürst von Eckmühl, reagiert auf seine Weise. Er hat von einem Spion die Nachricht erhalten, Claus sei von den Geschworenen freigesprochen worden.[467] Zur Bestrafung der aufrührerischen Braunschweiger befiehlt er auch den Rest des 3. Kürassierregiments und wenige Tage später noch das 21. Linieninfantrieregiment aus Magdeburg dorthin. [468] Ein französisches Standgericht soll eingerichtet werden, um sowohl Claus als auch die westphälischen Soldaten, die das Blut französischer Soldaten vergossen haben, abzuurteilen.[469] Außerdem berichtet Davout über die Vorfälle an Napoleon.[470] Dieser läßt seinen Gesandten in Kassel beauftragen, seinem Bruder Jérôme und Siméon seine Unzufriedenheit über eine so schwache Regierung, die derartige Mißstände zuläßt, auszudrücken.[471] Der König und seine Minister geraten in größte Unruhe wegen dieser Kritik.[472] Man entsendet den General von Ochs nach Braunschweig, um dem Kaiser und Davout zu zeigen, daß die Westphalen selbst in der Lage sind, die Ruhe wiederherzustellen.[473] Der Präfekt Henneberg wird wegen "Weichheit" abberufen und durch den Präfekten des Fulda-Departements, von Reimann, ersetzt.[474]

Zur gleichen Zeit ist man offenbar bemüht, die Gemüter in Braunschweig auch propagandistisch zu beruhigen. "Mit obrigkeitlicher Bewilligung" veröffentlicht ein anonymer Autor die Broschüre "J.C.L. Claus oder Authentische Darstellung des vor dem Königl. peinlichen Gerichtshofe zu Wolfenbüttel vom 16ten bis 21ten Januar wider ihn öffentlich verhandelten Prozesses wegen eines an den Kaiserl. Franz. Capitain Gaignemaille verübten Mordes. Mit erläuternden Bemerkungen." Kurz darauf erscheint sogar eine "neue verbesserte Auflage" unter dem Titel "Actenmäßige Darstellung ...", die sich abgesehen von unwesentlichen

---

467 Bericht Reinhards an den Außenminister Maret, Herzog von Bassano, vom 11. Februar 1812, Mémoires et correspondance, Bd. 5, S. 218 ff., S. 223.

468 Reinhard an Bassano vom 3. Februar 1812, aaO., S. 204; StadtA Braunschweig, Rep. C IV, Nr. 7.19, Bl. 122, Bekanntmachung vom 2. Februar 1812, die die Bürger auffordert, sich beim Einrücken des Infantrieregiments ruhig zu verhalten; Allgemeine Zeitung vom 16. Februar 1812, S. 188.

469 Reinhard an Bassano vom 3. Februar 1812, aaO., S. 206.

470 Brief Napoleons an Bassano vom 2. Februar 1812, Correspondance de Napoleon I, Bd. 23, S. 233.

471 Napoleon an Bassano, aaO., S. 234; Bassano an Reinhard vom 2. Februar 1812, Mémoires et correspondance, Bd. 5, S. 203.

472 Reinhard findet den Innenminister Graf Wolffradt in Tränen, weil Jérôme ihm vorgeworfen hat, er werde für den Verlust Braunschweigs verantwortlich sein, nachdem der abgesetzte Finanzminister Bülow ihm schon Hannover verloren habe (Brief an Bassano vom 3. Februar 1812, Mémoires et correspondance, Bd. 5, S. 204 f.

473 Reinhard an Bassano, vom 3. Februar 1812, aaO., S. 206; Hohenhausen, Biographie des Generals von Ochs, S. 207.

474 Reinhard an Bassano vom 3. Februar 1812, aaO. S. 207.

stilistischen Änderungen inhaltlich nicht von der Authentischen Darstellung unterscheidet.

Nach dem Versuch einer allgemeinen, philosophisch-poetisch verbrämten Einleitung über die Notwendigkeit, Mörder ihrer gerechten Strafe zuzuführen, folgt die Darstellung der Untersuchung und Verhandlung des Falles, die mit wenigen Ausnahmen der Aktenlage entspricht, darüber hinaus aber weitere Details, Ausschmückungen und Wertungen enthält. An einigen Punkten meint der Autor, von der Realität abweichen zu müssen, um den gewünschten Eindruck zu vermitteln. So stellt er zum Beispiel bei der Beschreibung des erneuten Auftretens der Belastungszeugen am Ende der Beweisaufnahme die rhetorische Frage, "welch ein Gewicht ... die Aussage eines 65 jährigen durch seine Biederkeit und Rechtschaffenheit geachteten Bürgers, des Waffenschmidts Rasch" haben mußte.[475] Tatsächlich war Rasch an dieser Konfrontation ja gar nicht beteiligt gewesen, weil er wegen Krankheit nicht zur Verhandlung kommen konnte. Erkennbares Ziel der Schrift ist es, einerseits den Leser von der Richtigkeit des Urteils zu überzeugen und die Tat als das Ergebnis des unmoralischen Lebenswandels des Ehepaars Claus, ihn selbst aber als streitsüchtigen Hanswurst darzustellen, der sein schändliches Tun nicht einmal bereut und kein Mitleid verdient. Andererseits soll der Graben zu denen, die für Claus eingetreten sind, überbrückt werden, indem viel Verständnis für die Alibizeugen bekundet wird, die sich zwar geirrt hätten, aber ohne bösen Willen seien. Auch dem Verteidiger hält der Autor die Schwierigkeit seiner Aufgabe und die Ernsthaftigkeit seiner Bemühungen zugute, muß ihn aber insoweit kritisieren, als er sich im Plädoyer zur Äußerung antifranzösischer Ressentiments hat hinreißen lassen. Die Schrift schließt mit dem Trost an Claus' Verwandte und Freunde, daß – unabhängig vom Ergebnis etwaiger Rechtsmittel oder Gnadengesuche – glücklicherweise die Zeiten vorbei sind, wo man "das Verbrechen eines Einzelnen eine ganze Familie büßen" ließ.

In der Zwischenzeit hat Claus am 22. Januar die Kassation des Todesurteils beantragt.[476] Dr. Fricke trägt drei Argumente zur Begründung vor: Art. 45 PPO sei verletzt worden, weil die Ermahnung an den Verteidiger, nichts "gegen die den Gesetzen schuldige Achtung" zu sagen und sich "mit Anstand und Mäßigung auszudrücken", nicht vor Verlesung der Anklageurkunde erfolgt sei. Weiter habe man entgegen Art. 55 PPO einzelne Zeugen der Anklage erst nach den von der Verteidigung benannten Personen vernommen. Dabei sei am Schluß der Beweisaufnahme jeweils ein einzelner Alibizeuge mit einer Mehrzahl von belastenden Aussagen konfrontiert worden, was erstere durcheinander gebracht und ihre Glaubwürdigkeit untergraben habe. Zum dritten habe Präsident Hurlebusch die

475 Authentische Darstellung, S. 20.
476 Nds. StA Wolfenbüttel, 8 W Nr. 441, No. 133.

Jury durch eine einseitige Zusammenfassung des Sachverhalts zum Nachteil des Angeklagten unzulässiger Weise in ihrer Entscheidung beeinflußt.[477]

1. Das Kassationsverfahren

Bereits die westphälische Verfassung sah vor, daß der Staatsrat die Aufgaben eines Kassationshofes versehen sollte.[478] Der Staatsrat bestand aus den Ministern und weiteren 16 bis 25 Mitgliedern, die der König ernannte und jederzeit abberufen konnte.[479] Im Staatsrat vereinigten sich also Justiz und Exekutive auch äußerlich wieder.[480]

Eine Berufung gegen die Entscheidung der Jury war nach der Peinlichen Prozeßordnung,[481] wie schon nach dem Code des délits et des peines,[482] nicht statthaft.[483] Das Verfahren für Kassationsgesuche gegen Urteile der Kriminalgerichtshöfe war im fünften und sechsten Artikel der Peinlichen Prozeßordnung geregelt.[484] Die Parteien hatten drei Tage Zeit, um das Rechtsmittel gegen eine Verurteilung einzulegen.[485] Der Generalprokurator hatte auch das Recht, gegen einen Freispruch die Kassation zu beantragen, mußte dann allerdings schon innerhalb von 24 Stunden nach der Verkündung davon Gebrauch machen.[486] In diesem Punkt unterschied sich die westphälische Gesetzgebung erheblich vom englischen[487], aber auch vom französischen[488] Verfahren, wo die Aufhebung ei-

---

477 Ebd., No. 138. Die Begründung des Kassationsgesuchs selbst ist nicht erhalten. Die Argumente sind am Beginn der Entscheidung des Staatsrats wiedergegeben.

478 Art. 21 Abs. 2 der Verfassung vom 15. November 1807.

479 Art. 21 Abs. 1 der Verfassung. Hinzu kamen Auditoren, die nicht stimmberechtigt waren. Zu ihnen gehörte auch Jacob Grimm, der neben seiner Tätigkeit als Bibliothekar des Königs von diesem zum Auditor beim Minister des Innern und der Staatsratssektion der Justiz und des Innern ernannt worden war (Grimm, Selbstbiographie, S. 10; Almanach royal 1811, S. 57).

480 Ein früherer Entwurf der Verfassung hatte noch die Einrichtung eines selbständigen Kassationsgerichtshofs vorgesehen (vgl. Konstitution des Königreichs Westphalen, in: Der Rheinische Bund, Bd. 4 (1807), S. 497, Anm. 26).

481 Art. 84 Abs. 1 Satz 1 PPO.

482 Art. 415 Code des délits et des peines.

483 Nach Art. 409 Code d'instruction criminelle durfte ein Freispruch nur "dans l'interét de la loi" angegriffen werden.

484 Art. 18, 40 des Dekrets vom 20. Mai 1809 (Reglement des Staatsrats), Bulletin des lois 1809, Bd. 2, S. 306 ff.

485 Art. 105 PPO.

486 Art. 106 PPO.

487 Vgl. Langbein, The English Criminal Trial Jury, in: Padoa Schioppa, Trial Jury, S. 37.

nes Freispruches durch die Geschworenen ausgeschlossen war. Die Peinliche Prozeßordnung folgte hier dem Projét du Code criminel.[489] Wurde das freisprechende Urteil durch den Kassationshof aufgehoben, so mußte der Fall vor einem anderen Kriminalgerichtshof noch einmal mit einer neuen Jury verhandelt werden.

Aus den verfügbaren Unterlagen aus Westphalen ist zumindest ein Fall ersichtlich, wo ein Generalprokurator um Kassation eines Freispruchs einer Jury nachsuchte.[490] Der Staatsrat hob jedoch das Urteil des Kriminalgerichtshofs in Wolfenbüttel in diesem Totschlagsprozeß trotz der offenbar erheblichen Einflußnahme des Präsidenten nicht auf. Im mehrfach erwähnten Verfahren gegen den Mairc-Adjunkt Range aus Röllshausen wegen des Verfassens aufrührerischer Schriften forderte der Justizminister den Generalprokurator in Marburg zwar auf, Rechtsmittel gegen den Freispruch wegen Unzurechnungsfähigkeit einzulegen. Welchen Verlauf die Sache dann nahm, ist jedoch nicht mehr festzustellen.[491] Nach den gesetzlichen Regelungen hätte ein Kassationsgesuch eigentlich schon wegen Versäumung der 24-Stunden-Frist abgewiesen werden müssen.

Der Antragsteller hatte zehn Tage Zeit, sein Gesuch zu begründen.[492] Die Gründe für eine Kassation waren beschränkt. Form- und Verfahrensfehler führten nur dann zur Nichtigkeit eines Urteils, wenn dies als Rechtsfolge der Verletzung einer bestimmten Vorschrift ausdrücklich im Gesetz vorgesehen war.[493] Während im Code des délits et des peines, der die gleiche Regelung enthielt, allerdings eine große Anzahl von Form- und Verfahrensvorschriften, gerade im Zusammenhang mit der Entscheidungsfindung der Jury[494] diese Voraussetzung erfüllte, gab es in der Peinlichen Prozeßordnung – wie auch im Code d'instruction criminelle

488 Sowohl der Code criminel von 1791 und der Code des délits et des peines (Art. 442) als auch der Code d'instruction criminelle ließen allerdings ein Kassationsgesuch des Ministère public gegen ein Urteil zu, das den Angeklagten trotz eines Schuldspruchs der Geschworenen auf Grund gesetzlicher Vorschriften für straflos erklärt hatte ("absolution"). Der Code d'instruction criminelle sah daneben die Möglichkeit eines Antrags auf Kassation eines Freispruchs der Jury "dans l'intérêt de la loi" vor (Art. 409, 410), wobei auch eine Aufhebung für den Freigesprochenen nichts änderte. Napoleon ließ sich allerdings dadurch in Einzelfällen nicht davon abhalten, Freisprüche von Geschworenen durch Senatsbeschluß aufheben und die Sache vor einer neuen Jury beim gleichen Gericht noch einmal verhandeln zu lassen, wenn ihm das Ergebnis nicht gefiel (Sénatus consulte vom 28. August 1813, Duvergier, Bd. 18, S. 352; Schnapper, Le jury français, in: Padoa Schioppa, Trial Jury, S. 173.).

489 Bülow, Erläuternde Bemerkungen, Bd. 2, S. 355.

490 Pfeiffer, Rechtsfälle, S. 124 ff.

491 S. o., S. 98.

492 Art. 124 PPO.

493 Art. 112 Nr. 1 PPO.

494 Vgl. Schnapper, Le jury français, in: Padoa Schioppa, Trial Jury, S. 167.

– nur noch wenige solche Regelungen.[495] Trotzdem beriefen sich verurteilte Angeklagte immer wieder auch auf andere Verfahrensfehler. Teilweise wurden duchaus bedeutsame Verstöße gerügt, beispielsweise die Bestimmung eines Ersatzgeschworenen durch den Präsidenten des Kriminalgerichtshofs statt durch das Los[496] oder die Verlesung von Aussagen aus der Voruntersuchung von in der Verhandlung anwesenden Zeugen[497] oder von Personen, die nach Art. 56 PPO nicht als Zeugen aussagen durften.[498] Der Staatsrat bestätigte jedoch jedes Mal die gesetzliche Regelung.[499] Rügen gegen Verfahrensfehler in der Voruntersuchung scheiterten in der Regel schon daran, daß sie nicht innerhalb der achttägigen Frist nach dem Beschluß über die Anklageerhebung geltend gemacht worden waren.[500]

Ein weiterer zulässiger Kassationsgrund war ein Strafausspruch, der nicht dem angewendeten Gesetz entsprach.[501] Allerdings war Nichtigkeit ausdrücklich dann nicht gegeben, wenn sich ein Urteil auf das falsche Gesetz berief, die gleiche Strafe aber nach dem anzuwendenden Gesetz hätte ausgesprochen werden müssen.[502] Die vermutlich größte Gruppe von Kassationsgesuchen mußte sich auf Art. 112 Nr. 3 berufen, der die Nichtigkeit einer Entscheidung vorsah, wenn ein Antrag einer Partei unzulässigerweise abgelehnt worden war. Dazu gehörten die häufiger auftretenden Rechtsmittel gegen Beschlüsse von Kriminalgerichtshöfen, die dem Antrag des Generalprokurators auf Einleitung des peinlichen Verfahrens nicht gefolgt waren. In Einzelfällen ging die Initiative vom Justizminister aus, der den Bericht des Generalprokurators über die Ablehnung erhalten hatte und damit nicht einverstanden war.[503] Der Staatsrat ging davon aus, daß die Entscheidung

495 Z.B. Art. 46 PPO – Ansprache an und Eidesleistung durch die Geschworenen; Art. 51 PPO – Vereidigung der Zeugen. Dagegen war die Vernehmung unzulässiger Zeugen nur bei sofortiger Rüge einer Partei Nichtigkeitsgrund.

496 Pfeiffer, Rechtsfälle, S. 118 ff.

497 Ausführung der Gründe der Anklage-Urkunde wider Wilhelm Stietz, Entscheidung des Staatsrats, in: Oesterley's Magazin, Bd. 2, S. 471; Pfeiffer, Rechtsfälle, S. 122 ff.

498 Pfeiffer, Rechtsfälle, S. 124 ff.

499 Ausführung der Gründe der Anklage-Urkunde wider Wilhelm Stietz, Entscheidung des Staatsrats, aaO.: "Considérant ... qu'on ne peut établir comme moyen de cassation la violation des formes que la loi n'a pas préscrites sous peine de nullité, ...".

500 Art. 22 PPO.

501 Art. 112 Nr. 2 PPO.

502 Art. 115 PPO; Beschluß des Staatsrats vom 2. März 1811, Jurisprudence Westphalienne, Bd. 1, S. 10 ff.

503 Nds. StA Wolfenbüttel, 31 Neu 20 Nr. 59, Schreiben des Justizministers vom 16. Juli 1813 in Sachen Johann Heinrich Waldener, Posthalter in Hildesheim wegen Unterschlagung von Geldpaketen. In diesem Fall folgte der Generalprokurator der Aufforderung, und der Staatsrat gab dem Gesuch statt.

des Gerichts nach den Art. 17 und 18 PPO, ob "hinreichende Verdachtsgründe" eines "peinlichen" Verbrechens gegen den Beschuldigten vorlagen, in vollem Umfang überprüft werden konnte. Denn hier war nicht die "innerste Überzeugung" des Richters ausschlaggebend sondern allgemeine Regeln.[504] Der Staatsrat nutzte diese Möglichkeit, um den Gerichten sicher willkommene Richtlinien zu entwickeln zu den Anforderungen an die Beweislage für die Einleitung des Verfahrens[505] und zur Frage der Bestimmung der drohenden Strafe[506], die wegen des uneinheitlichen materiellen Rechts besonders schwierig war.

In die Gruppe der Kassationsgesuche, die nach Art. 112 Nr. 3 PPO begründet wurden, gehören auch solche, die rügten, bestimmte Fragen seien den Geschworenen trotz Vorbringen einer Partei nicht gestellt worden.[507] Dieses Argument blieb in der Regel erfolglos. Der Staatsrat war der Auffassung, daß die Formulierung der Fragen allein Sache des Gerichts sei und Anträge von Verteidigung oder Anklage nicht berücksichtigt werden mußten.[508] Die sonstigen gesetzlich zugelassenen Kassationsgründe haben in der Praxis offenbar kaum eine Rolle gespielt. Fälle, wo beispielsweise ein fehlerhafte Besetzung des Gerichts oder der Jury[509] geltend gemacht wurden, sind nicht festzustellen.

Der Staatsrat mußte innerhalb eines Monats über das Kassationsgesuch entscheiden.[510] Stellte er die Nichtigkeit des Urteils fest, hob er es auf und verwies die Sache in der Regel an ein anderes Gericht gleicher Ordnung zur Neuverhandlung. Der Staatsrat war nicht berechtigt, das aufgehobene Urteil durch eine eigene Entscheidung zu ersetzen.[511] Das neue Gericht war nicht an die Auffassung des Staatsrats gebunden und konnte zum gleichen Ergebnis wie im ersten Verfahren kommen.[512]

Soweit sich dies aus den Unterlagen feststellen läßt, ist von der Möglichkeit des Kassationsgesuches sehr ausgiebig Gebrauch gemacht worden. Claus' Gesuch war nach drei Jahren Tätigkeit des Kriminalgerichtshofs in Wolfenbüttel mit

504 Pfeiffer, Rechtsfälle, S. 94 f.

505 Beschluß vom 30. Dezember 1809, Pfeiffer, Rechtsfälle, S. 96 f.

506 Beschluß vom 7. Dezember 1811, Jurisprudence Westphalienne, Bd. 1, S. 296.

507 Pfeiffer, Rechtsfälle, S. 118 f. (Gesuch eines Verteidigers), S. 124 ff. (Gesuch eines Anklägers).

508 Pfeiffer, Rechtsfälle, S. 118 f.

509 Art. 113 Nr. 4 PPO.

510 Art. 126 PPO.

511 Bauer, Abriß der Gerichtsverfassung, S. 93.

512 Hurlebusch, Erörterungen, S. 70 ff., schildert einen solchen Fall, wo der Kriminalgerichtshof in Hannover und nach Kassation und Verweisung der Kriminalgerichtshof in Wolfenbüttel im Gegensatz zum Staatsrat zum übereinstimmenden Ergebnis kamen, daß dem Beschuldigten höchstens ein "geringer Hausdiebstahl" vorzuwerfen war, und ihm deshalb keine peinliche Strafe drohte.

einer Verhandlungssession pro Monat bereits die Nummer 43 in der dortigen Registratur der Kasssationsanzeigen.[513] Besonders gegen Todesurteile wurde das Rechtsmittel fast regelmäßig eingelegt. Dies diente allerdings wohl eher dem Zeitgewinn,[514] denn die Erfolgsaussichten waren gering. Es ist keine Aufhebung eines Urteils auf Antrag des Angeklagten auffindbar. Wenn Entscheidungen für nichtig erklärt und zurückverwiesen wurden, handelte es sich meist um Beschlüsse über die Einleitung des peinlichen Verfahrens oder deren Ablehnung. Der Hauptgrund dürfte in der Beschränkung der möglichen Kassationsgründe liegen. Die Effektivität der Strafverfolgung hatte auch hier Vorrang gegenüber den Rechten des Individuums.

2. *Die Entscheidung gegen Claus*

In der Sitzung des Staatsrats am 8. Februar 1812 wird über Claus' Kassationsgesuch entschieden. Berichterstatter ist der Präsident von Bar.[515] Wie kaum anders zu erwarten, weist der Staatsrat das Gesuch ab. Die Rüge, der Präsident habe die Ermahnung des Verteidigers nach Art. 45 PPO später als gesetzlich vorgeschrieben vorgenommen, wird durch das Protokoll widerlegt.[516] Ein Verstoß gegen die in Art. 55 PPO vorgesehene Reihenfolge der Zeugen ist vom Gesetz nicht ausdrücklich mit Nichtigkeit bewehrt. Außerdem hat der Verteidiger dem Vorgehen in der Verhandlung nicht widersprochen. Für den Vorwurf, die Glaubwürdigkeit der Alibizeugen sei durch die ungleichgewichtige Konfrontation mit Zeugen der Anklage untergraben worden, gibt es keinerlei Beweis. Gleiches gilt für das letzte Argument, daß der Präsident eine einseitige Zusammenfassung des Sachverhalts zum Nachteil des Angeklagten gegeben habe. Im übrigen hat der Präsident dabei ein weites Ermessen. Das Urteil des Kriminalgerichtshofs des Oker-Departements vom 20. Januar 1812 ist zu vollziehen.[517] Von der Empfehlung des Angeklagten an die Gnade des Königs durch die Geschworenen ist keine Rede mehr.

Am 9. Februar trifft die Mitteilung der Ablehnung des Kassationsgesuchs und der Anweisung zur sofortigen Vollstreckung in Wolfenbüttel ein und wird Claus

513 Nds. StA Wolfenbüttel, 8 W Nr. 441, No. 133, Extract aus dem Kassationsregister.

514 Siméon beklagte schon im März 1809 den Mißbrauch aussichtsloser Kassations- und Gnadengesuche, um die Vollstreckung der Urteile zu verzögern (Circulaire vom 31. März 1809, GStA PK, V. HA Königreich Westphalen, Rep. 5 A Nr. 7, Vol. II, Bl. 61).

515 S.o. Abschnitt II, Fn. 73.

516 Diese Feststellung ist korrekt (Nds. StA Wolfenbüttel, 8 W Nr. 441, No. 122).

517 Nds. StA Wolfenbüttel, 8 W Nr. 441, No. 138.

bekanntgemacht. Die Hinrichtung soll bereits am nächsten Tag stattfinden, jedoch nicht wie üblich in Wolfenbüttel, sondern in Braunschweig. Der General von Ochs hat ihre Verlegung angeordnet, um den Eindruck der Genugtuung bei den Franzosen zu verstärken,[518] vermutlich aber auch zur Abschreckung der unruhigen Einwohner. Da keine Zeit ist, ein Schafott zu errichten, wird auf dem Aegidienmarkt nur ein Sandhaufen aufgeschüttet und ein Stuhl mit halber Lehne darauf gesetzt.[519] Der Platz ist durch Militär abgesperrt, das die zahlreiche Menge zurückdrängt.[520] Was dann geschieht, verzeichnet das "bei Strafe von fünf und zwanzig Franken"[521] gesetzlich vorgeschriebene Protokoll kurz wie folgt:

"Das am zwanzigsten Januar achtzehnhundert und zwölf vom Criminalhofe des Ocker-Departements abgegebene Erkenntnis gegen den Citronenhändler Johann Conrad Ludwig Claus aus Braunschweig, vermöge dessen derselbe zur Strafe des Schwerdtes verurtheilt, ward heute in meiner, des unterschriebenen Greffier des erwähnten Gerichtshofes, Gegenwart vollzogen, und geschah die Hinrichtung auf dem Egidien-Markte hieselbst, Mittags um ein Uhr zehn Minuten."[522]

Mit der Weitergabe dieser Nachricht an das Personenstandsregister der Ulrici-Gemeinde[523] ist der Fall Claus für die Justiz weitgehend abgeschlossen.[524] Die öffentlich geäußerten Zweifel an der Schuld des Verurteilten sind aber anscheinend noch so groß, daß erneut journalistische Überzeugungsarbeit geleistet werden muß. Es erscheint die bereits zitierte "Lebensgeschichte, Gefangenschaft und Hinrichtung des wegen eines Mordes am 10. Februar 1812 auf dem Aegidienmarkte zu Braunschweig öffentlich enthaupteten Conrad Ludewig Claus, nach den sichersten Nachrichten", die sich auf die Authentische oder Actenmäßige Darstellung bezieht und auch stilistisch auf den gleichen Autor hindeutet. In allerdings sehr polemischer Weise setzt er sich mit dem Argument auseinander, trotz der überwältigenden Indizien gegen Claus bedürfe es eines Geständnisses, um ihn zu überführen, und weist es als den Zeiten nicht mehr entsprechend zurück. Außerdem bietet der Autor als weiteres Motiv für Claus jetzt ein "verkrüppeltes Gefühl von Nationalität und Patriotismus", das den Akten nicht zu ent-

518 Hohenhausen, Biographie des Generals von Ochs, S. 210.
519 Lebensgeschichte, S. 15.
520 Beschreibung der letzten Stunden, S. 2; Lebensgeschichte, S. 15.
521 Art. 109 PPO.
522 Nds. StA Wolfenbüttel, 8 W Nr. 441, Bl. 189.
523 Ebd., Bl. 187.
524 Da nach dem Urteil vom 20. Januar 1812 "Atzungs- und Untersuchungskosten, wenn solche zuvor liquidiert sein werden, aus seinem [Claus'] Vermögen, so weit solches hinreicht, zu berichtigen" sind (Nds. StA Wolfenbüttel, 8 W Nr. 441, No. 133) folgt noch der gerichtliche Verkauf seines Nachlasses (Nds. StA Wolfenbüttel, 8 W Nr. 443).

nehmen ist. Eher der Form eines "fliegenden Blattes" ähnelt die "Beschreibung der letzten Stunden und Handlungen nebst der darauf erfolgten Hinrichtung des Johann Conrad Ludwig Claus, welche am 10. Februar auf dem hiesigen Aegidienmarkte vollzogen wurde." Hier wird behauptet, daß Claus das Verbrechen seinem Prediger am Vorabend der Hinrichtung gestanden hat. Dafür gibt es jedoch keinerlei weiteren Beleg.[525] Im übrigen betont die Schrift wieder die verdorbenen ehelichen Verhältnisse als Ursache der Tat. Dies übernehmen auch die Zeitungen, die über den Fall und die Hinrichtung berichten.[526]

525 Bürgermeister Wilmerding sagt in seinen Aufzeichnungen, Claus habe bis zum Ende auf seiner Unschuld beharrt (Mack, Der Proceß Claus, S. 79).

526 Allgemeine Zeitung vom 23. Februar 1812, S. 216.

IV. Epilog

A. Das Ende des Königreichs Westphalen

Das Königreich Westphalen überlebte Claus nur um etwas mehr als ein und ein halb Jahre. Zwar trug der Prozeß sicher nicht dazu bei, aber im Zusammenhang damit kamen Unzufriedenheit und Ungehorsam gegen die Regierung und die französischen Machthaber doch deutlich zum Ausdruck. Diese verstärkten sich im Gefolge von Napoleons Niederlage in Rußland, von der die westphälischen Truppen besonders betroffen waren.[1] Schon im Frühjahr 1813 fielen russische und preußische Truppen ins Land ein.[2] Mitte April waren Kosaken in Celle, die angeblich auch den Vizepräsidenten des Oberappellationsgerichts entführen wollten, aber wieder über die Elbe zurückgetrieben wurden.[3] Die Justiz ließ sich in ihrer Funktion zunächst nicht beeinträchtigen. Siméon beschied eine Anfrage aus Magdeburg, ob die Gerichte wegen der Bedrohung die Stadt verlassen sollten, ablehnend.[4] Das Tribunal in Nordhausen führte auch während einer kurzzeitigen Besetzung durch preußische Soldaten seine Geschäfte im Namen des Königs von Westphalen.[5] In Kassel beriet der Staatsrat weiter den Entwurf des Code pénal für das Königreich, der schließlich am 17. September vom König genehmigt und am 23. an den Justizminister zur Veröffentlichung weitergeleitet wurde.[6]

Nur wenige Tage später jedoch überrumpelte der russische General Czernicheff die Hauptstadt und König Jérôme und seine Minister mußten fliehen.[7] Obwohl Czernicheff am 1. Oktober schon die Aufhebung des Königreichs proklamierte, mußte er Kassel wieder verlassen und Regierung und König kehrten noch einmal zurück. Siméon erhielt auf eigenen Wunsch seinen Abschied, sein Nach-

1 Vom westphälischen Kontingent von etwas mehr als 25.000 Mann kehrte nur ein geringer Teil zurück (Kleinschmidt, Geschichte, S. 546; Specht, Das Königreich Westphalen und seine Armee, S. 27).

2 Kleinschmidt, aaO., S. 558 ff.

3 Strombeck, Darstellungen, Bd. 2, S. 169.

4 Hoffmann, Geschichte der Stadt Magdeburg, S. 425.

5 Brief Siméons an Strombeck vom 1. Mai 1813, zitiert nach Kleinschmidt, aaO., S. 576.

6 GStA PK, V. HA Königreich Westphalen, Rep. 1 C II Nr. 40, Bl. 2.

7 Kleinschmidt, aaO., S. 613 ff.; Specht, aaO., S. 210 ff.

folger wurde der bisherige Innenminister von Wolffradt.[8] Zum letzten Mal wurde ein militärisches Standgericht eingesetzt, das die zivilen Mitglieder einer von Czernicheff mit der Verwaltung der Stadt beauftragten Kommission zum Tode verurteilte.[9] Mit der französischen Niederlage bei Leipzig war das Königreich faktisch aufgelöst, auch wenn die Gerichte noch einen Erlaß des Justizministeriums erhielten, der ihnen bei "allerhöchster Ungnade" untersagte, die vorgeschriebenen westphälischen Formen und Titel aufzugeben.[10] Am 26. Oktober verließ der König Kassel endgültig und im November konnten die früheren Landesherren ihre bis dahin westphälischen Territorien wieder in Besitz nehmen.

B. Restauration

1. Hannover

In den hannoverschen Landesteilen des ehemaligen Königreichs Westphalen wurde die Gerichtsverfassung bereits am Ende des Jahres 1813 mit der Übernahme der Regierungsgewalt durch die Kabinettsminister Georgs III. (bzw. des Prinzregenten) aufgehoben und die frühere hannoversche wiederhergestellt. Nach dem Ausschreiben der interimistischen Regierungskommission vom 31. Oktober 1813[11] durften lediglich die Friedensgerichte und Tribunale erster Instanz ihre Tätigkeit in der Zivil- und Polizeigerichtsbarkeit – allerdings unter Weglassung der westphälischen Eingangs- und Schlußformeln – fortsetzen. Am 13. Dezember wurden auch sie aufgehoben.[12] Die Justizkanzleien übernahmen erneut die pein-

8 Brief Malarties (Legationssekretär der französischen Gesandtschaft in Kassel) an den Herzog von Bassano (Maret) vom 13. Oktober 1813, abgedruckt bei Du Casse, Les rois frères, S. 460; Strombeck, Darstellungen Bd. 2, S. 200.

9 Briefe Reinhards an Bassano vom 18. und 19. Oktober 1813, ebd., S. 460 ff. Es gelang Reinhard jedoch, den König davon zu überzeugen, die Verurteilten bis auf einen ebenfalls verhafteten angeblichen britischen Werber nicht hinrichten zu lassen (Kleinschmidt, aaO., S. 645).

10 Bülow, Beiträge, S. 109. Die letzte Empfangsbestätigung eines Kassationsgesuches durch das Justizministerium datiert vom 23. Oktober 1813 (GStA PK, V. HA Königreich Westphalen, Rep. 5 D Nr. 111, Bl. 46).

11 Hagemanns Sammlung 1814, S. 42.

12 Landesherrliche Verordnung vom 2. Dezember 1813 (Hagemanns Sammlung 1814, S. 177). Sie galt allerdings nur für die Fürstentümer Calenberg, Göttingen, Grubenhagen und Lüneburg und für die Grafschaften Diepholz und Hoya. Im Fürstentum Osnabrück, das zuletzt zu den "hanseatischen Departements" Frankreichs gehört hatte, blieben die französischen Gesetze noch bis zum 1. Mai 1814 in Kraft. Im 1803 preußisch gewordenen und jetzt an Hannover abgetretenen Fürstbistum Hildesheim wurden die westphälischen Gesetze erst später aufgehoben.

liche Gerichtsbarkeit nach dem gemeinen Prozeß. Öffentlichkeit und Mündlichkeit der Verhandlung und das Geschworenengericht waren vorerst abgeschafft. Wie vor 1808 war das Verfahren geheim und schriftlich, auch Folter[13] und die verschärften Arten der Hinrichtung[14] hielten noch einmal Einzug.

2. Kurhessen

In Kurhessen waren der Kurfürst und seine Berater ebenfalls bemüht, die unter der westphälischen Herrschaft etablierten Einrichtungen so schnell wie möglich vergessen und die alten Institutionen aufleben zu lassen. Am Verfahren gegen die "Lumpensammler Bande"[15] in Marburg lassen sich die Vorgänge in ihrer Auswirkung auf die Praxis unmittelbar verfolgen.

Die Untersuchung gegen Andreas Fischer "und Consorten" hatte bereits im Mai 1812 begonnen und war ein Jahr später soweit fortgeschritten, daß der Kriminalgerichtshof des Werra-Departements am 11. August 1813 auf Antrag des Generalprokurators die Einleitung des peinlichen Verfahrens gegen 32 Angeklagte beschloß.[16] Die Geschehnisse Ende Oktober und die Abreise König Jérômes und seiner Minister aus Kassel hinderte den westphälischen Kriminalgerichtshof nicht, die Liste der 36 Kandidaten für die Jury des Monats November zu erlassen. Die zwölf Geschworenen für die Verhandlung wurden endgültig allerdings erst Anfang Dezember benannt. Am 8. Dezember 1813 gingen die Ladungen an sie und zwei Tage später auch an die Zeugen ab.[17] Zur öffentlichen Hauptverhandlung kam es jedoch nicht mehr. Denn an diesem 10. Dezember 1813 erging eine kurfürstliche Resolution, die die westphälischen Behörden und Gerichte aufhob und die früheren Regierungen unter anderem auch in Marburg wiedereinsetzte.[18] Alle Beamten hatten in ihre vor-westphälischen Funktionen

---

13 Krause, Strafrechtspflege, S. 33 mwN.

14 Ebd., S. 188, insbesondere Fn. 32.

15 Vgl. Bettenhäuser, Räuber- und Gaunerbanden, S. 334 f.

16 Hess. StA Marburg, 265.3 Kriminalgericht Marburg, Nr. 57, Untersuchungs-Acten wider Andreas Fischer und Consorten; Antrag des Generalprokurators von 25. Juli, Beschluß vom 11. August 1813.

17 Ebd., Liste der Geschworenen vom 8. Dezember, Ladungen vom gleichen Tag, Ladungen der geschädigten Parteien und der Zeugen vom 10. Dezember 1813.

18 Speitkamp, Restauration, S. 63. Die Eingangsregistratur der Generalprokuratur beim Kriminalgerichtshof wurde allerdings noch bis zum 8. Januar 1814 fortgesetzt (Hess. StA Marburg, 265.8 Prokurator Marburg, Nr. 41).

und Ränge einzutreten.[19] Anhängige Rechtssachen sollten zunächst aber nach westphälischem Recht weitergeführt werden.

Wie dies vor sich gehen sollte, war offenbar unklar, so daß im Prozeß gegen die Lumpensammler Bande einige Wochen lang nichts geschah. Auf Betreiben der Kasseler Regierung setzte dann 10. Januar 1814 ein weiteres Dekret auch den Code Napoléon und die westphälischen Prozeßordnungen außer Kraft und ordnete die Rückkehr zum gemeinen Prozeß in Strafsachen an.[20] Am 14. Februar 1814 erhielten die Herren Scheffer und von Hanstein, nun nicht mehr als Kriminalrichter und Generalprokurator, sondern als Regierungsräte, gemeinsam mit dem der Marburger Regierung zugeordneten ehemaligen Tribunalsrichter von Heydwolf den Auftrag, die "Specialinstruction" gegen die Räuber fortzusetzen.[21] Die Beamten konnten bei ihrer daraufhin abgegebenen Relation immerhin auf der bereits für die Verhandlung vor der Jury entworfenen Anklageurkunde aufbauen. Ein Urteil der Marburger Regierung erging am 1. Juni 1814. Als gelte es aber, einen der Nachteile des gemeinen Prozesses gegenüber dem westphälischen Verfahren, nämlich die Langsamkeit des ersteren, unter Beweis zu stellen dauerte es bis zum 9. Mai 1815, bis der kurfürstliche geheime Rat auch die landesherrliche Bestätigung erließ.

3. Braunschweig-Wolfenbüttel

Im Herzogtum Braunschweig-Wolfenbüttel ging man mit erheblich größerer Offenheit gegenüber den Errungenschaften Westphalens als in den Nachbarstaaten vor. Zwar "prangten [...] die herzoglichen Wappen" schon Anfang November in Braunschweig,[22] aber noch Mitte Dezember 1813 waren die westphälischen Behörden tätig. Der Präfekt des Oker-Departements, von Reimann, soeben erst aus der russischen Gefangenschaft befreit,[23] schrieb am 13. Dezember an das Distriktstribunal in Wolfenbüttel, daß dieses nun die Kriminaluntersuchungen in Sachen aus dem braunschweigischen Harz zu führen habe, für die bisher das Tribunal im jetzt wieder zu Hannover gehörenden Einbeck zuständig gewesen war.[24]

19 Speitkamp, aaO., S. 66. Für die Marburger Richter führte dies zu nicht unerheblichen Einbußen bei der Besoldung (vgl. Speitkamp, aaO., Fn. 58).

20 Speitkamp, aaO., S. 100.

21 Hess. StA Marburg, 265.3 Kriminalgericht Marburg, Nr. 55, General-Commissions Protocoll gegen Andreas Fischer und Consorten.

22 Kleinschmidt, Geschichte, S. 653.

23 Gravenhorst, Gesuch um Freilassung des Präfekten v. Reiman im J. 1813, in: Braunschw. Magazin Nr. 11, 1814, S. 142 ff.

24 Nds. StA Wolfenbüttel, 31 Neu 20 Nr. 59.

Zwei Wochen später wurde eine provisorische Regierungskommission als oberste Landesbehörde eingerichtet. Eines der drei Mitglieder war Reimann, so daß eine Kontinuität in der Verwaltung gewährleistet war.[25] Am 15. Januar 1814 erließ die Kommission eine Verordnung, "die Einführung einer provisorischen Justiz- und Polizeiverfassung betreffend".[26] Man schuf eine dreigliedrige Gerichtsorganisation mit Kreisgerichten, einem Landesgericht und einer Appellationskommission. Nach dem Vorbild der Distriktstribunale waren die Kreisgerichte für einen Amtsbezirk zuständig, der aus zwei oder drei der westphälischen Kantone gebildet wurde.[27] In Strafsachen urteilten sie über Polizeivergehen, d.h., Delikte, die mit höchstens 14 Tagen Gefängnis oder 10 Reichsthalern Geldstrafe bedroht waren. Das Verfahren war mündlich, aber nicht öffentlich.[28] Die Kreisgerichte führten außerdem die Untersuchung in schwereren Vergehen und Verbrechen, das Urteil fällte dann das Landesgericht.[29]

4. Preußen

Die Rechtmäßigkeit der Einführung des westphälischen Rechtes in den bis 1807 zu Preußen gehörenden Gebieten des Königreichs stand außer Zweifel, da Preußen diese Landesteile vertraglich abgetreten hatte. Entsprechend behutsam ging man bei der Wiedereinbeziehung in das preußische Rechtssystem vor. Zwar schlug Justizminister von Kircheisen schon im April 1814 die Wiedereinführung des preußischen Rechts in den abgetretenen Gebieten vor.[30] Doch erst am 9. September 1814, d.h., nachdem der Friedensvertrag von Paris die Nichtigkeit der Abtretung festgestellt hatte,[31] wurde das königliche "Patent wegen Wiedereinführung des Allgemeinen Landrechts und der Allgemeinen Gerichtsordnung in die von den Preußischen Staaten getrennt gewesenen, mit denselben wieder vereinigten Provinzen" erlassen.[32] Es bestimmte, daß vom 1. Januar 1815 an wieder die preußischen Gesetze, einschließlich der Kriminalordnung von 1805 (§ 30) gelten sollten (§§ 1,17).

---

25 Mundhenke, Die Entwicklung der braunschweigischen Justizverfassung, S. 107; Puhle, Das Herzogtum Braunschweig-Wolfenbüttel im Königreich Westphalen, S. 371.
26 Braunschw. GVS 1814, Nr. 14.
27 Verordnung vom 22. Januar 1814, GVS 1814, Nr. 20.
28 Verfahrensordnung vom 3. Februar 1814, GVS 1814, Nr. 27.
29 Verordnung vom 15. Januar 1814.
30 Landsberg, Gutachten der Preußischen Immediat-Justiz-Kommission, S. XX.
31 Zusatzartikel zum Vertrag von Paris vom 30. Mai 1814, GS 1814, S. 115.
32 GS 1814, S. 89 ff.; Landsberg, aaO., S. XXI.

Persönliche Nachteile wegen seiner Mitarbeit in der westphälischen Strafjustiz hat nach der Wiederherstellung der früheren Landesherrschaften, soweit feststellbar, keiner der beteiligten Richter und Generalprokuratoren erleiden müssen.[33] Die Übernahme der Mitglieder des Kriminalgerichtshofs des Werra-Departements und des Generalprokurators von Hanstein in die dortige Regierung wurde bereits erwähnt. Letzerem schadete auch sein großer Einsatz bei der Strafverfolgung der Anhänger des Kurfürsten, die an den Aufständen des Jahres 1809 beteiligt gewesen waren,[34] nicht. Seine Position war im Gegenteil so gefestigt, daß er sich für den ehemaligen Präfekten von Trott einsetzen konnte,[35] der gerade wegen seines harten Vorgehens in jener Zeit berüchtigt war. Die Richter des Kriminalgerichtshofs in Wolfenbüttel wurden alle in die neu geschaffenen braunschweigischen Gerichte berufen.[36] In Preußen sah § 21 des Patentes vom 9. September 1814 ausdrücklich "die angemessene Wiederanstellung oder Versorgung aller vorgefundenen unbescholtenen Justiz-Bedienten" vor.

Allgemein hatten offenbar weder die Beamten irgendwelche Bedenken, wieder in den Dienst des früheren Landesherrn einzutreten,[37] noch sahen diese ein grundsätzliches Problem darin, die ehemals westphälischen Staatsdiener wieder aufzunehmen. Während dies in Preußen eine notwendige Folge der besonderen staatsrechtlichen Situation war, hat es in den anderen Staaten sicher eine Rolle gespielt, daß den meisten Beamten schon aus materiellen Gründen keine andere Wahl geblieben war, als den Usurpatoren zu dienen.[38] Im Interesse der Konti-

33 Eine gewisse Ausnahme ist Friedrich Karl von Strombeck. Bis 1810 Präsident des Distriktstribunals in Einbeck, dann Vizepräsident des Appellationsgerichtshofes in Celle wurde er noch im September 1813 in den westphälischen Staatsrat berufen. Nach dem Ende des Königreichs Westphalen konnte er in seiner Heimat Braunschweig keine Anstellung bekommen. Erst 1816 wurde er, allerdings als Vertreter Schaumburg-Lippes, in das neu geschaffene gemeinsame Oberappellationsgericht für das Herzogtum Braunschweig und die lippischen Fürstentümer berufen (Strombeck, Darstellungen Bd. 2, S. 215 und passim; Zimmermann, ADB Bd. 36, S. 616. Diese Probleme waren allerdings wohl kaum auf seine richterliche Tätigkeit sondern auf seine enge Beziehung zur westphälischen Regierung, insbesondere zu Siméon und Wolffradt zurückzuführen.

34 S. o., S. 93.

35 Speitkamp, Restauration, S. 70.

36 Hurlebusch und von Schrader in die Appellationskommission, ersterer als deren Vizepräsident. Gottfried Philipp von Bülow wurde Vizepräsident des Landesgerichts (Mundhenke, Die Entwicklung der braunschweigischen Justizverfassung, S. 111 f.).

37 Speitkamp, Restauration, S. 67.

38 Rehberg, Ueber den Code Napoleon, S. XI; ders., Geschichte Hannovers, S. 32; Speitkamp, aaO., S. 70.

nuität der Verwaltung sahen die alten und neuen Regierungen denn auch über enthusiastischere Ergebenheitsadressen gegenüber der westphälischen Herrschaft hinweg, solange der Beamte im wesentlichen nur seine Pflichten erfüllt und sich nicht wie beispielsweise Leist,[39] Wolffradt[40] und einige andere besonders exponiert hatte oder verdächtig war, der westphälischen Hohen Polizei gedient zu haben.[41]

C. Nachwirkungen

Wie gesehen waren mit dem Ende des Jahres 1813 im größten Teil des ehemaligen Königreichs Westphalen die in sechs Jahren aufgebauten Einrichtungen verschwunden. Die alte Ordnung war wieder hergestellt. Bedauern darüber war kaum zu hören. Es überwog eine Haltung, die der anonyme Verfasser der "Gedanken beim Anfange dieses Jahres" im ersten Heft des Hannoverschen Magazins von 1814 so ausdrückte:

"Wie allgemein bei den Hannoveranern die theils auf Gefühl, theils auf Einsicht gegründete Meinung, daß bei der uns aufgedrungenen Constitution und ihrer Handhabung das Vaterland zu Grunde gehen werde, wie groß die Sehnsucht nach der Wiederherstellung unserer rechtmäßigen Regierung war, konnte jeder, auch der flüchtigste Beobachter wahrnehmen."[42]

August Wilhelm Rehberg, seines Zeichens damals Mitglied der provisorischen Regierungskommission für das Königreich Hannover, beobachtete den Wunsch des Volkes, "daß zugleich mit dem Feinde auch alles, was er gebracht hatte, sofort vertrieben werde", da man in jeder durch Kriegsgewalt aufgezwungenen Neuerung die "Schmach der Unterdrückung" gefühlt habe.[43] Er selbst verlieh diesem Wunsch in seiner Schrift "Ueber den Code Napoleon und seine Einführung in Deutschland" kräftigen Ausdruck.[44]

Nur vereinzelt wurden Stimmen laut, die meinten, man sollte zumindest prüfen, was erhaltens- oder übernehmenswert sei, da die Neuerungen nicht schon deshalb schlecht sein müßten, weil sie der Feind eingeführt hatte. Bereits 1814 erschienen Georg Heinrich Oesterleys "Practische Bemerkungen über die Ge-

39 Haase, Politische Säuberungen, S. 173 ff.
40 Bülow, Erläuterungen zur Braunschweigischen Geschichte und Gesetzgebung, S. 97; ders. Beiträge, S. 120; Haase, aaO., S. 255.
41 Vgl. z. B. Haase, aaO., S. 113 ff.
42 Ebd., Sp. 1 ff., Sp. 5.
43 Rehberg, Geschichte Hannovers, S. 8.
44 Rehberg, Ueber den Code Napoleon, S. XV.

richtsverfassung und das gerichtliche Verfahren der älteren und neueren Zeit",[45] in denen sich der Verfasser ausführlich mit den westphälischen Erfahrungen auseinandersetzte. Aus der Strafjustiz hielt er beispielsweise die Einteilung der Delikte nach der Höhe der angedrohten Strafe und die entsprechende Zuständigkeit von Gerichten unterschiedlicher Instanz für empfehlenswert.[46] Ob Anklageprozeß und Geschworenengericht dem Inquisitionsprozeß vorzuziehen seien, wollte er nicht beurteilen, sprach sich aber klar für eine Trennung zwischen der Person, die die Untersuchung gegen einen Beschuldigten führte, und seinem Richter aus.[47]

Praktische Auswirkungen hatten solche Äußerungen aber eben kaum. Schon eine so begrenzte Übernahme des westphälischen Vorbilds in der Gerichtsorganisation wie in Braunschweig[48] wurde lobend hervorgehoben.[49] In Hessen schlug die vom Kurfürsten eingesetzte Verfassungskommission in ihrem Entwurf 1815 zumindest die Trennung von Justiz und Verwaltung vor. Zur Begründung führte man die Erfahrung größerer Effizienz in beiden Bereichen an.[50] Umgesetzt wurde dieser Vorschlag nicht. Auch in der am Ende des Jahres 1814 einberufenen "ersten allgemeinen Ständeversammlung" für das Königreich Hannover diskutierte man einen Antrag, auf der Ebene der Ämter die Rechtspflege von den Verwaltungsaufgaben zu befreien. Die Versammlung lehnte den Vorschlag jedoch sehr schnell ab.[51] Wie Friedrich Karl von Strombeck in seiner Rezension des Oesterleyschen Buches anmerkte, war die Zeit wohl noch nicht reif für eine unvoreingenommene Diskussion der Vorzüge einer deutlichen Gewaltenteilung.[52]

Nur wenige Jahre später jedoch gab es neue Anläufe zu einer Reform der Strafjustiz in den vormals zum Königreich Westphalen gehörenden Staaten, die auch die französisch-westphälischen Erfahrungen heranzogen. Möglicherweise waren die Veröffentlichungen über die Gutachten der Preußischen Immediat-Justiz-Kommission[53] der Auslöser. Im Dezember 1818 jedenfalls begann sich die

---

45 Göttingen 1814.
46 Ebd., S. 57 f..
47 Ebd., S. 56.
48 S. o., S. 136 f.
49 Strombeck, Beyträge zur Rechtswissenschaft Deutschlands, S. VI.
50 Speitkamp, Restauration, S. 269.
51 Das Königreich Hannover nach seinen öffentlichen Verhältnissen, S. 124 u. S. 128.
52 Strombeck, Beyträge zur Rechtswissenschaft Deutschlands, S. 321.
53 Vgl. Landsberg, Gutachten der Preußischen Immediat-Justiz-Kommission, S. LXXXII f. Die fehlende offizielle Veröffentlichung der Gutachten (vgl. Landsberg, ebd.) stand offensichtlich ihrer Verbreitung auch bei interessierten Mitgliedern der hannoverschen Ständeversammlung nicht im Wege. Die von den Ständen eingesetzte Kommission erwähnt das Gutachten über das Geschworenengericht als eine

hannoversche Ständeversammlung, nunmehr in ihrer fünften Sitzungsperiode, wieder mit dem Thema zu beschäftigen. Nachdem der Hildesheimer Vizesyndicus Lüntzell zunächst nur einen Beschluß zur Abschaffung der Folter und des Reinigungseides beantragt hatte,[54] dehnten sich die Erörterungen schnell aus.[55] Am 17. Dezember 1818 wählte die Versammlung eine fünfköpfige Kommission, die den Auftrag erhielt, die Frage zu beantworten, ob "die Öffentlichkeit des Verfahrens und das Institut der Geschwornen in peinlichen Fällen sich als empfehlungswürdig darstelle".[56] Mehrere Mitglieder der Kommission hatten praktische Erfahrungen in der westphälischen Rechtspflege gesammelt. Neben Lüntzell und Meerveldt waren der Geheime Justizrat Nieper,[57] der Hofrat Falke und der Hofrat von Zesterfleth[58] gewählt worden.[59] Bei einem Kriminalgerichtshof war allerdings keiner von ihnen beschäftigt gewesen.

Nach vier Monaten lieferte die Kommission ihr Gutachten ab. Die Mehrheit empfahl, dem Kabinettsministerium vorzuschlagen, die Öffentlichkeit des Verfahrens und das Geschworenengericht bei der Erarbeitung einer neuen Strafprozeßordnung zu berücksichtigen.[60] Neben einer Auseinandersetzung mit den allgemein diskutierten Argumenten für und wider beide Institutionen[61] führte die

---

der "vorhandenen bekannten Schriften" (Gutachten der von der allgemeinen Stände-Versammlung des Königreichs niedergesetzten Commission, Anm. S. 1).

54 Protokoll der Sitzung vom 2. Dezember 1818, Nds. HStA Hannover, Hann 108 G 21, Bd. 1; Kurze Übersicht der Verhandlungen des ersten allgemeinen Landtags, S. 12.

55 Antrag des Grafen v. Meerveldt (ehem. Mitglied der Sektion der Justiz und des Innern des westphälischen Staatsrats, Almanach royal 1811, S. 56) in der Sitzung am 12. Dezember 1818, die Zweckmäßigkeit der Einführung des öffentlichen Verfahrens und der Jury im Strafprozeß zu prüfen, Nds. HStA Hannover, Hann 108 G 21, Bd. 1; Kurze Übersicht, S. 61.

56 Gutachten der von der allgemeinen Stände-Versammlung des Königreichs niedergesetzten Commission, S. 1.

57 Zu westphälischer Zeit Richter am Tribunal erster Instanz in Hannover (Almanach royal 1811, S. 197), jetzt bei der dortigen Justizkanzlei (Hannoverscher Staatskalender 1819, S. 61).

58 Richter am westphälischen Appellationshof (Almanach royal 1811, S. 192) und dann wieder am hannoverschen Oberappellationsgericht in Celle (Hannoverscher Staatskalender 1819).

59 Protokoll der Sitzung der Ständeversammlung am 18. Dezember 1818, Nds. HStA Hannover, Hann 108 G 21, Bd. 1.

60 Protokoll der Sitzung der Ständeversammlung am 23. April 1819, Nds. HStA Hannover, Hann 108 G 24, Bd. 2; Kurze Übersicht, S. 494; Gutachten, S. 23.

61 Die Kommission hatte sich "unter Hinweisung auf die vorhandenen bekannten Schriften" (neben dem Gutachten der Preußischen Immediat-Justiz-Kommission u.a. Feuerbachs Betrachtungen über das Geschwornengericht) "auf die Aushebung der Hauptmomente" beschränkt (Gutachten, S. 1 f.).

Kommission auch die positiven Erfahrungen während der westphälischen Zeit an.[62]

Allerdings erstattete Nieper ein Minderheitsvotum, das zu einem völlig anderen Ergebnis kam. Für eine positive Einstellung des Volkes gegenüber dem Geschworenengericht fand er keine Anhaltspunkte[63] und auch die Öffentlichkeit des Verfahrens hatte nach seiner Einschätzung kaum Befürworter.[64] Die Wirkung seiner Argumente war offenbar erheblich.[65] Jedenfalls beschloß die Ständeversammlung lediglich, das Gutachten der Kommission und die abweichende Stellungnahme Niepers wegen der großen Bedeutung der Sache in Druck zu geben. Zu der von der Mehrheit vorgeschlagenen Empfehlung an das königliche Kabinettsministerium kam es nicht. [66]

Eine intensivere öffentliche Diskussion des Themas ist nicht feststellbar. Zu Wort meldete sich kurz darauf allerdings ein Praktiker, der auf unmittelbare Erfahrungen mit dem westphälischen Strafprozeß verweisen konnte. August Ferdinand Hurlebusch, ehemals Präsident des Kriminalgerichtshofs in Wolfenbüttel, äußerte seine "Wünsche und Vorschläge, die Criminal-Gesetzgebung betreffend".[67] In seiner "Anrede an die Geschworenen" von 1809 hatte er die Jury noch als Wohltat gepriesen, für deren Einführung man "den König und seine Minister segnen" müsse.[68] Inzwischen war er zum entschiedenen Gegner der Einrichtung geworden. Insbesondere beklagte er, daß die Geschworenen häufig durch ein

---

62 Gutachten, S. 20: "Die Anstalt ist nicht allein geschätzt worden, sondern sie hat in der That hingereicht, die schwierigsten Criminal-Fälle zu entscheiden. Schwerlich wird man hier Fälle auffinden können, nach welchen es bedenklich werden könnte, zu dieser Einrichtung der Gerichtspflege zurückzukehren."

63 Gutachten (Votum Nieper), S. 28.

64 Ebd., S. 33.

65 In einem – allerdings erst drei Jahre später erschienenen – Bericht in der "von Duveschen" Zeitschrift für Gesetzgebung, Rechtswissenschaft und Rechtspflege im Königreiche Hannover "Über die Einführung der Geschworenen und des öffentlichen Verfahrens bey peinlichen Sachen, im Königreiche Hannover (Bd. 1 (1822), S. 31 ff.) heißt es, Niepers Votum habe im wesentlichen dazu geführt, die "Versammlung der Stände zu bewegen, Wünsche über Veränderung des Verfahrens in peinlichen Sachen, in dieser Hinsicht, an die höchste Landesherrschaft nicht gelangen, die Sache vielmehr auf sich beruhen zu lassen" (S. 31). Abgedruckt wird denn in dieser Zeitschrift nur noch seine Stellungnahme.

66 Sitzung vom 24. April 1819, Nds. HStA Hannover, Hann 108 G 24 Bd. 2.

67 In: Hannoversches Magazin vom Jahre 1819, Sp. 497 ff. u. 513 ff.. Eine Bezugnahme auf die Diskussionen der Ständeversammlung oder das Gutachten der Kommission enthielt der Aufsatz nicht.

68 Hurlebusch, Anrede an die Geschworenen, S. 30.

komplexen Sachverhalt überfordert, durch die Öffentlichkeit der Verhandlung abgelenkt und durch die Plädoyers, gerade des Verteidigers verwirrt würden.[69]

Die erst 1823 vom König eingesetzte Kommission zur Erarbeitung eines neuen Strafgesetzbuchs und einer neuen Strafprozeßordnung[70] legte dann 1825 einen Entwurf vor,[71] der das bestehende Verfahren mit gesetzlichen Beweisregeln unter Ausschluß der Öffentlichkeit beibehielt und nur geringfügig veränderte.[72] Eine Auseinandersetzung mit den französisch-westphälischen Errungenschaften fand nur ansatzweise in einzelnen Anmerkungen der Verfasser statt.[73] Geschworenengericht, Öffentlichkeit und Mündlichkeit des Verfahrens wurden im Königreich Hannover erst 1849 und 1850 eingeführt.[74]

Etwas später als in Hannover, nämlich im Juni 1819 erlebte auch Kurhessen eine neue Diskussion über die Einführung von Öffentlichkeit und Mündlichkeit des Verfahrens und der Geschworenengerichte im Strafprozeß. 21 Regierungsprokuratoren reichten bei Minister von Schmerfeld eine Eingabe ein, die solche Forderungen stellte.[75] Die dazu befragte Kasseler Regierung sprach sich insbesondere gegen die Geschworenengerichte aus, empfahl aber die Erarbeitung eines neuen Strafgesetzbuches und einer Kriminalprozeßordnung. Der Kurfürst lehnte alle diese Vorschläge ab.[76] Die bei Übernahme der Regierung durch Wilhelm II. durchgeführte Verwaltungsreform enthielt jedoch einige Bestandteile, die westphälische Erfahrungen nutzten. Die Justiz wurde von der Verwaltung getrennt und "nach westphälischem Muster" neu organisiert.[77] Auch hier wurde der gemeine Prozeß aber erst 1848 abgeschafft.[78]

---

69 Hurlebusch, Wünsche und Vorschläge, Sp. 519, 521 und 522.

70 Vgl. "S. E.", Geschichte des Entwurfs eines Strafgesetzbuchs für das Königreich Hannover, in: Zeitschrift für die Civil- und Criminal-Rechtspflege im Königreich Hannover, Bd. 1 (1827), S. 122 ff.

71 Ebd., S. 126.

72 Entwürfe zu einem Strafgesetzbuch und einer Strafprozeßordnung für das Königreich Hannover, Teil V, Entwurf der Prozeßordnung in Strafsachen ausgearbeitet von dem Oberappellationsrath von Voigt unter Zuziehung des Amtmannes Schaer.

73 Z. B. Anmerkungen zu Art. 168 (Gegenüberstellung des Angeklagten und der Belastungszeugen) und Art. 245 (Mitwirkung des Verteidigers), die den Nachteilen des nicht öffentlichen Verfahrens entgegenwirken sollen; Anmerkung zu Art. 270, wo die Beibehaltung der landesherrlichen Bestätigung von Urteilen damit begründet wird, daß die an sich vorzuziehende Einführung eines "ministère public" ohne "gänzliche Veränderung" der Gerichtsorganisation nicht möglich wäre.

74 Bock, Das hannoversche Strafrecht im 19. Jahrhundert, S. 82 f.

75 Speitkamp, Restauration, S. 364.

76 Ebd., S. 365.

77 Ebd., S. 501.

78 Ebd., S. 365.

D. Schlußbetrachtungen

Versucht man, die in der Einleitung gestellten Fragen zu beantworten, so läßt sich zunächst zusammenfassend sagen, daß die westphälischen Erfahrungen mit den Veränderungen in der Strafrechtspflege und ihr Umgang mit den Neuerungen im allgemeinen durchaus gut waren. Die Betrachtung der Praxis des Vorverfahrens zeigt aber auch die Tendenz der Richter und Prokuratoren, die hergebrachten Methoden des gemeinen Prozesses soweit wie möglich weiter anzuwenden und sie den geänderten Vorschriften lediglich anzupassen. Ausnahmen galten selbstverständlich für Einrichtungen wie die Folter, deren Abschaffung kaum zu ignorieren war.

Erhebliche Widersprüche zwischen der Praxis und den Ansprüchen des Verfassungs- und Gesetzgebers, insbesondere verkörpert durch Justizminister Siméon, ergaben sich daraus offenbar nicht. Dies lag sicher mit daran, daß gerade im französischen Vorverfahren die revolutionären Elemente nach 1791 mit jeder Reform stärker zurückgedrängt worden waren, und man mit dem Code d'instruction criminelle endgültig zu einem inquisitorischen Verfahren ähnlich dem der Ordonnance von 1670 zurückgekehrt war.[79]

Schwierigkeiten hatten die westphälischen Juristen im Vorverfahren, wo sich schon dort die grundsätzlichen Unterschiede zwischen der anschließenden öffentlichen und mündlichen Verhandlung mit der Entscheidung einer Laienjury und einer geheimen Untersuchung nach Beweisregeln auswirkte. Hier dokumentieren die Akten zum Teil eine erhebliche Unsicherheit gegenüber den Anforderungen, die an das Ergebnis der Ermittlungen zu stellen waren. Dies ist allerdings auch nicht weiter verwunderlich, da an Stelle der weggefallenen klaren Vorgaben des gemeinen Prozesses kaum Hilfe bei der Beweiswürdigung nach den neuen Prinzipien geboten wurde.

Blickt man auf das Hauptverfahren, bestätigt sich das im wesentlichen positive Bild. Nach den teilweise durch die äußeren Umständen verursachten Problemen der Anfangszeit sind Richter, Ankläger, Verteidiger aber auch Geschworene gut mit Öffentlichkeit, Mündlichkeit und Entscheidung durch die Jury zurechtgekommen. Deutlich wird das allgemeine Bemühen, sich auf die Neuerungen einzustellen, sich mit ihnen auseinanderzusetzen. Sicher gab es hier zwischen den einzelnen Kriminalgerichtshöfen Unterschiede, die vermutlich nicht zuletzt auf die jeweiligen juristischen Fähigkeiten und die persönliche Souveränität der Richter zurückzuführen sind. Soweit feststellbar, blieben Versuche wie in Heiligenstadt, auch die Hauptverhandlung und die Entscheidung der Geschworenen

79 Esmein, Histoire, S. 532.

aus dem gemeinen Prozeß übernommenen Regeln zu unterwerfen, eher die Ausnahme.

Bot das westphälische Geschworenengericht das oft geforderte "Palladium der bürgerlichen Freiheit"? Die untersuchten Fälle bestätigen Feuerbachs Beobachtung, daß dies durch die politische Situation eines napoleonischen Satellitenstaates weitgehend verhindert wurde. Immer wieder entzog die Regierung solche Angelegenheiten der Entscheidung durch die Jury, wo das Risiko bestand, ihre Mitglieder könnten sich durch gemeinsame Überzeugungen mit dem Angeklagten zu dessen Gunsten beeinflussen lassen. Hinzu kamen die nicht seltenen sonstigen Eingriffe in das Verfahren, die die in der Verfassung verankerte Unabhängigkeit der Justiz beeinträchtigten. Der "auf dem Papier" vermittelte Eindruck eines Rechtsstaates[80] wurde so doch erheblich in Frage gestellt.

In der großen Mehrheit der Fälle gab es derlei Schwierigkeiten nicht. Die Auswahl der Geschworenen aus den mittleren und oberen Schichten der Gesellschaft bewirkte in der Regel die Gleichartigkeit ihres Interesses mit dem des Staates an geordneten und sicheren Verhältnissen.[81] Sieht man einmal von der besonderen Situation der Prozesse wegen Kindestötung ab, so hatten die Geschworenen allgemein kaum Bedenken, die Angeklagten schuldig zu sprechen, auch wenn dies die Anwendung der bekannt harten Strafvorschriften der Carolina zur Folge hatte.

Die berechtigte Kritik an der westphälischen Strafrechtspflege und der festzustellenden Diskrepanz zwischen Anspruch und Wirklichkeit kann jedoch nicht die Tatsache überdecken, daß sie einen Vergleich mit den Vorgänger- und Nachfolgestaaten nicht zu scheuen brauchte und ihnen zum Teil weit überlegen war. Sie hätte durchaus Vorbild sein können. Wie gesehen, sind die spürbaren Nachwirkungen aber sehr begrenzt geblieben. Das mag daran gelegen haben, daß für die breite Öffentlichkeit die Vorzüge der neuen Einrichtungen nicht sehr deutlich erkennbar waren. Die öffentliche Verhandlung vor den Geschworenen wurde eher wegen ihres Unterhaltungswertes geschätzt,[82] als daß sie wegen ihrer politischen oder juristischen Bedeutung beeindruckt hätte.

Hinzu kommt die zu kurze Zeit der Wirksamkeit des westphälischen Strafprozesses. Sie reichte nicht aus, um das Verfahren bei der Bevölkerung "voll einzubürgern", wie dies von den linksrheinischen preußischen Gebieten behauptet

80 Vgl. Speitkamp, Restauration, S. 32; Kohl, Die Verwaltung der östlichen Departements des Königreichs Westphalen, S. 207.

81 Vgl. zu entsprechenden Erfahrungen im linksrheinischen Preußen, Blasius, Bürgerliche Gesellschaft und Kriminalität, S. 117 f., und im England des ausgehenden 18. Jahrhunderts, Green, The English Criminal Trial Jury, in: Padoa Schioppa, Trial Jury, S. 50.

82 Bülow, Beiträge, S. 90.

wurde.[83] Man hatte sich wohl nicht einmal richtig daran gewöhnen können, so daß das Bedürfnis, die westphälischen Einrichtungen beizubehalten, um eine erneute Veränderung zu vermeiden, gering war. Da die frühere Landesherrschaft auch die neue war, sah man anders als links des Rheines auch keine Notwendigkeit, durch die Unterschiede der Gerichtsverfassung und der Strafjustiz noch eine gewisse Eigenständigkeit zu bewahren. Die in der westphälischen Strafrechtspflege tätigen Juristen hatten ohnehin im allgemeinen vermutlich weit weniger Schwierigkeiten und Bedenken, wieder zu den vor 1807 geltenden Vorschriften zurückzukehren, als bei der Einführung des westphälischen Verfahrens. So dauerte es mehr als 30 Jahre, bis die Strafjustiz auch in Hannover, Kurhessen und Braunschweig wieder den Stand der Entwicklung des Jahres 1813 erreichte.

83 Landsberg, Gutachten der Preußischen Immediat-Justiz-Kommission, S. XXXII. Vgl. auch Rehberg, Geschichte Hannovers, S. 13.

V. Quellen und Literatur

A. Ungedruckte Quellen

Stadtarchiv Braunschweig:
C IV: 7.19,
G IX 6 Nr.1,
H I:12.

Niedersächsisches Hauptstaatsarchiv Hannover:
Hann 52 Nr. 111, 3880, 3881;
Hann 108 G 21, 24, 26.

Hessisches Staatsarchiv Marburg:
Bestand 265.2 Kriminalgerichtshof Kassel, Nr. 1;
Bestand 265.3 Kriminalgerichtshof Marburg, Nr. 48 – 52, 54 – 58, 60, 78 – 102, 127, 138;
Bestand 265.8 Prokurator Marburg, Nr. 1 – 4, 12, 13, 19, 20, 23 – 27, 29, 30, 35, 45 – 48, 50, 51.

Geheimes Staatsarchiv Preußischer Kulturbesitz:
5. Hauptabteilung Königreich Westphalen
Rep. 1 C II Nr. 28, 40;
Rep. 5 A Nr. 7;
Rep. 5 D Nr. 3, 6, 19, 50, 111, 126.

Niedersächsisches Staatsarchiv Wolfenbüttel:
7 Alt Nachtrag, Nr. 1779, 1780, 2930, 2933;
8 W Nr. 139, 172, 403, 405, 407, 414, 438 – 443, 472, 695; 31 Neu 20 Nr. 59.

B. Gedruckte Quellen

Allgemeine Deutsche Biographie ("ADB"). 56 Bände. Neudruck der 1. Auflage 1875 – 1912, Berlin 1967 – 1971.
Allgemeine Zeitung. Tübingen 1798 – 1850.

Beschreibung der letzten Stunden und Handlungen nebst der darauf erfolgten Hinrichtung des Johann Conrad Ludwig Claus; welche am 10ten Februar auf dem Aegidienmarkte zu Braunschweig vollzogen wurde (Mit obrigkeitlicher Bewilligung). Braunschweig 1812.

Bulletin des lois de l'Empire français.

Bulletin des lois et décrets du Royaume de Westphalie (zweisprachig). Bde. 1 – 13, Kassel 1808 -13; 2. Aufl. Bde. 1 – 4, Kassel 1810 – 11.

Circulaire du Ministre de la Justice et de l'Interieur sur la police judiciaire et l'instruction criminelle. 29 Décembre 1808.

Correspondance de Napoléon Ier publiée par ordre de l'Empereur Napoléon III; tome XVI, Paris 1864; tome XXIII, Paris 1867.

Der Rheinische Bund. Eine Zeitschrift historisch-politisch-statistisch-geographischen Inhalts; hrsg. von P.A. Winkopp. 23 Bände, Frankfurt/ Offenbach/ Aschaffenburg 1807 – 13.

Entwürfe zu einem Strafgesetzbuch und einer Strafprozeßordnung für das Königreich Hannover; Teil V: Entwurf der Prozeßordnung in Strafsachen ausgearbeitet von dem Oberappellationsrath von Voigt unter Zuziehung des Amtmannes Schaer. O. Ort, o. Jahr.

Gazette national ou Le Moniteur universel. Paris.

Germanien. Eine Zeitschrift für Staats-Recht, Politik und Statistik von Deutschland, hrsg. v. A.F.W. Crome und K. Jaup. Bde. 1-4, Gießen 1808-11.

Göttingische gelehrte Anzeigen. Göttingen 1809.

Gesetz-Sammlung für die Königlichen Preußischen Staaten ("GS"). Berlin.

J. C. L. Claus, oder Actenmäßige Darstellung des vor dem Königl. peinlichen Gerichtshofe zu Wolfenbüttel vom 16ten bis 21ten Januar wider ihn öffentlich verhandelten Processes wegen eines an den Kaiserl. Franz. Capitain Gaignemaille verübten Mordes. Mit erläuternden Anmerkungen. Neue verbesserte Auflage, Braunschweig 1812 ("Actenmäßige Darstellung").

J. C. L. Claus, oder Authentische Darstellung des vor dem peinlichen Gerichtshof zu Wolfenbüttel vom 16ten bis 21ten Januar wider ihn öffentlich verhandelten Processes wegen eines an den Kaiserl. Franz. Capitain Gaignemaille verübten Mordes. Mit erläuternden Anmerkungen. Braunschweig 1812 ("Authentische Darstellung").

Jurisprudence Westphalienne. Collection d'arrêts remarquables de la cour de cassation au royaume de Westphalie au point de questions intéressantes. Westphälische Jurisprudenz. Sammlung bemerkenswerter Beschlüsse des Kassationshofs im Königreich Westphalen. 2 Bde., Quedlinburg 1812.

Königlich Großbritannisch-Hannoverscher Staatskalender auf das Jahr 1819. Lauenburg 1819.

Kurze Übersicht der Verhandlungen des ersten allgemeinen Landtags im Königreiche Hannover, in summarischen Auszügen der Landtagsprotokolle. Fünfter Abschnitt, welcher die Verhandlungen vom 1sten Dezember 1818 bis den 22sten Mai 1819 enthält. Hannover 1819.

Lebensgeschichte Gefangenschaft und Hinrichtung des wegen eines Mordes am 10. Februar 1812 auf dem Aegidienmarkte zu Braunschweig öffentlich enthaupteten Conrad Ludwig Claus (Nach den sichersten Nachrichten. Mit obrigkeitlicher Bewilligung). Braunschweig 1812.

Magazin für das Civil- und Criminalrecht des Königreichs Westphalen, hrsg. von Georg Heinrich Oesterley und Ernst Peter Johannes Spangenberg. 4 Bde., Göttingen 1810 – 1813.

Mémoires et correspondance du Roi Jérome et de la Reine Catherine. Bd. 5, Paris 1864.

Moniteur Westphalien (deutsch und französisch). Kassel 1808 – 1813.

Nouveau Recueil de Traités d'Alliance, de Paix, de Trève, de Neutralité, de commerce, de limites, d'échange etc. et de plusieurs autres actes servant à la connaisance des relations étrangères des puissances et états de l'Europe tant dans leur rapport mutuel que dans celui envers les puissances et états dans d'autres parties du globe depuis 1808 jusqu'à présent, tome I 1808 – 1814; hrsg. v. Georg Friedrich von Martens ("Nouveau Recueil"). Göttingen 1817.

Nouvelle biographie générale depuis les temps les plus reculés jusqu'a nos jours, avec les renseignements bilbiographiques et l'indication des sources a consulter. Tome 43ème, Paris 1864.

Oeffentliche Anzeigen für das Königl. Oker-Departement, 67. Jahr (der vor- und nachher unter dem Titel "Braunschweigische Anzeigen" erschienenen Zeitung), 1811; 68. Jahr, 1812.

Recueil des principaux traités d'alliance, de Paix, de Trève, de Neutralité, de Commerce, de Limites, d'Échange etc. conclus par les puissances de l'Europe tant entre elles qu'avec les puissances et états dans d'autres parties du monde depuis 1761 jusqu'à présent, tome VIII 1803 – 1808; hrsg. v. Georg Friedrich von Martens, 2. Auflage durchgesehen und erweitert v. B. Karl von Martens. Göttingen 1835 ("Recueil Martens").

Sammlung der Hannöverschen Landesverordnungen und Ausschreiben des Jahres 1813, hrsg. von Theodor Hagemann. Hannover 1814.

Verordnungssammlung für die Herzoglich-Braunschweigischen Lande ("GVS"). Wolfenbüttel.

Westfalen unter Hieronymus Napoleon, hrsg. von Georg Hassel und Karl Murhard, Erster Jahrgang, Bd. 1. Braunschweig 1812.

Zeitschrift für die Civil- und Criminal-Rechtspflege im Königreiche Hannover, hrsg. von S. P. Gans. Bd. 1, Hannover 1827.

Zeitschrift für Gesetzgebung, Rechtswissenschaft und Rechtspflege im Königreiche Hannover so wie in den Herzogthümern Lauenburg und Holstein, hrsg. von A. E. E. L. von Duve. Bd. 1, Lüneburg 1822.

C. Literatur

Anonym, Das Königreich Hannover nach seinen öffentlichen Verhältnissen; besonders die Verhandlungen der allgemeinen Stände-Versammlung 1814, 1815 und 1816; hrsg. von Heinrich Luden. Nordhausen 1818.

Bauer, Anton, Abriß der Gerichtsverfassung des Königreichs Westphalen. Marburg 1811.

Beermann, Heinrich, Handbuch zur Kenntnis des im Königreiche Westphalen neu eingeführten Strafrechts in alphabetischer Ordnung entworfen. Erster Band (mehr nicht erschienen), Kassel 1811.

Bettenhäuser, Hermann, Räuber- und Gaunerbanden in Hessen, in: Zeitschrift des Vereins für hessische Geschichte und Landeskunde, Bd. 74/75 (1964/65), S. 275 ff.

Birt, Theodor, Catalogus studiosorum Marpurgensium 1653 – 1830. Marburg 1830.

Blasius, Dirk, Bürgerliche Gesellschaft und Kriminalität. Zur Sozialgeschichte Preußens im Vormärz. Göttingen 1976.

Bloy, René, Anton Bauer (1772-1843) und seine Mitwirkung an der Entstehung des Criminalgesetzbuches für das Königreich Hannover, in: Loos, Fritz (Hrsg.), Rechtswissenschaft in Göttingen. Göttinger Juristen aus 250 Jahren. Göttingen o.J. (1987).

Bock, Hermann, Das hannoversche Strafrecht im 19. Jahrhundert. Dissertation (maschinenschriftl.), Göttingen 1924.

Buchda, Gerhard, Die Spruchtätigkeit der hallischen Juristenfakultät in ihrem äußeren Verlauf, 1. Teil, in: ZRG (GA) 62 (1942), S. 210 ff.

Bülow, Gottfried Philipp v., Erläuternde Bemerkungen über das Verfahren in Strafsachen nach westfälischen Gesetzen. 3 Bde., Braunschweig 1811.

Bülow, Gottfried Philipp v., Beiträge zur neueren braunschweigischen Geschichte in Erinnerungen aus seinem Leben. Braunschweig 1833.

Caspari, G.L., Rede an das Geschworenen-Gericht des Saale-Departements, zur Vertheidigung der Catharine Elisabeth Weber, angeklagt des Verbrechens verheimlichter Schwangerschaft und Geburt, und lebensgefährlicher Behandlung ihres Kindes. Nebst einem Worte über Geschworenen-Gerichte von Wilhelm Körte. Halberstadt 1809.

Chuquet, Arthur, Ordres et Apostilles de Napoléon (1799 – 1815). Tome quatrième, Paris 1912.

Du Casse (Hrsg.), Les rois frères de Napoléon Ier. Documents inédits rélatifs au premier empire. Paris 1883.

Ebel, Wilhelm, Catalogus Professorum Gottingensium 1734 – 1962. Göttingen 1962.

Esmein, Adhémar, Histoire de la procédure criminelle en France et spécialement de la procédure inquisitoire depuis le XIIIe siècle jusqu'à nos jours. Paris 1882.

Fehrenbach, Elisabeth, Traditionale Gesellschaft und revolutionäres Recht. Die Einführung des Code Napoleon in den Rheinbundstaaten. 2. Aufl., Göttingen 1978.

Feuerbach, Paul Johann Anselm v., Betrachtungen über das Geschworenengericht. Landshut 1813.

Feuerbach, Paul Johann Anselm v., Betrachtungen über die Öffentlichkeit und Mündlichkeit der Gerechtigkeitspflege. Bd. 2, Giessen 1825.

Feuerbach, Paul Johann Anselm v., Erklärung über meine angeblich geänderte Überzeugung in Ansehung der Geschworenengerichte (aus: Neuer Rheinischer Merkur, Jena 1819), in: Kleine Schriften. Neudruck der Ausgabe 1833, 1966.

Feuerbach, Paul Johann Anselm v., Lehrbuch des gemeinen in Deutschland geltenden peinlichen Rechts. Neudruck der Ausgabe Gießen 1801, Frankfurt 1985.

Gravenhorst, Hermann, Gesuch um Freilassung des Präfekten v. Reiman im J. 1813, in: Braunschweigisches Magazin 1914, S. 142 ff.

Green, Thomas A., The English Criminal Trial Jury and the Law-Finding Traditions on the Eve of the French Revolution, in: Padoa Schioppa, Trial Jury, S. 41 ff.

Green, Thomas A., Verdict According to Conscience. Perspectives on the English Criminal Trial Jury 1200-1800. Chicago – London 1985.

Grimm, Jacob, Selbstbiographie, in: Kleinere Schriften 1 (2. Auflage, 1879); neu herausgegeben von Otfrid Ehrismann. Hildesheim – Zürich – New York 1991.

Grolman, Karl von, Grundsätze der Criminalrechtswissenschaft. 1. Aufl., Gießen 1798; 2. Aufl., Gießen/ Darmstadt 1805.

Haase, Carl, Politische Säuberungen in Niedersachsen 1813 – 1815. Eine Fallstudie zur Phänomenologie der Kollaboration. Hildesheim 1983.

Haber, Günter, Strafgerichtliche Öffentlichkeit und öffentlicher Ankläger in der französischen Aufklärung: mit einem Ausblick auf die Konstituante. Berlin 1979.

Hattenhauer, Hans, Die geistesgeschichtlichen Grundlagen des deutschen Rechts. 3., überarbeitete und erweiterte Auflage, Heidelberg 1983.

Hausmann, Bernhard, Erinnerungen aus dem achtzigjährigen Leben eines hannoverschen Bürgers. Hannover 1873

Heitzer, Heinz, Insurrectionen zwischen Weser und Elbe. Volksbewegungen gegen die französische Fremdherrschaft im Königreich Westphalen (1806 – 1813). Berlin 1959.

Hermelink, H. u. Kaehler, S.A., Die Philipps-Universität zu Marburg 1527-1927. Marburg 1927.

Hoffmann, Friedrich Wilhelm, Geschichte der Stadt Magdeburg. Neu bearbeitet von G. Hertel und Fr. Hülße. Bd. 2, Magdeburg 1885.

Hohenhausen, Leopold von, Biographie des Generals von Ochs. Ein politisch-militairischer Beitrag zur Geschichte des nordamerikanischen und des französischen Revolutionskrieges, so wie der Feldzüge in Spanien, Rußland und Deutschland. Kassel 1827.

Hurlebusch, August Ferdinand, Anrede an die Geschworenen, bey Eröffnung der ersten feierlichen Audienz des Criminal-Gerichts. Wolfenbüttel 1809.

Hurlebusch, August Ferdinand, Erörterungen aus dem Civil- und Criminal-Rechte, hin und wieder mit gerichtlichen Erkenntnissen. Braunschweig 1815.

Hurlebusch, August Ferdinand, Wünsche und Vorschläge, die Criminal-Gesetzgebung betreffend, in: Hannoversches Magazin vom Jahre 1819, Sp. 497 ff. u. 513 ff. Hannover 1820.

Isler, M. (Hrsg.), Briefe an Charles de Villers. 2. Aufl., Hamburg 1883.

Janßen, Heinrich, Der Diebstahl in seiner Entwicklung von der Carolina bis zum Ausgang des 18. Jahrhunderts. Göttingen 1969.

Kleinschmidt, Arthur, Geschichte des Königreichs Westphalen. Gotha 1893.

Klugkist, Engelbert, Die Göttinger Juristenfakultät als Spruchkollegium. Göttingen 1952.

Knemeyer, Franz Ludwig, Regierungs- und Verwaltungsreformen in Deutschland zu Beginn des 19. Jahrhunderts. Köln/ Berlin 1970.

Kohl, Willy, Die Verwaltung der östlichen Departements des Königreichs Westphalen 1807 – 1814 (Historische Studien, Heft 323). Berlin 1937.

Krause, Thomas, Die Strafrechtspflege im Kurfürstentum und Königreich Hannover. Vom Ende des 17. bis zum ersten Drittel des 19. Jahrhunderts. Aalen 1991.

Kulenkamp, Elard Johannes, Über die gerichtliche Polizei und das Verfahren der Municipalpolizeigerichte und der Korrektionstribunale nach französischen und westphälischen Gesetzen. Braunschweig 1810.

Landsberg, Ernst, Die Gutachten der Rheinischen Immediat-Justiz-Kommission und der Kampf um die Rheinische Rechts- und Gerichtsverfassung (Publikationen der Gesellschaft für Rheinische Geschichtskunde, XXXI). Bonn 1914.

Langbein, John H., The English Criminal Trial Jury on the Eve of the French Revolution, in: Padoa Schioppa, Trial Jury, S. 13 ff.

Lange, Wilhelm, Kleine Beiträge zur Geschichte der Insurrektionen gegen die westfälische Regierung, in: Zeitschrift des Vereins für Hessische Geschichte und Landeskunde, Bd. 47 (1914), S. 138 ff.

Lascoumes, Pierre, Poncela, Pierette u. Lenoël, Pierre, Au nom de l'ordre. Une histoire politique du code pénal. O. Ort 1989.

Leist, Justus Christoph, Discours sur le projet du loi relatif à la procédure criminelle, prononcé dans la Séance de l'Assemblée des États Westphaliens, le 17 Août 1808. Kassel 1808.

Lengemann, Jochen, Parlamente in Hessen. Biographisches Handbuch der Reichsstände des Königreichs Westphalen und der Ständeversammlung des Großherzogtums Frankfurt. Frankfurt a.M. 1991.

Locré, Jean Guillaume, La législation civile, commerciale et criminelle de la France ou commentaire et complément des codes français. Bd. 24 – Projet du code criminel, Paris 1831; Bd. 31 – Code pénal, tome III, Paris 1832.

Mack, Heinrich, Der Proceß Claus, ein Stimmungsbild aus der Franzosenzeit, in: Braunschweigisches Magazin 1898, S. 73 ff. u. 96.

Martin, Zur Ehrenrettung Sigmund Peter Martins. Ein Beitrag zur Geschichte des Dörnberg'schen Aufstandes, in: Zeitschrift des Vereins für hessische Geschichte und Landeskunde, neue Folge Bd. 18 (1893), S. 455 ff.

Mittermaier, Carl Joseph Anton, Die öffentliche mündliche Strafrechtspflege und das Geschworenengericht in Vergleichung mit dem deutschen Strafverfahren. Landshut 1819.

Montesquieu, Charles-Louis de Secondat de, De l'esprit des lois; edition établie par Laurent Versini. 1995.

Mundhenke, Herbert, Die Entwicklung der braunschweigischen Justizverfassung von 1814 bis 1877, in: Spieß, Werner (Hrsg.), Beiträge zur Geschichte des Gerichtswesens im Lande Braunschweig (Oberlandesgerichtsbezirk Braunschweig), S. 107 ff.

Muras, Udo, Der Marburger Aufstand 1809. Ein vergessenes Kapitel Marburger Geschichte aus napoleonischer Zeit. Marburger Stadtschriften zur Geschichte und Kultur, Band 61. Marburg 1998.

Oesterley, Georg Heinrich, Practische Bemerkungen über die Gerichtsverfassung und das gerichtliche Verfahren der älteren und neueren Zeit. Göttingen 1814.

Oppermann, Heinrich, Treue Bauern in Nöthen der Fremdherrschaft, neu herausgegeben von Ludwig Hänselmann. Braunschweig 1903.

Padoa Schioppa, Antonio (Hrsg.), The Trial Jury in England, France, Germany 1700 – 1900. Berlin 1987.

Pfeiffer, Burchard Wilhelm (Hrsg.), Rechtsfälle zur Erläuterung der Gerichtsverfassung und Proceßordnungen Westphalens. 1. Band (nur ein Band erschienen), Hannover 1812.

Puhle, Dorothea, Das Herzogtum Braunschweig-Wolfenbüttel im Königreich Westphalen und seine Restitution. Beihefte zum braunschweigischen Jahrbuch, Band 5. Braunschweig 1989.

Rehberg, August Wilhelm, Ueber den Code Napoleon und dessen Einführung in Deutschland. Hannover 1814.

Rehberg, August Wilhelm, Zur Geschichte des Königreichs Hannover in den ersten Jahren nach der Befreiung von der westfälischen und französischen Herrschaft. Neudruck der Ausgabe Göttingen 1826, Hannover 1975.

Reimann, Mathias, Der Hochverratsprozeß gegen Gustav Struve und Karl Blind. Der erste Schwuregerichtsfall in Baden. Sigmaringen 1985.

Rob, Klaus, Regierungsakten des Königreichs Westphalen 1807 – 1813 (Quellen zu den Reformen in den Rheinbundstaaten Bd. 2). München 1992.

Robert, Georg F. K., Urkundliche Beiträge zur Staatengeschichte Deutschlands in der Napoleonischen Zeit. I. – Verhandlungen der Deputierten des Königreichs Westphalen zu Paris in den Monaten August und September 1807. Kiel 1852.

Rothert, Wilhelm (Hrsg.), Allgemeine hannoversche Biographie. 2. Band: Im alten Königreich Hannover 1814-1866. Hannover 1914.

Scherer, Zur Geschichte des Dörnbergischen Aufstandes 1809, in: HZ 84 (1900), S. 257 ff.

Schmidt, Eberhard, Die Verletzung der Belehrungspflicht gem. § 55, Abs. 2 StPO als Revisionsgrund, in: JZ 1958, S. 596 ff.

Schnapper, Bernhard, Le jury francais aux XIX et XXème siècles, in: Padoa Schioppa (Hrsg.), Trial Jury, S. 165 ff.

Schubert, Werner (Hrsg.), Der Code pénal des Königreichs Westphalen von 1813 mit dem Code pénal von 1810 im Original und in deutscher Übersetzung und mit einer Einleitung versehen. Frankfurt am Main. 2001.

Schubert, Werner, Französisches Recht in Deutschland zu Beginn des 19. Jahrhunderts. Zivilrecht, Gerichtsverfassungsrecht und Zivilprozeßrecht. Köln/ Wien 1977.

Schwencken, Karl P. Z., Aktenmäßige Nachrichten von dem Gauner- und Vagabunden-Gesindel sowie von einzelnen professionierten Dieben, in den Ländern zwischen dem Rhein und der Elbe, nebst genauer Beschreibung ihrer Person. Kassel 1822.

Schwinge, Erich, Der Kampf um die Schwurgerichte. Breslau 1926.

Sellert, Wolfgang, Studien- und Quellenbuch zur Geschichte der deutschen Strafrechtspflege. Bd. 1: Von den Anfängen bis zur Aufklärung. Aalen 1989.

Siegel, G., Geschichte der Stadt Lichtenau in Hessen und ihrer Umgebung nebst Nachrichten über die einzelnen Amtsorte und einem Urkundenbuche, in: Zeitschrift des Vereins für hessische Geschichte und Landeskunde, Bd. 32 (1897).

Specht, F.A.K. von, Das Königreich Westphalen und seine Armee im Jahr 1813 sowie die Auflösung desselben durch den kaiserlich russischen General Graf A. Czernicheff. Kassel 1848.

Speitkamp, Winfried, Restauration als Transformation. Untersuchungen zur kurhessischen Verfassungsgeschichte 1813 – 1830. Quellen und Forschungen zur hessischen Geschichte, Bd. 67. Darmstadt/Marburg 1986.

Spieß, Werner, Chronik der Stadt Braunschweig 1801 – 1950. Braunschweig 1952.

Strieder, Friedrich Wilhelm, Grundlage zu einer Hessischen Gelehrten- und Schriftsteller-Geschichte. Von der Reformation bis 1806. 18. Band. Ergänzende Biographien, und vollständiges Register über alle 18 Bände, hrsg. von Karl Wilhelm Justi. Marburg 1819.

Strombeck, Friedrich Karl v., Beyträge zur Rechtswissenschaft Deutschlands, vorzüglich zur transitorischen Gesetzgebung des nordwestlichen Theiles und der am linken Ufer des Rheines liegenden Provinzen desselben. Göttingen 1816.

Strombeck, Friedrich Karl v., Darstellungen aus meinem Leben und meiner Zeit. 2., etwas vermehrte Auflage. 2 Bde., Braunschweig 1835.

Thimme, Friedrich, Neue Mitteilungen zur Geschichte der hohen und geheimen Polizei des Königreichs Westfalen, in: Zeitschrift des Historischen Vereins für Niedersachsen, Jahrgang 1898, S. 81 ff.

Thimme, Friedrich, Die inneren Zustände des Kurfürstenthums Hannover unter der französisch-westphälischen Herrschaft. 2 Bde., Hannover 1893/95.

Tittmann, Carl August, Handbuch des gemeinen deutschen peinlichen Rechts. 2. Teil, Halle 1807; 4. Teil, Halle 1810.

Tulard, Jean, Siméon et l'organisation du Royaume de Westphalie (1807 – 1813), in: Francia 1 (1973), S. 557 ff..

Varges, Willi, Der Marburger Aufstand des Jahres 1809, in: Zeitschrift des Vereins für hessische Geschichte und Landeskunde. N. F., 17. Bd., S. 350 ff.

Voss, Christian Daniel, Auserlesene Bibliothek der allgemeinen Staatswissenschaft für Staatswissenschaft, für Staats- und Geschäftsmänner, Gelehrte, Freunde und Beflissene dieser Wissenschaft. Erster Band, Leipzig 1795/1796 (Neudruck Königsstein/Ts. 1981).

Walter, Raimund-Ekkehard, Die Kriminalpolitik König Jérômes im Königreich Westphalen 1807 – 1813. Dissertation Marburg 1971.

Wigand, Paul, Neues systematisches Handbuch für die Friedensrichter des Königreichs Westfalen sowie für ihre Suppleanten und Sekretäre. Göttingen 1813.

Wigand, Paul, Versuch einer systematischen Darstellung der Amtsgeschäfte und des Wirkungskreises der Friedensrichter. Ein Hilfsbuch für den Friedensrichter des Königreichs Westfalen sowie für ihre Suppleanten und Sekretäre. Kassel/ Marburg 1810.

Winter, Reinhard, Die Strafgesetzgebung in Althessen von der Karolina bis 1806. Dissertation (maschinenschriftlich), Göttingen 1923

Zimmermann, Paul, Stadt und Land Braunschweig unter königlich westphälischer Regierung, in: Jahrbuch des Braunschweigischen Geschichtsvereins, Folge 2, Bd. 6 (1934), S. 53 ff.

Personen- und Sachverzeichnis

FSC
www.fsc.org
MIX
Papier | Fördert gute Waldnutzung
FSC® C083411

Kolibri 360 GmbH
Ferdinand-Jühlke-Straße 7
99095 Erfurt, Deutschland
produktsicherheit@kolibri360.de

Druck:
CPI Druckdienstleistungen GmbH
im Auftrag der
Kolibri 360 GmbH
Ferdinand-Jühlke-Str. 7
99095 Erfurt